사귐의
기도를 위한
기도선집

IVP(InterVarsity Press)는
캠퍼스와 세상 속의 하나님 나라 운동을 지향하는
IVF(InterVarsity Christian Fellowship)의 출판부로
생각하는 그리스도인을 위한 문서 운동을 실천합니다.

사귐의 기도를 위한 기도선집

김영봉 엮음

Ivp

진실로 기도했는가?

열심히 기도했는가?
교회에 오갈 때 혹은 교회에서 기도했는가?
아침과 저녁에 홀로 기도했는가?
월요일, 수요일, 금요일 첫아침에 친구들과 함께 기도했는가?
잠자기 전에는? 토요일 정오에는?
혼자 노동할 때 계속 기도했는가?
기도회에 참석할 때 혹은 홀로 기도하러 갈 때 그 곳에서의
　도움을 위해 기도했는가?

어디를 가든, 필요한 자비를 구하기 위해 아침 저녁으로 근처에
　있는 교회에 찾아갔는가?
그 곳에서 한 시간에서 세 시간 정도 홀로 기도했는가? 홀로
　기도할 때 자주 멈추어 얼마나 열심히 기도하는지
　점검했는가?

말 한 마디마다 마음이 담길 때까지 거듭 반복했는가?
기도를 시작할 때 혹은 기도 중간마다 나 홀로 기도할 수 없음을
　시인했는가?

_존 웨슬리(John Wesley) 1703-1791, 영국 목사, 감리교 창시자

일러두기

* 외국 저자의 기도문은 모두 엮은이가 번역한 것이다. 단, 예외적으로 국내 번역서를 그대로 인용한 경우에는 참고도서 목록에 명기하였다.
* 기도문의 배열은 시인의 정식 문학 작품을 제외하고 편집부의 재량에 따라 조정하였다.
* 기도문의 출처는 책 뒤의 인용 도서 목록에 저자별로 표시하였다. 단, 목록에 없는 경우는 출처를 찾지 못한 경우이며, 출판사와 엮은이는 출처 정보를 입수하는 대로 합당한 조치를 취할 것임을 밝혀둔다.
* 저자 소개 문안 중 현재 생존하여 활동하는 저자는 생몰연대를 표시하지 않았다.

차례

시작하면서...8　이 책을 사용하는 방법...14

자기 성찰을 위한 질문...16　참된 삶에 대한 다짐...22

제1부 봄...27　제2부 여름...185　제3부 가을...319

제4부 겨울...469　인용 도서...614

인명 찾아보기...619　주제 및 절기 기도 찾아보기...623

시작하면서

"거목 사이를 걸으니 내 키가 더 자랐다!"

기도서를 편집하는 데는 몇 가지의 이유가 있다. 첫째는 '역사적 관심'이다. 기도문은 비록 짧고 단편적이기는 하지만 그 저자의 영성과 신학을 함축적으로 보여 준다. 따라서 중요한 인물들의 기도문들을 편집해 놓으면 그들의 신학과 영성을 한눈에 파악할 수 있는 좋은 역사적 자료가 된다. 둘째는 '실천적 관심'이다. 좋은 기도문은 읽는 사람의 기도를 심화시켜 주며 좋은 길잡이 역할을 한다. 이 「기도선집」을 편집하는 일에서 나는 두 가지 관심을 모두 가지고 있었지만, 두 번째 관심을 더 우선으로 삼았다. 즉, 이 기도선집은 충만한 영성으로 회복되기를 바라며 진지하게 기도하고자 하는 사람들을 돕는 데 일차적 관심을 두고 있다.

이 기도선집에 수록된 기도문들은 나 자신이 매일의 영성 생활 중에서 이미 수차례 읽고 기도했던 것들이다. 다시 말하면, 이

기도문들은 나의 영성과 신학을 통해 여러 번 여과된 것들이다. 이것은 이 선집의 강점이자 약점이다. 강점은 이 선집이 영성과 신학에 있어 뚜렷한 색깔을 가지고 있다는 데 있다. 「사귐의 기도」(IVP)를 읽고 공감했던 독자들은 이 기도문들을 대부분 사랑하리라고 생각한다. 반면, 그러한 뚜렷한 색깔 때문에 내 개인적 영성의 '코드'와 맞지 않는 좋은 기도문들이 제외되었을 가능성이 있다. 그것이 약점이다. 그렇기 때문에 나는 다양한 색깔의 기도서들이 더 많이 나오기를 기대한다.

이 기도선집을 내 놓으면서 특별히 감사한 것은 해방 전후에 활동했던 1세대 한국 교회 지도자들의 기도문들을 여러 편 수록할 수 있었다는 사실이다. 한국 교회를 위해 편집된 기도서이므로 나는 '우리 기도문'을 할 수 있는 한 많이 수집하려고 애썼다. 하지만 쉽지 않았다. 우리 믿음의 선배들이 남긴 기도문이 그리 많지 않았기 때문이다. 오랜 시간 부지런히 찾아 다녔지만, 만족할 만큼 많이 수집하지는 못했다. 다행히 김인서, 박재봉, 손양원, 이용도, 주기철, 최태용 같은 분들이 기도문을 많이 남겼기에 여러 편 수록할 수 있었다. 나는 아직도 선조들의 숨소리가 배어 있는 기도문을 더 많이 읽고 싶은 마음이 간절하다. 누군가가 이 작업을 완성해 주면 참 좋겠다.

개신교 독자들을 염두에 두고 편집했기 때문에 구상 님의 기노시 몇 편을 제외하고는 국내 가톨릭 저자들의 기도문을 포함시키지 않았다. 박두진 님과 박목월 님의 기도시 몇 편 외에는 문학 작품으로서의 기도시들도 포함시키지 않았다. 내 관심은 문학성보다 기도문에 담긴 진실하고 뜨거운 마음에 있었다. 현존하는 인물들 가운데 김지철 목사, 박재순 목사, 이재철 목사, 임영수 목사, 한완상 교수, 한종호 목사, 한희철 목사 같은 분들의 기도문을 발견한 것은 큰 은총이다. 수정처럼 빛나는 맑은 기도문들을 사용하도록 기꺼이 허락해 준 이들 저자들에게 감사를 드린다. 이 기도문들과 함께 편집자 자신의 기도 일기에서 여러 편의 기도문을 뽑아 수록했다. 아울러, 우찌무라 간조나 타고르 혹은 선다 싱의 기도문들을 수록한 것은 동양적 영성을 강화시키기 위함이다.

이 기도선집을 엮으면서 나는 여러 가지 면에서 균형을 맞추려 힘썼다. 첫째, 동양과 서양의 기도문들을 고루 편집하기 위해 힘썼다. 동양 저자들의 기도문을 더 많이 수록하고 싶었지만 자료에 한계가 있었다. 앞으로 한국, 일본, 중국 등 아시아권의 기도문들이 많이 발굴되었으면 좋겠다. 둘째, 보수 진영 저자들과 진보 진영 저자들의 기도문들을 고루 실으려 노력했다. 셋째, 개인 영성과 사회 영성을 조화시키려 힘썼다. 저자 중에는 신비주의자로 분류되는 사람도 있고 인권 운동가로 분류되는 사람도 있다. 하지만 하나님 앞에 선 진실한 영혼으로서 그들은 모두 공유점을 가지고 있다고 믿는다. 넷째, 개인 기도와 중보 기도를 조화시키고자 했다. 이런 노력을 통해 이 책을 읽으며 묵상하고 기도하는 사람들이 온전한 영성에 이르도록 도우려고 힘써 노력했다.

이 기도선집은 네 계절을 따라 편집되어 있다. 또한 기도문을 배열할 때 특별한 원칙을 따르지 않고 다양한 성격의 기도문들을 뒤섞어 놓았다. 영적 기호에 따라 편식하는 것을 방지하려는 뜻이었다. 나는 '세렌디피티'(serendipity)의 은혜를 믿는다. 우연처럼 보이는 일들을 통해 하나님이 우리 각자를 그분의 길로 인도하시는 신비스러운 섭리 말이다. 독자들이 영적으로 자신을 열고 차례대로 한 편 한 편 따라 읽으며 기도하다 보면, 그때 그때 자신의 상황에 꼭 맞는 기도문을 만나는 신비로운 경험을 하게 되리라 믿는다. 교회력을 위한 특별 기도문들은 그에 상응하는 계절에 첨부해 놓았다. 맨 앞에 있는 "자기 성찰을 위한 질문"(아우구스티누스)은 한 달에 한 번씩, "참된 삶에 대한 다짐"(베네딕투스)은 일주일에 한 번씩 천천히 읽고 자신을 돌아보도록 편집했다.

마지막으로, 기술적인 문제 몇 가지에 대한 설명을 덧붙이고자 한다. 우선, 어투의 문제다. 이 기도선집은 '하소서'를 기본 형식으로 하고, 한국 저자들의 기도문의 경우에만 원저자의 어투를 따랐다. 하나님에 대한 호칭도 원본을 충실하게 따르는 것을 원칙으로 하고 약간의 수정만 가했다. 그 까닭에 '아버지', '하나님', '주님', '예수님' 등과 같이 다양한 호칭들이 뒤섞여 있다. 여러 가지 호칭을 혼란스럽게 느끼는 사람들이 있을 수 있으나, 모든 호칭들이 결국은 삼위일체 하나님을 가리키는 것이라는 사실을 기억하면 어려움이 없을 것이다. 아울러, '당신'이라는 호칭의 경우, 절제하는 것을 원칙으로 하되 원문을 보존해야 할 경우에만 그대로 두었다. 사실, 우리 어법상 손윗사람에 대한 2인칭 호칭으로 '당신'은 맞지 않는다. 이 용어를 끝내 받아들일 수 없는 독자들은 '당신'을 다른 호칭으로 바꾸어 읽기 바란다. 또한 기도문 끝에 '예수 그리스도의 이름으로 기도합니다. 아멘'이라는 어구를 달아놓지 않았다. 이 말은 기도를 모두 마칠 때 고백하는 것으로 충분하다.

이 기도선집을 엮으면서 다른 사람의 귀중한 저작권을 침해하지 않도록 최대한 노력하여 승인을 받았음을 밝힌다. 하지만 엮은이 자신이 오랫동안 이 기도문들을 수집해 왔기 때문에 출처를 찾지 못한 경우가 더러 있었다. 출처가 불분명하여 허락을 미처 받지 못한 경우 수록하지 않는 것을 원칙으로 했지만, 꼭 싣고 싶은 것은 버리지 못했다. 미비한 점이 밝혀지는 대로 편집자와 출판사는 필요한 조치를 취할 것을 약속하는 바다.

이 기도선집을 엮는 데 도움을 준 분들이 많다. 마지막 단계에서 집중적으로 도움을 준 한진경 씨, 초기 단계에서 도움을 주었던 양재훈 목사와 최순옥 목사에게 고마움을 표한다. 자신의 서가를 열어 옛날 자료를 찾을 수 있도록 해 주신 윤춘병 감독님,

그리고 자료실을 열어 준 대학 도서관들(협성대, 감신대, 연세대, 장신대, 총신대, 서울신대, 강남대, 숭실대, 합동신대)의 관계자들에게 감사를 드린다. 고 김치영 목사님의 설교에서 기도문을 정리해 보내는 수고를 아끼지 않으신 영남신대의 김동건 교수님께도 깊은 감사를 드린다. 편집 과정에서 사용 승인을 얻어내기 위해 어렵고 힘든 일을 맡아 주신 김동규 님께도 감사를 드린다.

다시 한 번 강조하지만, 이 기도선집은 통독용이 아니다. 연구용도 아니고 감상용도 아니다. 이것은 '기도용'이요 '영성 생활용'이다. 늘 손에 들고 다니면서 혹은 쉽게 손에 닿을 수 있는 곳에 두고, 기회 있는 대로 펼쳐 읽으며 기도하도록 만들어진 책이다. 저절로 외워질 때까지 반복하여 읽고 기도하도록 만들어졌다. 만일 이 기도문들을 읽고, '참 좋다!' 하는 느낌으로 끝난다면, 독자들은 이 기도선집을 통해 별로 얻는 것이 없을 것이다. 반면, 이 기도들을 자신의 기도로 만들어 묵상하고 기도하다 보면, 깊은 기도의 문을 여는 열쇠가 되어 줄 것으로 믿는다.

끝으로, 나는 이 기도선집을 「사귐의 기도」를 사랑해 주신 모든 독자들에게 헌정한다. 부디, 이 기도선집이 하나님이 우리에게 주신 본래적인 영성을 회복하여 참된 인생을 살기를 갈망하는 모든 독자들에게 좋은 동무가 되기를 바란다.

김영봉

이 책을 사용하는 방법

1. 개인 기도

1) 매일 일정한 시간 동안 하나님과 대면하여 기도하고 묵상하는 습관을 개발하라. 매일 적어도 30분 이상 방해받지 않고 하나님과의 교제에 집중할 수 있도록 하라. 그렇게 할 수 있는 시간을 정하고 그 시간을 지키도록 힘쓰라.

2) 「사귐의 기도」에서 제안한 여러 가지 기도 방법들을 실험해 보고 자신의 기도 방식으로 개발시켜 보라.

3) 정해진 시간을 어떻게 사용할지를 생각하고 결정하라. 예를 들면, 침묵 기도 5분, 중보 기도 10분, 청원 기도 5분, 「기도선집」 기도 5분, 기도 일기 5분 등. 매일 똑같은 방식을 되풀이하기보다는 때때로 변화를 주면 좋다. 때로는 침묵 기도 대신 묵상 기도를 하거나, 「기도선집」 대신 시편이나 복음서를 읽고 기도할 수도 있다.

4) 「기도선집」을 읽을 때, 하루에 한두 편만 읽으라. 짧은 기도문의

경우, 다 읽은 다음 눈을 감고 그 내용을 바탕으로 자신의 기도를 올린다. 당신의 상황에 맞게, 당신 자신의 말로 기도해 보라. 기도문이 긴 경우, 마음에 공감이 오는 대목에서 눈을 감고 당신 자신의 기도를 드린 다음 눈을 뜨고 계속 읽어 가면 된다.

5) 읽은 기도문을 통해 하나님의 음성을 듣도록 잠시 묵상하고 그 음성을 구체적으로 어떻게 실천할지 생각하고 기도하라.

6) 「기도선집」을 덮고 다른 기도를 계속하라.

2. 공동 기도

1) 가정 예배나 성경 공부 모임에서 이 기도서를 사용할 경우, 매일 한 편의 기도문을 읽은 다음, 읽은 기도문에 대해 한두 사람이 간단히 느낌을 나눈다. 그런 다음, 한 사람이 자신의 언어와 표현 방식으로 동일한 기도를 다시 올린다. 이런 방식으로 지속하면 즉흥적인 기도 전통을 손상시키지 않으면서 기도서를 통한 유익을 누릴 수 있다.

자기 성찰을 위한 질문

하나님보다 현대판 우상들을 더 열심히 섬기지 않는가?

사랑과 신뢰, 진실과 정의와 같은 정신적·인격적 가치보다 돈이나 권력, 순간적 쾌락 같은 물질적 가치를 더 소중히 여기지 않는가?

나의 일상 생활에 참된 영성의 삶이 있는가?

영적 체험을 위해 힘쓰는가?

다른 사람을 찾아 사랑하는 것이 곧 하나님을 사랑하는 길이라고 믿고 실천하는가?

기도 중에 이기적인 관심사나 걱정거리를 수다스럽게 늘어놓고 있지 않는가?

개인 생활과 가정 생활에서 나는 그리스도인다운가?

다른 사람들이 내 생활 태도에서 사심 없는 섬김과 진실한 사랑을 느낄 수 있는가?

사회 생활에서 떳떳하게 신앙을 고백하는가?

나에게 손해가 되는 경우라도 다른 이의 권리를 위해 일할 용기가 있는가?

내 아이들과 이웃 사람들에게 내 멋대로 만들어 낸 이상적 인간상을 덮어씌우고 그것을 강요하지 않는가?

한 달에 한 번, 이 질문을 천천히 읽고 자신을 성찰하고 기도하십시오.

가정 교육에서 자녀의 개성을 존중하고 있는가?

나는 다른 사람들의 충고를 기꺼이 받아들이는가?

자신의 죄와 허물을 솔직히 고백하기보다는 형식적인 고백으로 때우려 하지 않는가?

경솔하게 맹세하고 하나님의 이름을 부인한 적은 없는가?

기쁜 마음으로 생업에 종사하고 있는가?

내가 하는 일이 하나님의 뜻에 맞는가?

꼭 필요한 일이나 의무를 회피하지 않았는가?

내 이익을 위해 다른 사람을 이용한 적은 없는가?

주일에 타인에게 부당한 요구를 하거나 짐을 지우지 않는가?

주일에 지난 한 주를 반성하고 하나님을 생각하는 시간을 갖는가?

성(性)을 자연스러운 것으로 생각하는가?

남자 혹은 여자로 태어난 것을 감사히 여기고 본분을 충실히 지키려고 노력하는가?

건전한 동기와 온당한 방법으로 성적 욕구를 해소하는가?

성적인 충동을 못 이겨 비도덕적인 방법으로 발산시키거나 성욕을 전적으로 부정한 것으로 보고 있지는 않는가?

다른 이의 욕정을 자극하는 행동을 한 적은 없는가?

부부애로써 부부간의 성관계를 더욱 성숙시키고 있는가?

배우자에게 성실하고 서로 신뢰하는가?

가정에서 자녀에게 올바른 성교육을 하고 있는가?

편견 없이 젊은이들을 이해하려고 노력하며 대화하고 있는가?
성경의 가르침대로 내 소유물을 사용하고 있는가?
내 재산을 나만큼 가지지 못한 사람과 나누고 있는가?
여러 가지 구실로 사회의 공동 재산이나 회사의 재산을 도둑질하지 않았는가?
직장 기물이나 전화 등을 사적으로 사용한 적은 없는가?
나라에 내는 세금을 포탈한 적은 없는가?
자녀에게 적당한 용돈을 주어 잘 관리하도록 도와주는가?
자기 가정만을 생각하는 이기주의적 행동 방식을 자녀에게 심어 주지 않는가?
새빨간 거짓말은 아니라도 위장된 거짓말을 하지는 않았는가?
자신을 돋보이게 하려고 겉꾸미지 않는가?
다른 사람에 관해 말할 때 과장하거나 경솔하지는 않은가?
마음의 소망과 행동과 본능적 욕구를 정화시키려고 노력하는가?
마음속 깊이 맑고 깨끗한 소망을 품고 있는가?
자유를 올바르게 행사하고 책임을 성실하게 이행하려고 노력하고 있는가?
절기를 맞이할 때 마음의 준비를 하는가?
바라던 것을 단념하거나 포기할 때 어떤 동기에서 하는가?
주일에 교회에 나가 다른 신자들과 더불어 예배에 참여하며 교회 공동체에 도움을 주고 있는가?

한 달에 한 번, 이 질문을 천천히 읽고 자신을 성찰하고 기도하십시오.

적극적인 자세로 예배에 참여하는가 아니면 마지못해 하는가?

가족들의 화목을 위해 얼마나 노력하고 있는가?

부모나 친지들에게 합당한 대접을 하며 그들을 공경하는가?

사회에서 소외되고 있는 노인들을 어떻게 대하고 있는가?

부모로서의 책임을 다하고 있는가?

부모로서 엄격함과 온화함, 감독과 방임 중 어느 쪽에도 치우치지 않는 중용의 도를 실천하고 있는가?

직장이나 사회 또는 교회에서 상급자나 하급자에게 정당하게 행동하고 있는가?

공동체 전체를 위해 맡은 임무를 충실히 수행하고 있는가?

상급자에 대한 비판은 건설적이며 정당한가?

내게 맡겨진 권한을 올바르게 행사하고 있는가?

권한을 행사할 때 봉사를 목적으로 하는가?

불건전한 생활 태도로 자신과 다른 사람의 생명을 위태롭게 한 적은 없는가?

알코올, 마약, 니코틴 중독에 빠지거나 빠지는 것을 방관하지는 않는가?

가족이나 친척 혹은 친구 가운데 중환자가 있을 때 틈틈이 방문하여 위로하는가?

태아의 생명을 보호하기 위해 노력하는가?

어린이들을 참으로 좋아하는가?

이웃이나 동료들의 험담을 늘어놓지는 않는가?

다른 사람에게 자극적인 말을 하거나 도전적인 태도를 취하지는 않는가?

타고난 소질과 재능을 최대한 발휘하려고 노력하는가?

여가를 생산적으로 보내는가?

신앙과 반대되는 라디오, 텔레비전, 신문 등의 기사에 무관심하지는 않는가?

부활과 영생을 믿는가?

성찬 떡이 그리스도의 몸이며 생명의 떡이라고 믿는가?

죽음에 대하여 어떻게 생각하는가?

가까운 사람들의 죽음을 맞을 때, 그리스도인의 신앙에 입각하여 처신하고 있는가?

_아우구스티누스의 사상에 따른 자기 성찰
 (The Rules of Augustinus에 기초하여)

한 달에 한 번, 이 질문을 천천히 읽고 자신을 성찰하고 기도하십시오.

참된 삶에 대한 다짐

이렇게 살겠습니다

오 주님,
주님 손에 제 자신을 맡깁니다.
모든 것을 주님 뜻대로 행하도록 힘쓰겠습니다.
마음과 영혼과 힘을 다해 주님을 사랑하겠습니다.

생명을 해치지 않고,
도둑질하지 않고,
탐내지 않고,
이웃 사람들에게 거짓 증거 하지 않으며,
모든 사람들을 존중하고,
남들이 저에게 하지 말았으면 하는 일들을 남에게 하지 않으며,
육체를 쳐서 복종시키고,
육체의 욕구를 절제하며,
금식을 즐기며,
가난한 사람을 돕고,
헐벗은 사람을 입히며,

일주일에 한 번, 이 다짐문을 읽고 기도하십시오.

병든 사람을 돌아보고,
죽은 사람을 묻어 주며,
곤경에 처한 사람을 돕고,
슬픔에 빠진 사람들을 위로하며,
세속적인 방법을 거부하고,
그리스도를 사랑하는 것 이외에는
다른 어떤 것도 하지 않도록 힘쓰겠습니다.

분노에 압도되지 않으며,
복수의 열망에 사로잡히지 않고,
위선을 멀리하며,
거짓 평화에 만족하지 않으며,
순결을 지키고,
맹세를 철저히 거부함으로 거짓 맹세를 피하고,
악으로 악을 갚지 않겠습니다.

마음과 혀에는 늘 진실이 머물게 하고,
다른 사람에게 해를 입히지 않고,
제가 입은 해를 견디며,
원수를 사랑하고,
저를 저주하는 사람을 저주하지 않고 오히려 복을 빌어 주며,

정의를 위해 핍박을 견디며,
교만하지 않고,
술 취하지 않고,
과식하지 않고,
게으르지 않고,
노름하지 않고,
불평하지 않고,
험담하지 않고,
오직 하나님만 의지하겠습니다.

제게 혹시 선한 것이 있다면 하나님께 돌리고,
제게 있는 악은 저 자신에게 돌리렵니다.
심판의 불을 두려워하고 지옥을 두려워하며,
영적인 갈망으로 영원한 생명을 열망하며,
매일 죽음의 가능성을 인정하고 살며,
끊임없이 자신의 행동을 살피고,
하나님이 어디서나 저를 지켜보고 계심을 기억하며,
그리스도의 이름을 불러 마음에 일어나는 악한 생각을 쫓아내고,
혀를 지켜 사악한 말을 하지 않으며,
많은 말을 피하고,
허튼 이야기를 하지 않으며,

일주일에 한 번, 이 다짐문을 읽고 기도하십시오.

똑똑해 보이려고 말하지 않으며,

좋은 글을 골라 읽으며,

자주 기도하고,

제 죄에 대해 매일 용서를 구하며,

제 생활을 고칠 방법을 찾으며,

모든 일에 지도자들을 따르며,

거룩해 보이기보다는 거룩해지는 것을 구하고,

선한 일로써 하나님의 계명을 완성하며,

순결을 사랑하고,

어느 누구도 미워하지 않으며,

시기하거나 질투하지 않으며,

싸움을 멀리하고 교만을 싫어하며,

나이든 사람을 공경하며,

적을 위해서 기도하며,

해가 지기 전에 화해하며,

하나님의 자비하심에 대해 결코 절망하지 않겠습니다.

오 자비로우신 하나님,

제가 이렇게 살 수 있도록 은혜를 주소서.

_베네딕투스(Benedictus) 480-547, 베네딕트회 창시자

제1부

봄

평온한 날의 기도

아무런 근심도 걱정도 없이
평온한 날은
평온한 마음으로
주님을 생각하게 하십시오.
양지 바른 창가에 앉아
인간도 한 포기의
화초로 화하는
이 구김살 없이 행복한 시간.

주여,
이런 시간 속에서도
당신은 함께 계시고
그 자애로우심과 미소지으심으로
우리를 충만하게 해주시는
그
은총을 깨닫게 하여 주십시오.

그리하여
평온한 날은 평온한 마음으로

당신의 이름을 부르게 하시고
강물같이 충만한 마음으로
주님을 생각하게 하십시오.

순탄하게 시간을 노젓는
오늘의 평온 속에서
주여,
고르게 흐르는 물길을 따라
당신의 나라로 향하게 하십시오.

3월의 그 화창한 날씨 같은 마음속에도
맑고 푸른 신앙의 수심(水深)이 내리게 하시고
온 천지의 가지란 가지마다
온 들의 푸성귀마다
움이 트고 싹이 돋아나듯
믿음의 새 움이 돋아나게 하여 주십시오.

_박목월 1916-1978, 시인

저의 기도가

아버지께서 허락하지 않으시는 것을
제가 얻은들
무슨 소용인가요?
아버지께서 허락하지 않으시는 일을
제가 이룬들
무슨 의미인가요?

저의 기도,
저의 소원,
저의 노력이
아버지께서 이미 허락하신 것을
바라고 찾고 이루어 가는
과정이 되게 하소서.

오직 아버지의 뜻 안에서만
살아가게 하소서.

_김영봉 목사

기도할 준비

오 하나님,
기도로써 아버지께 나아가기 전 제 생각을 정리하고 마음을
　안정시킬 수 있게 해주소서.
우주의 주인이신 주님께 말씀드리는 영예를 받아들이기 전에
　제 영혼이 안정된 상태에 이르러야 기도에 성공할 수 있음을
　기억하고 마음을 정돈할 수 있게 하소서.

아버지는 저희가 함부로 대할 수 없는 무한히 크신 분이며,
　거짓 헌신이 통하지 않는 지혜로운 분이며, 마음 없는 제사를
　가증하게 보시는 분입니다.
하오니 저로 하여금 하나님의 완전하심을 항상 기억하게
　하시어
냉랭하고 형식적인 의식에 빠지지 않게 하소서.

아무 준비 없이 황망히 기도를 시작하지 않게 하시고
　일에 쫓겨 혹은 쾌락에 이끌려 중도에 기도를 중단하고
　망각해 버리는 일이 없도록 저를 도우소서.

_수산나 웨슬리(Susanna Wesley) 1669-1742, 존 웨슬리의 모친

말씀으로 다스리소서

전능하신 하나님, 아버지께서는 매일같이 저희를 권고하시고 종종 바른 길을 벗어나는 저희를 바로잡아 주시고 회개하도록 끊임없이 책망하십니다. 오 하나님, 옛날 선지자들이 책망했던 이스라엘의 패역함을 닮아 저희가 아버지의 말씀을 거부하지 않도록 도우소서. 성령으로 저희를 다스리시어 온유하고 공손하게 순종하게 하시고 무엇이든 배우려는 열심을 주소서. 저희는 하나님의 지혜를 거부하는 질병에 걸렸습니다. 하지만 다행히 불치의 병은 아닙니다. 이 질병을 고쳐 주시어 진정으로 회개하고 온전히 순종하게 하소서. 당신의 말씀, 즉 모세와 여러 선지자들을 통해 그리고 독생자 주 예수 그리스도를 통해 계시하신 그 진리로써 다스려지는 것 외에는 아무것도 바라지 않게 하소서.

_장 칼뱅(Jean Calvin) 1509-1564, 프랑스의 신학자, 종교개혁자

마음을 향한 기도

하나님이 어디 계신가 보라.
진리를 맛볼 수 있는 곳에
하나님은 계신다.
그분은 마음에 매우 가까이 계신다.
하지만 마음은 그분을 떠나 방황한다.
죄인이여,
네 마음으로 돌아오라.
그리고 그 마음을 만드신 이를 붙들어라.
그분과 함께 서라.
그러면 든든히 서게 되리라.
그분 안에 쉬라.
그러면 진정으로 쉬게 되리라.

_아우구스티누스(Augustinus) 354-430, 철학자, 사상가

비추소서

모든 지혜의 하나님, 육신을 입고 오신 하나님의 말씀 예수 그리스도로 인해 감사드립니다. 그 말씀으로 저희 마음과 몸을 비추시어 창조 세계 모든 곳에서 하나님의 영광을 보게 하소서. 특별히 어린이들이 좋아하는 작고 보잘것없는 돌과 풀과 동물들을 놓치지 않게 하소서. 저희를 어린아이로 만드시어 창조 세계의 순수한 기쁨을 즐기게 하소서.

_스탠리 하우어워스(Stanley Hauerwas) 신학자

고난 중에 드리는 감사

아, 감사합니다.
아, 감사합니다.
제가 이 큰 시련을 능히 견뎌낼 수 있음을 아셨기에
    아버지께서는 제 소원을 들어 주시지 않았습니다.
제 열심이 부족했기 때문이 아니라 오히려 아버지의 은혜로 얻은
    제 열심이 족했으므로 제게 이 고통을 주셨습니다.
아, 저는 얼마나 행복한 사람입니까!

사랑이신 아버지, 저는 믿습니다.
아버지께서는 저희를 벌하기 위해 환난을 주시는 것이 아님을.
'벌'이라는 글자는 아버지가 어떤 분임을 아는 사람의 사전에서
    지워야 할 말입니다.
벌은 법률 용어입니다. 이 단어는 법을 초월하는 기독교의
    가르침에서 필요도 없고 의미도 없는 명사입니다.
억지로 남겨 두려면 '어둡게 보이는 하나님의 은혜'라는 정의를
    붙여야 할 것입니다.
형벌이라는 말로 하나님의 사랑받는 자들을 위협하는 사람들이
    있다면 성경을 다시 탐구하여 잘못을 고쳐야 할 것입니다.

_우찌무라 간조 1861-1930, 일본의 기독교 지도자

말씀의 실상

영혼의 눈에 끼었던
무명(無明)의 백태가 벗겨지며
나를 에워싼 만유일체가
말씀임을 깨닫습니다.

노상 무심히 보아오던
손가락이 열 개인 것도
이적에나 접한 듯
새삼 놀라웁고

창 밖 울타리 한 구석
새로 피는 개나리꽃도
부활의 시범을 보듯
사뭇 황홀합니다.

창창한 우주, 허막한 바다에
모래알보다도 작은 내가
말씀의 신령한 그 은혜로
이렇게 오물거리고 있음을

✤ 사귐의 기도를 위한 기도선집

상상도 아니요, 상징도 아닌

실상으로 깨닫습니다.

_구상 1919-2004, 시인

당신으로 족합니다

주여, 당신 앞에 있기만 하면 그것으로 족합니다.
내 육신의 눈을 감고,
내 마음의 눈도 감고, 조용히 잠자코
나에게 자신을 드러내 보이신 당신께 나 자신을 드러내 놓고
영원히 현존해 계시는 주님 앞에 있는 것만으로 족합니다.
주여, 무언가를 느끼지 못해도
무언가를 보지 못해도
무언가를 듣지 않아도 괜찮습니다.
모든 생각이 날아가 텅 비어 있어도
모든 형상이 뭉개져도
나는 칠흑 같은 어둠 한가운데에 서 있습니다.
보소서 주여, 나는
어떤 방해도 없는 신앙의 고요 속에서
지금 당신을 만나기 위해
당신 앞에 서 있습니다.
하지만 주여,
나는 혼자가 아닙니다.
이미 홀로 있을 수가 없습니다.
주여, 나는 무리 중의 하나입니다.

✢ 사귐의 기도를 위한 기도선집

사람들이 내 안에 살고 있기 때문입니다.
나는 그들과 만났으며
그들은 내 안에 들어와 자리를 잡고,
나를 번민케 하고 나를 괴롭힙니다.
주여, 그래도 나는 그들이 하는 대로 내버려두어
그들 마음대로 먹고 쉬게 하였습니다.
나 주님 앞에 나아갈 때 그들과 함께 나아가고
나 주님 앞에 자신을 드러내 보일 때
그들도 함께 당신께 드러내 보이겠습니다.
나는 여기에, 그들도 여기에
주여, 당신 앞에 이렇게 서 있습니다.

_미셸 끄와(Michel Quoist) 프랑스의 신부, 작가

겸손하게 하소서

오, 주여!
저로 하여금 당신의 낮아지신 것을 깨닫게 하여 주옵소서.

당신은 지극히 높으시고 지극히 영화로우신 하늘의 보좌 위에서
천군과 천사와 하늘의 모든 영물과 천천만 성도에게서
경배와 찬송을 받으시던 만유의 주재이셨습니다.
그런 당신께서 낮고 천한 사람이 되어
티끌 세상에 오셨나이다.
오시되 왕후장상(王侯將相)으로,
금전옥루(金殿玉樓)에 오시지 않고
지극히 미천한 사람으로 구유에 오셨나이다.
사람이 다 싫어하는 세리와 창녀의 친구가 되셨고,
어린아이의 동무가 되셨고,
걸인과 나병 환자의 벗이 되셨나이다.
마침내 벌거벗은 몸으로 강도의 틈에서
저주의 십자가에 달리시고 음부에까지 내려가셨나이다.

오, 당신이 이같이 낮아지신 것을 생각할 때
저는 어떻게 하오리까?

✤ 사귐의 기도를 위한 기도선집

저는 저를 어디까지 낮추어야
당신 앞에서 합당하겠습니까?
당신이 제자의 발을 씻기셨으니
저는 나병 환자의 발을 핥게 하여 주옵소서.
당신이 세리의 집에 들어 가셨으니
저는 모든 사람의 발 앞에 짓밟히는
먼지와 티끌이 되게 하여 주옵소서.

오, 주여!
저는 아나이다.
당신은 무아(無我)의 경(境)에서 살기까지 겸손했음을.
그러나 저의 속에는 여전히 '나'라는 것이 남아 있습니다.
당신이 좌정하실 자리에 이놈이 앉아 있습니다.
그리하여 당신이 받으실 영광과 찬송을
이놈이 받고자 하는 때가 종종 있습니다.
남이 저를 대접함이 소홀하다 싶을 때에
이놈이 속에서 불평을 말하고,
남이 저에게 모욕과 멸시를 가할 때에
이놈이 속에서 노를 발하나이다.

오, 주여!
당신이 못 받으시던 관대와 환영을 제가 받고자 하나이까?
당신은 그 지선지성(至善至誠)으로도
오히려 모욕과 침뱉음 당하고 뺨을 맞으셨는데
저는 무엇이관대
당신이 못 받으시던 칭찬과 영예를 받았나이까?

오, 주여!
저로 하여금 이 외람된 오만에서 구원하여 주소서.
성신의 방망이로
이 '나'라는 놈을 마정방종(摩頂放踵)으로 때려부수시사
당신과 같이 무아의 경에까지 제 마음을 비워 주소서.

오, 주여!
저는 의를 사모하여 마음이 갈급하지 못합니다.
당신의 완전을 사모하여 마음이 불타지 않습니다.
저의 죄악을 위하여
재에 앉아 가슴을 치는 통회가 심각하지 못합니다.
저의 부족을 항상 생각하고자 하는 정열이 강하지 못합니다.
이는 분명히 제 맘이 비어 있지 못한 증거요,
제 스스로 무던하다는 오만이외다.

오, 주여!
당신의 얼굴빛 아래
제 심령의 자태를 그대로 드러내시사
저로 하여금 애통하고 회개하게 하옵소서.

오, 주여!
저는 당신의 겸손을 사모하옵고
당신과 같이 되기를 원하나이다.

_주기철 1897-1940, 목사, 순교자

탕자의 기도

하나님,
아버지의 임재에 대한 감각이 둔해졌습니다.
하지만 제 마음 깊은 곳에서 저는 압니다.
이런 느낌에 빠진 것은
아버지께서 저를 떠나셨기 때문이 아니라
제가 아버지를 떠나 방황했기 때문임을!

"우리는 다 양 같아서 그릇 행하여 각기 제 길로 갔거늘."

그 길로 가 보았더니 어렵고 힘들었습니다.
돌아다니느라 발은 아프고
길을 잃었다는 생각 때문에 상심에 빠졌습니다.

이제 아버지께 돌아가 이끄시는 길로 가겠습니다.
그러면 길의 방향이 잡히고 앞길이 환히 보일 것입니다.

오 아버지시여,
탕자 같은 저를 받아 주소서.
아버지를 떠나 먼 곳으로 떠났던 저,

아버지를 잊고 살았던 저,
모든 복을 당연하게 여기고 살았던 저는
탕자와 같은 사람입니다.
아버지 앞에 무릎 꿇고 이 모든 것을 시인합니다.

나의 아버지시여,
이제 일어나 돌아갑니다.
아버지께서 달려나오시어
제 어깨에 사랑의 옷을 덮어 주시고
손가락에 용서의 가락지를 끼워 주시고
다함없는 사랑의 입맞춤을 해주시기를 바랍니다.

제가 아직 죄인이었을 때 제게 주셨던 그 사랑,
예수님을 갈보리로 이끄셨던 그 사랑!
그 사랑에 감사드립니다.
이렇게 회복시키심에 감사드립니다.
하나님께서 아직도 저의 아버지시고
제가 아직도 하나님의 자녀인 것에
감사드립니다.

_**피터 마샬**(Peter Marshall) 1902-1949, 미국의 목사

길 건너편에서

주님이 어떻게 하실지 알아냈다고 생각할 즈음
주님은 길 건너편에서 나타나 저희를 놀라게 하십니다.
약속으로 혹은 위협으로, 뒤에서 혹은 앞에서
주님은 저희에게 나타나십니다.
주님과 겨루려 할 때마다 주님은 저희를 이기십니다.

그래서 간구합니다.
저희에게 약간의 여유와 자유와 용기를 허락하시어
주님과 저희 자신에게 합당한 방법으로
주님을 대하게 하소서.
완벽한 겸손을 보여 주셨던 그분,
그로 인해 하나님께서 지극히 높은 이름을 주셨던 그분,
그분의 이름으로 기도합니다.
지혜와 자유를 저희에게 허락하시어
나중 된 자가 먼저 되고 먼저 된 자가 나중 되는 이 세상에서
가장 잘 사는 방법을 알게 하소서.

_월터 브루그만(Walter Brueggemann) 미국의 신학자

야생화 같은 주님

주님, 주님은 야생화를 닮으셨습니다.
저희 생각에 제일 그럴 법하지 않은 곳에
주님은 나타나시니 말입니다.
주님 은총의 밝은 색깔은 야생화의 색깔처럼
저희를 아찔하게 만듭니다.
주님을 소유하고 싶어, 손을 뻗어 꺾으려 하면
주님은 바람을 타고 날아가 버립니다.
발로 밟거나 걷어차 없애 버리려 하면
주님은 어느새 다시 나타나십니다.

하오니 주님,
언제 어디서나 주님을 기대하도록 저희를 도우소서.
주님의 아름다움을 보고 즐기게 하소서.
주님을 소유할 생각도 말게 하시고,
오히려 주님이 저희를 소유하소서.
그리고 주님께 범한 모든 죄에 대해
저희를 용서하소서.

_헨리 수소(Henry Suso) 1295-1366, 도미니크 수도사

기적

아버지,
제가 기적입니다.
제 사는 것이 기적입니다.
눈에 보이는 것이 모두 기적입니다.
기적들의 광채에
눈이 부십니다.
아, 아버지!

_김영봉 목사

참된 깨달음

하늘의 하나님,
제 자신이 아무것도 아님을 깨닫게 하소서.
그로 인해 절망하기 위함이 아니라
하나님의 위대하심을 더 알기 위함입니다.

_**쇠렌 키에르케고르**(Søren Kierkegaard)
1813-1855, 덴마크의 철학자, 신학자

내 눈의 나 때문에

내 눈에 '내'가 들어 있어 남을 보지 못합니다.
너를 사랑한다면서도
너를 생각한다면서도
고통 속에 몸부림치는 너를 못 봅니다.

내 속에 욕심과 미움이 많아서
이웃의 소리를 듣지 못합니다.
일자리가 없어 거리를 헤매는 이들,
춥고 배고픈 이들,
전쟁터에서 죽어가는 이들의
그 많은 소리가
내게는 들리지 않습니다.

눈이 뜨여, 힘든 이웃의 몸짓에서
하나님을 보게 하시고
귀가 열려, 삶의 신음 소리에서
하나님의 말씀을 듣게 하소서.

_박재순 신학자

참된 복을 주소서

주님과 같이 죽는 일은 그렇게 멋이 있었어요.
주님과 같이 사는 이 삶은 이렇게도 좋아요.
아름답습니다.
만족합니다.
감격과 흥분의 감사 계속입니다.

세상 사람들이 자기 재간으로 얻어 놓은 복이라는 것은
모두 불완전한 복이더군요.

예수님 예수님,
예수님밖에 어디 이 생명 드릴 데가 있으며
예수님밖에 어디서 이 복을 받을 데가 있겠습니까?
창조주 예수님 외에 어디 복이 있을까요?
산 제물로 드린 이 생명
영원히 살아 찬송하겠나이다.
그래서 이 복된 소식을 만방에 선포하고
자랑하고 소리 질러 외치겠나이다.

_안이숙 저술가

하나님의 은혜

내 아버지 하나님, 아버지는 값없이 은혜를 주십니다. 아버지께서 원하시는 사람에게, 원하시는 때와 장소에서 자비를 베푸십니다.

저희를 불러 하나님의 생명에 참여하게 하시는 것이 전적으로 값없이 주시는 은혜라면, 이 부르심은 인간의 본성에 따라 누구에게나 주시는 것이 아님이 분명합니다. 인간은 단지 주님이 자신을 드러내실 때에만 주님을 발견할 수 있습니다.

주님의 구원이 값없이 주시는 은혜임을 예수님의 사건에서 확인할 수 있습니다. 주님은 어디에나 계시는 주님께 이르는 구원의 길을 정하실 때 특별한 한 인간을 거치는 '우회로'를 택하셨습니다. 그분은 아우구스투스 황제 치하에서 팔레스틴에서 태어나셨고 총독 본디오 빌라도가 다스릴 때 죽음을 당하셨습니다. 저희는 사람이 되신 당신의 아들을 통과하는 '우회로'를 걸어야만 합니다. 주님의 은혜는 어디에나 계시는 성령을 통해 '언제나, 어디에서나' 얻을 수 있는 것이 아닙니다. 그것은 오직 예수 그리스도의 '지금 그리고 여기서' 얻을 수 있습니다.

주님의 성령은 불고 싶은 대로 붑니다. 제가 원하는 대로가 아니라 그분이 원하시는 대로! 그분은 사람들이 바라는 대로 언제나 어디에나 계시지 않습니다. 저희가 그분에게로 찾아가야 합니다. 그분이 은혜를 주기로 택하신 곳으로!

✢ 사귐의 기도를 위한 기도선집

주님의 구원을 얻기 위해 눈에 보이는 교회에 나가야 하는 이유가 여기에 있고, 눈에 보이는 의식에 참여해야 하는 이유가 여기에 있습니다.

_칼 라너(Karl Rahner) 1904-1984, 독일의 예수회 신부, 신학자

저를 품어 주소서

나의 주님이시여, 나의 생명의 생명, 영의 영이시여,
긍휼로써 저를 살피시고 성령을 부어 주소서.
제게는 주님 말고 달리 사랑을 바칠 만한 대상이 없습니다.
저는, 생명과 모든 것을 주신 주님 외에는
아무 은혜도 구하지 않습니다.
세상과 그 중의 보배와 하늘까지도 요구하지 않습니다.
다만 주님을 사모하며 구합니다.
주님이 계신 곳이 천국이므로 제 마음의 기갈은 다만,
마음을 지으신 주님에 의해서만 만족될 수 있습니다.
오 창조주여,
주님은 제 마음을 다만 주님을 위해서 지으셨을 뿐
다른 무엇을 위해서도 짓지 않으셨습니다.
그러므로 저의 마음은 주님 안에 있을 때에만
평화와 안식을 얻을 수 있습니다.
저를 창조하시고 또 평안에 대한 욕구를 주신 주님 안에서만
만족할 수 있습니다.
하오니 주님을 거역하는 모든 것을 제 마음에서 없애시고
그 안에 들어와 거하시며 영원히 다스려 주소서.

_선다 싱(Sundar Singh) 1889-1929, 인도의 기독교 지도자

✤ 사귐의 기도를 위한 기도선집

입을 지키소서

오 주여!
내가 입을 열 때에는
좌우에 날선 칼이 되게 하시고,
다물고 있을 때에는
돌,
바로 돌 자체가 되게 하여 주옵소서.
주님이 입을 여시면 그것은 칼이요,
입을 다무시면 살아 있는 돌이었나이다.
열건 다물고 있건
그저 철저하신 것만은 참 철저하셨지요.

_ 이용도 1901-1933, 부흥사

진실로 계신 아버지

참으로 계시는 아버지, 저는 없습니다.
오직 아버지만이 참으로 계십니다.
오직 아버지만이 영원히 계십니다.
저는 오직 아버지에게 연결되어 있는 한에서만
존재하고 있을 뿐입니다.
아버지를 알고 아버지께서 아시는
그 '나'만이, 진정으로 존재하며 영원히 존재합니다.

눈을 감을 때마다
참으로 있지 아니한 모든 것에 눈감게 하소서.
눈을 감을 때마다
진실로 있는 모든 것에 눈뜨게 하소서.
눈을 감는 것은 허상을 외면하고
진실을 보기 위함임을 알게 하소서.

진실로 있지 아니한 저의 허상을 보게 하시고
아버지 안에서 참으로 존재하는 저의 실상을 보게 하소서.
아버지 안에서 영원히 존재하는,
진실로 존재하는 제가 되게 하소서.

_김영봉 목사

오직 주의 은혜로

오 주님, 제가 세례 요한이었다 해도 주님 앞에 떳떳할 수 없었을 것입니다. 제가 제 자신을 경건하다고, 주님의 종이라고 여기는 이유는 제 삶이나 업적 때문이 아닙니다. 하나님이 예수 그리스도를 통해 제게 자비를 베푸시겠다고 약속하셨고 또 그렇게 하고 계시기 때문입니다. 저는 거룩하지 않지만 그분은 거룩하십니다. 저는 하나님의 종이라 할 수 없지만 그분은 하나님의 종이십니다. 저는 근심과 걱정에 눌려 있지만 그분은 아무런 근심도, 걱정도 없으십니다. 그러므로 제가 거룩해지는 것은 그분 안에서 그분을 통해서 되는 일입니다. 저는 이 일을 기뻐합니다.

주 하나님, 당신 보시기에 제가 이제 거룩하고 당신의 종으로서 합당하다는 것을 믿습니다. 제 자신의 공로 때문이 아닙니다. 저는 죄인입니다. 오직 저의 죄를 용서하시고 모든 것을 해결하신 예수 그리스도 때문입니다.

영원한 주님께 찬양 드립니다.

_마르틴 루터(Martin Luther) 1483-1546, 종교개혁자

다스리시는 하나님

주님,
주님이 허락하지 않으시면
아무 일도 일어날 수 없습니다.
모든 사람과 사물을
무한한 지혜에 따라 섭리하시는
절대적 주권이 주님께 있습니다.
창조주의 뜻에 대해 따지는 것은
피조물의 마땅한 바가 아닙니다.

그러므로
이생에서 제가 만나는
절망스러운 일들을,
모든 십자가와 환난을
저는 기쁨으로 받아들일 뿐입니다.

_수산나 웨슬리(Susanna Wesley) 1669-1742, 존 웨슬리의 모친

주님의 이름

사랑하는 주님, 주님의 이름은 "세상의 모든 이름 중에 저희를 구원할 유일한 이름"입니다. 그 이름을 제 마음에 새기어 제가 생각하고 말하고 행동하는 모든 일에 의미와 능력을 주시고 그 이름이 제 모든 관심의 중심이 되게 하소서. 주님의 이름이 제 존재 속에 완전히 스며들어 언젠가 주님이 제 안에서 주님을 발견하고 저를 주님 집으로 데려가소서.

_헨리 나우웬(Henri Nouwen) 1932-1996, 가톨릭 신부

아버지의 자녀답게

구하기 전에 내게 있어야 될 것을 미리 아시는 하나님 아버지
내가 구하는 것보다 더 좋은 것을 주시는 아버지 하나님
당신의 나라를 송두리째 주기를 원하시는 나의 아버지
내가 잠자는 동안에라도 나를 위하여
지금도 일하고 계시는 내 아버지,
나 자신을 부인하는 것을 기뻐하시는 우리 아버지,
만유보다 더 크신 하나님 아버지,
진리의 원천 되시는 나의 아버지,
나의 호흡이 끝나는 순간
영원한 생명으로 나를 붙잡아 주실 나의 아버지,
언제나 나의 '아빠' 되어 주시는 내 아버지,
이 좋으신 아버지를 다시 깨닫게 해주시고
아버지의 자식으로서의 삶을
새롭게 시작하게 하여 주심을 감사드립니다.

다시는 나로 인하여
아버지의 탄식 소리가 울려 퍼지지 아니하도록
아버지의 자녀답게 바른 삶을 살아갈 수 있도록
날마다 아버지와 동행하는

아버지의 자녀가 되게 하여 주옵소서.

아버지를 믿지 못해
아버지 곁에서 마치 고아처럼 살아가는 어리석은 자는
더더욱 되지 말게 하여 주옵소서.
그리하여 우리 한 사람 한 사람을
아버지의 자녀 삼아 주신 그 귀한 뜻들이
아버지의 자녀 된 우리의 삶을 통하여
이 땅에 아름답게 드러나게 하여 주옵소서.

_이재철 목사, 저술가

저희를 구하소서

오 진리의 하나님,
새로운 진리 앞에서 움츠러드는 비겁함으로부터,
불완전한 진리에 만족하는 게으름으로부터
저희를 구하소서.

_작자 미상(외국)

주님의 가치관

긍휼의 주님,
당신의 가치관을 갖게 하셔서
인간을 외모로 보고 차별하지 않게 하시고
당신의 사랑과 긍휼로 인간을 대하게 하소서.
그러면 우리가 그 속에서
당신의 잃어버린 사람들을 다시 찾을 수 있겠나이다.

_김지철 신학자, 목사

백지 같은 하루

오 하나님,
이 아침을 기쁨으로 맞이하도록
저희를 도우소서.
새 날은 백지 상태로 저희에게 옵니다.
홍관조 같은 즐거움으로,
참새 같은 용기로,
비둘기 같은 정결함으로
이 백지를 채워 가게 하소서.

_리처드 웡(Richard Wong) 재미 중국인 목사

거룩한 산제사로 드려지도록

전능하신 하나님, 저희는 자주 여러 종류의 악행에 이끌리기 쉽고 실족하여 악의 모양이라도 흉내내려 합니다. 조금이라도 핑계가 있거나 기회가 주어지면 그냥 지나치는 법이 없습니다. 오 하나님, 아버지의 성령으로 저희를 강하게 하시어 순결한 믿음의 길을 걷게 하소서. "하나님은 영이시라"고 배웠는데 그 사실을 바로 깨달아 신령과 진정으로 하나님을 예배하게 하소서. 타락한 세상을 따라가지 않게 하시고 하나님을 속일 수 있다고 생각하지 않게 하소서. 오직 몸과 영혼을 하나님께 드림으로 저희 자신이 주 그리스도 예수를 통해 하나님께 드려진 흠 없고 거룩한 제물이라는 사실을 삶의 모든 행위로 증거하게 하소서.

_장 칼뱅(Jean Calvin) 1509-1564, 프랑스의 신학자, 종교개혁자

나의 첫 기도

이제 저는
몸 없는 그림자로 남아 밤 오기만 기다리고 있습니다.
하느님!

"그 허전한 마음을 거두고 앞산 뒷산을 쳐다보아라.
이제 곧 한낮이 되면
제 그림자를 삼킨 바위들이 우뚝 우뚝 일어설 게다."

이제 저는
눈이 떨어져 나간 밀알이 되고 말았습니다.
하느님!

"그 서운한 마음을 거두고 하늘을 쳐다보아라.
손바닥만한 구름 한 점
하늬바람에 실려오고 있지 않느냐?
산과 들에 떨어진 풀씨들 위에 이제 곧 비가 쏟아질 게다."

_문익환 1918-1994, 목사, 신학자, 통일 운동가

주님 안에

주님은 저의 영혼을 아십니다.
제 영혼에 어떤 변화가 필요한지도 아십니다.
주님의 방식대로 그 일을 행하소서.

오 나의 하나님, 주님께로 저를 이끄소서.
당신의 순수한 사랑으로만 저를 채워 주소서.
제가 주님의 사랑의 길에서 벗어나지 않도록 도우소서.
그 길을 분명하게 보여 주시고
제가 그 길에서 벗어나지 않게 도우소서.
그것으로 족합니다.

제 모든 것을 주님 손에 맡깁니다.
주님의 인도에는 실수도 없고 위험도 없습니다.
언제나 주님을 사랑하겠습니다.
저는 주님께 속해 있습니다.
저는 아무것도 두려워하지 않을 것입니다.
언제나 주님 손 안에 머물러 떠나지 않을 것이기 때문입니다.

_토마스 머튼(Thomas Merton) 1915-1968, 미국의 수도사, 사회운동가

쉼을 주소서
―옥중에서

주 나의 하나님,
당신께서 오늘 하루를 마치게 하신 것을 감사드립니다.
당신의 손이 내 위에 있었고, 나를 지키고 보호하셨습니다.
부족한 믿음과 오늘 하루에 행한 모든 불의를 모두 용서하시옵고,
내게 불의를 행한 모든 사람을 내가 용서할 수 있도록
    도와주시옵소서.

나로 하여금 당신의 보호하심 가운데 평화롭게 쉬게 하옵시고,
어둠의 유혹에서 나를 보호해 주시옵소서.
나의 가족을 당신께 맡기옵고,
이 감옥을 당신께 맡기옵니다.
나의 육신과 나의 영혼을 당신께 맡기옵니다.
하나님이여, 당신의 거룩한 이름은 찬양을 받으시옵소서.

_디트리히 본회퍼(Dietrich Bonhoeffer) 1906-1945, 독일의 신학자

✤ 사귐의 기도를 위한 기도선집

환난 속에서

때때로 병들게 하심을 감사합니다.
인간의 약함을 깨닫게 해주시기 때문입니다.
가끔 고독의 수렁에 내던져 주심을 감사합니다.
그것은 주님과 가까워지는 기회입니다.
일이 계획대로 안 되게 틀어 주심도 감사합니다.
그래서 저의 교만을 깨닫게 됩니다.
아들딸이 걱정거리가 되게 하시고
아내나 남편이 미워질 때도 있게 하시고
부모와 형제가 짐으로 느껴질 때도 있게 하심을 감사합니다.
먹고 사는 데 힘겹게 하심도 감사합니다.
눈물로 빵을 먹는 심정을 이해할 수 있기 때문입니다.
때로 허탈하고 허무하게 하심을 감사합니다.
영원에 접근할 수 있는 기회니까요.
불의와 허무가 득세하는 시대에 태어난 것도 감사합니다.
하나님의 의가 분명히 드러나기 때문입니다.
땀과 고생의 잔을 맛보게 하심을 감사합니다.
그래서 주님의 사랑을 깨닫기 때문입니다.
주님, 감사할 수 있는 마음을 주심을 감사합니다.

_삭자 미상(한국)

하나님을 위한 시간

오 하나님,
아무리 필요한 일이라 해도
일상적인 일에 너무 골몰하는 잘못에서 저를 구하소서.
이렇게 골몰하게 되면
제 생애의 유일한 목적으로부터 생각이 흩어지고
하나님이 항상 제 곁에 서 계시다는 생생한 감각이 마비됩니다.

제 마음이 얼마나 좁은지 압니다.
세상 것들에 주의를 빼앗겨 버리면
하늘에 속한 것들이 들어설 여지가 없습니다.
오, 저를 가르치소서. 무슨 일을 하든
마음을 다 빼앗기지 않음으로 만물 안에서 하나님을 보도록,
그 안에서 계속하여 저를 보시며 감찰하시는 하나님을 보도록
　가르치소서.

그리하여 주님을 사랑하는 데 필요한
영혼의 자유를 잃지 않도록 저를 가르치소서.

_존 웨슬리(John Wesley) 1703-1791, 영국의 목사, 감리교 창시자

침묵의 이유

아 하나님이여, 제가 아버지를 그토록 찾고 있었는데 아버지께서는 왜 문을 열어 주지 않으셨습니까? 제가 길에서 방황하는 모습이 아버지께는 가련하게 보이지 않았습니까? 제가 진리를 보지 못함으로 고통에 고통을 더하고 있는 것을 아버지께서는 팔짱을 끼고 물끄러미 바라보고만 계셨습니까?

(은혜로운 음성이 대답했다)
하나님의 인내는 크시도다. 그분은 당신의 자녀가 괴로워하는 것을 보시면서 참고 견디신다. 하나님이 너를 구하지 않으신 것은 너를 구원하기 위해서였다. 반생 동안의 너의 방황과 번민은 너로 하여금 자기 생각에서 벗어나고 온전히 그분을 의지하게 하기 위한 것이었다. 너를 괴롭힌 것은 너 자신이었다. 그분을 의지하라. 그분은 네 죄를 속하여 선에서 선으로 이끌어 너로 하여금 그분을 위하여 세상을 구하는 힘이 되게 하리라.

(나의 대답)
아버지여, 그러하옵니다. 이루어진 모든 일이 아버지의 거룩한 뜻에 합당합니다.

_우찌무라 간조 1861-1930, 일본의 기독교 시도자

감사 기도

아 하나님,
당신 한 분으로
저는 너무나도 족합니다.
당신 안에서
저는 더 바랄 것이 없습니다.
감사,
감사합니다.
사랑합니다.
아니,
말로 표현되지 않는
제 마음을 드립니다.

_김영봉 목사

원하는 것과 필요한 것

사랑하는 예수님,
제가 얼마나 간절히 기도해야 하는지요!
하지만 정직하게 말하자면,
기도할 마음조차 없는 때가 자주 있습니다.

제 마음은 나뉘어 있습니다!
제 마음은 이렇게 굳어져 있습니다!
이토록 자기 중심적입니다!

예수님,
주님의 자비로써
제게 '필요한 일'을 제 마음이 '원하도록' 도와주소서.
그러면 즐거운 마음으로
해야 할 일을 하게 될 것입니다.

주님의 이름으로,
주님을 위하여 기도드립니다.

_리처드 포스터(Richard Foster) 미국의 신학자

고난을 피하지 않게 하소서

주님을 위하여 오는 고난을
내가 이제 피하였다가
이 다음 내 무슨 낯으로 주님을 대하오리까!

주님을 위하여 이제 당하는 수옥(囚獄)을
내가 이제 피하였다가
이 다음 주님이,
"너는 내 이름과 평안과 즐거움을 다 받아 누리고
고난의 잔은 어찌하고 왔느냐"고 물으신다면,
나는 무슨 말로 대답하랴!

주님을 위하여 오는 십자가를
내가 이제 피하였다가
이 다음 주님이,
"너는 내가 준 유일한 유산인
고난의 십자가를 어찌하고 왔느냐"고 물으시면,
나는 무슨 말로 대답하랴!

_주기철 1897-1940, 목사, 순교자

깨달음을 주소서

오 주님,
저희가 얼마나 약한지 알게 하셔서
저희가 들판의 피조물과 별로 다르지 않다는 것을,
그들과 같이 저희도
여름과 겨울, 낮과 밤에 기대고 산다는 것을 받아들이게 하소서.

오 주님,
당신은 저희를 지극히 작게 만드셨고
저희 인생을 동화처럼 짧게 하셨습니다.
이 짧은 인생 후에
영원한 당신의 사랑이 있음을
기억하게 하소서.

_라인홀드 니버(Reinhold Niebuhr) 1892-1971, 미국의 신학자

유언을 남기지 않도록 하소서

주여! 당신이 주신 생명, 귀하게 받아 삽니다.
주어진 시간 안에서 매순간 최선을 다하며
감사하며 살게 하소서.

당신이 오라 부르시면
이 세상을 떠날 때
미련이 남아 뒤돌아보지 않게 하소서.

죽음에 임했을 때
자식들을 불러 모아 못다 한 일을 후회하고
남은 일을 부탁하는 유언은 남기지 않도록 하소서.

나의 마지막 말은
"따로 남길 말이 없다"가 되게 하소서.
그래서 함께 산책을 갔다가 먼저 집으로 떠날 때처럼
자연스럽게 "먼저 간다"고 말하며
그렇게 떠날 수 있도록 하소서.

_김치영 1925-2000, 목사, 신학자

존재에 대한 열망

최초의 부르심으로 삼라만상을 움직이도록 만드신 오 하나님, 제게 은혜를 베푸시어 '존재'를 갈망하는 소원을 갖게 하소서. 이 거룩한 갈증은 하나님이 주서야만 품을 수 있습니다. 이 갈증을 통해 저희는 대양(大洋)에 이르는 통로를 찾게 됩니다. '존재'에 대한, 그 원초적 에너지에 대한, 인간 존재의 원초적 안식에 대한 이 거룩한 열망을 제게서 앗아 가지 마소서.

_테이야르 드 샤르댕(Teilhard de Chardin)
1881-1955, 프랑스의 과학자, 예수회 신부

감사, 오직 감사

오! 아버지, 아버지, 왜 이렇게도 아름다운 세상을 만드셨습니까? 너무도 아름답고 너무도 굉장해요. 아! 이것들을, 이 아름다운 이런 굉장한 세상을 우리 인간들에게 주시려고 만드셨습니다. 이렇게 조밀하고, 이렇게도 신기롭고, 이렇게도 화려하고, 굉장하게 주님은 이 천지를 이렇게 아름답게 만드셨습니다. 다만 우리에게 주시고 우리 인간들이 누리라고 그리고 이 모든 것을 누리면서 그 주신 하나님을 사랑하라고! 그 사랑은 너무도 커요. 그 선물은 너무나 놀라워요. 그저 다 누리라고 하셨으니 주여, 너무도 좋고 너무도 고마워요. 그런데 또 그 아들까지 주셨으니 주여, 어찌 이 가슴이 끓어오르고 불타고 폭발이 되지 않고 견딜 수가 있겠습니까? 경배와 감사만으로는 절대로 절대로 다 갚을 수 없어요. 그래서 울고, 그래서 이 몸을 드리고, 그래서 이 마음을 다하고, 뜻을 다하고, 성품을 다하고, 힘을 다하고, 지혜를 다하고, 정력을 다하고, 노력을 다해서 사랑하고, 사랑하고, 또 사랑하고 사랑하면서 죽어 버리려는 것입니다.

_안이숙 저술가

안식과 예배

하나님, 저는 그냥 너무 바쁩니다. 너무 많은 사람들, 너무 많은 질문들, 너무 많은 일들. 내면의 공허를 피하기 위해 바쁘게 살기로 선택했다는 사실을 저희는 고백하지 않을 수 없습니다. 이 분주한 일상 가운데 어떻게 쉴 수가 있고 어떻게 주님을 예배할 수 있겠습니까? 주님을 섬길 시간을 얻도록 제 삶 속에 공간을 창조해 주소서. 기도를 통해 쉴 수 있도록 강권하소서. 그래야 저희의 모든 사랑과 두려움이 주님 안에서 온전해질 것입니다. 저희로 깨닫게 하소서. 저희에게 진정으로 필요한 것은 안식이며 예배라는 것을. 그것이 있어야 분주한 일상이 참된 봉사가 된다는 것을. 끝으로, 실상 가장 중요한 요청입니다만, 저희를 거짓된 야망에서 구원해 주소서.

_스탠리 하우어워스(Stanley Hauerwas) 신학자

열린 귀, 열린 마음, 열린 눈, 열린 손

오 하나님, 제게 열린 귀를 주시어 더 높은 소명으로 부르시는 주님의 음성을 듣게 하소서. 저는 너무나 자주 주님의 소리에 귀먹어 있었습니다. 이제 "제가 여기 있나이다, 저를 보내소서"라고 대답할 용기를 주소서. 주님의 자녀 중 누구든 곤경 속에서 부르짖을 때 그 외침 속에서 주님의 음성을 들을 수 있는 열린 귀를 주시어 섬기게 하소서.

오 하나님, 열린 마음을 주소서. 주님이 계시하시는 새로운 지식을 민첩하게 받아들이고 환영할 수 있는 열린 마음을. 과거에 미련이 남아 미래를 손상시키지 않게 하소서. 필요하다면 마음을 바꿀 수 있는 용기도 허락하소서. 다른 사람들의 생각에 관대하게 하시고 그들을 통해 주시는 새로운 깨달음을 즐거이 받게 하소서.

오 하나님, 열린 눈을 주소서. 주님이 만드신 이 세상에서 주님의 임재를 금방 알아차릴 수 있는 열린 눈을. 모든 사랑스러운 것들을 통해 제 마음에 기쁨이 가득하게 하시고, 주님의 영원한 사랑스러움으로 저희 마음을 들어 올리소서. 자연의 그 찬란한 영광과 신비에, 어린아이들의 매력에, 인간사의 숭고함에, 그리고 이 모두 안에 담긴 주님의 임재의 암시에 눈멀어 있던 과거의 제 부족함을 용서하소서.

오 하나님, 열린 손을 주소서. 제게 주신 주님의 복을 어려운 사람들과 나누는 일에 재빠른 열린 손을. 모든 야비함과 인색함에서 저를 건지소서. 제 모든 돈을 청지기처럼 관리하게 하시고 제 모든 소유를 주님께 맡기게 하소서.

_존 베일리(John Baillie) 1886-1960, 스코틀랜드의 신학자

봄 싹, 봄 꽃

언 땅 뚫고 새 싹 돋듯
굳은 껍질 영혼 뚫고
새 살 돋게 하옵소서.

낡은 뿌리 새 싹 나듯
낡고 낡은 이 인생에
새 삶 돋게 하옵소서.

_한종호 목사, 저술가

장막을 뚫고

사랑의 주님, 교리와 신조의 장막으로 가려진 진리를 제게 가르치소서. 설교와 학설의 가면으로 덮여진 진리를 제게 드러내소서. 제 눈으로 하여금 그 장막과 가면을 뚫고 들어가 주님의 진리를 직접 대면하게 하소서.

_십자가의 요한(John of the Cross) 1542-1591, 카르멜 수도사, 시인

응답으로서의 삶

주님, 제 삶이 제게 주시는 사랑에 대한 응답이 되게 하소서. 저의 행동과 말, 생각과 꿈이 예수님 안에서 저와 함께 계시는 하나님에 대한 응답이 되게 하소서. 그럴 때 제 이기심과 교만을 벗어날 수 있습니다.

_유진 피터슨(Eugene Peterson) 미국의 신학자

도움을 구하는 기도

사랑의 주 예수 그리스도시여, 제가 바라는 것이 너무 커서 말로 표현할 수가 없습니다. 어떻게 구해야 할지 모르겠습니다. 제 마음을 살펴 주소서. 더 무슨 말을 해야 합니까? 제 고난은 제 모든 불평보다 더 큽니다. 이성을 다해 보아도 알 수 없고, 용기를 다해 보아도 힘을 내지 못하겠습니다. 위로를 얻지 못하고, 도움도 받지 못하고, 모두에게 버려져 어쩔 줄 모르고 있습니다. 나의 하나님, 아버지께서는 제 소망을 외면하지 않으실 것입니다. 제 기도를 들으시고 소원을 만족시켜 주실 것입니다. 아버지의 은혜를 구하고 기다릴 것입니다. 제 말씀을 들으시고 제 소원을 이루소서.

_마르틴 루터(Martin Luther) 1483-1546, 종교개혁자

두려운 복

아버지,
어려움 속에서 눈물짓는 사람이 얼마나 많은지요.
헤아날 수 없는 가난의 늪에 빠져
연명하는 일조차 벅찬 사람이 얼마나 많은지요.
하루 하루 질병의 고통과 싸우며
힘겹게 살아가는 사람이 얼마나 많은지요.

지금 저는
감사하게도,
이 모든 불행과 상관 없이 살고 있습니다.
제게는 이 복을 받을 자격이 없습니다.
고통에 짓눌려 사는 그들보다 나은 무엇이
제게는 없습니다.
그런데 저는 그들에게 없는 복을 누리고 있습니다.

생각이 여기에 미치니
두려움이 저를 엄습합니다.
자격도 없이 받은, 분에 넘치는 복이 두렵습니다.
남에게 없는 복이 제게는 있는 것이 두렵습니다.

✤ 사귐의 기도를 위한 기도선집

제 복을 부러워하는 사람들의 시선이 두렵습니다.

아버지,
이 복을 붙들고 두려움에 떠느니
이 복을 나누며 기쁘게 살겠습니다.

제게 주신 복이
실은 저만을 위한 것이 아니라
모두를 위해 제게 맡겨진 것임을 깨달아
제 창고를 열게 하소서.
제 마음을 열게 하소서.
제 집을 열게 하소서.
제 삶을 열게 하소서.
저를 다스리시어
두려움 없는 참된 복을
누리게 하소서.

_김영봉 목사

이 땅, 우리의 집

오 하나님, 저희 모두의 집인 이 우주로 인해 감사드립니다. 그 광대함과 풍요로움으로 인해, 그 안에 살고 있는 생명의 다양함으로 인해, 그 생명의 일부로 저희를 지으심으로 인해 주님께 감사드립니다.

드높은 하늘과 복된 바람, 떠다니는 구름과 하늘의 별로 인해, 주님을 찬양합니다. 짜디짠 바다와 흐르는 물, 끝없이 이어지는 언덕, 나무들, 발 아래 널려 있는 풀들로 인해 주님께 감사드립니다.

아침의 영광을 볼 수 있는 눈, 사랑의 감미로운 노래를 들을 수 있는 귀, 봄의 냄새를 맡을 수 있는 코를 주심에 감사드립니다.

이 모든 기쁨과 아름다움에 활짝 열린 마음을 주시고, 제 영혼이 근심에 짓눌리거나 정욕으로 어두워지지 않도록 하시어, 지나는 길에 있는 가시덤불이 하나님의 영광으로 불타는 모습을 지나쳐 가지 않도록 도우소서.

_월터 라우센부쉬(Walter Rauschenbusch)
 1861-1918, 미국의 침례교 목사, 사회운동가

이웃을 사랑하게 해주십시오

오 나의 구원자시여,
이웃에 대한 사랑의 명령을 철저하게 따를 수 있도록,
주님이 저희를 사랑하신 것처럼 그들을 사랑할 수 있도록
저를 도우소서.
이것은 구원에 절대적으로 필요한 일입니다.

어떤 방법으로든 이웃에게 상처를 입히지 않도록
세심한 사랑을 제게 주소서.
이웃에게 상처를 주는 것은
주님의 눈동자에 상처를 입히는 것과 같습니다.
주님의 마음을 상하게 하지 않도록
저를 도우소서.

_토마스 아 켐피스(Thomas à Kempis)
1379-1471, 네덜란드의 신학자, 「그리스도를 본받아」의 저자

기도하는 법을 가르치소서

주님! 오늘도 시간을 정해 당신께 기도합니다. 기도는 매일같이 드리지만 자주 공허하며, 어떻게 기도해야 할지 막막합니다.

나의 기도가 내가 원하는 것을 얻기 위해 드리는 무속 신앙의 기도가 되지 않기를 당신께 기도합니다. 기도를 통해 신을 움직이고 나의 소원을 들어주기를 원하는 유혹에 빠지지 않도록 하시옵소서. 나의 기도가 손뼉을 치고 열광하여 주체성을 잃고 역사 속에 주어진 당신의 과제를 상실하여 허공을 맴도는 기도가 되지 않게 하소서.

주님! 감히 아버지라 부를 수 없는 우리가 당신을 아버지라 부를 수 있게 하심을 감사드립니다. 오늘도 기도를 통해 우리는 당신을 만납니다. 당신과 만난 우리의 기도가 힘 없는 메아리로 머물지 않게 하시고 이 기도가 성도의 교제로 역사 속의 이웃에게로 힘차게 나아가게 하소서.

_김치영 1925-2000, 목사, 신학자

한없는 사랑

사랑의 아버지시여, 모든 것이 제게 잘못되고 있어도 아버지는 여전히 사랑이십니다. 아버지가 사랑이라는 사실, 언제나 사랑이라는 사실을 저는 자주 의심합니다. 하지만 제가 돌아설 때마다 부정할 수 없는 유일한 사실은 당신이 사랑이라는 것, 바로 이 진실입니다. 그렇기 때문에 당신이 사랑이라는 사실이 의심될 때조차 저는 믿습니다. 제가 의심하는 것도 아버지께서 저를 사랑하시기 때문에 허락하시는 것임을! 오 한없는 사랑이시여.

_**최렌 키에르케고르**(Søren Kierkegaard)
1813-1855, 덴마크의 철학자, 신학자

회개의 기도

하나님이시여, 하나님의 밝은 빛이 쏘아 들어와서 나의 속마음의 정체가 용서없이 거룩하신 당신 앞에 드러나게 되었습니다.

죄악 세상에 팔린 불쌍한 이 노예, 탐욕과 악의의 둥지인 이 오장(五臟), 증오, 분노, 투기, 시기, 원한 —이런 것들을 담고 있는 이 육부(六腑), 궤계와 아첨에 능한 이 혀, 독사의 독을 바르고 있는 이 입술, 저주와 고통으로 충만한 이 입, 파괴와 피 흘리기에 바쁜 이 발, 발바닥에서 정수리까지 이르도록 창상(創傷)과 타상(打傷)과 종처(腫處)로 성한 곳이 없는 만신창이인 나! 자칫하면 절도와 강탈도 사양하지 않을 것이며, 여차하면 살인과 폭력도 감행하기를 주저하지 않을 나입니다.

아, 아! 과거와 지금 인류를 판단하시고 심판하시는 하나님을 두려워하지 않는 모든 민족의 살육, 파괴, 약탈 그리고 귀축(鬼畜)과 같은 포학한 행위! 그것은 다 내 자신의 마음의 반사요 확대도 입니다.

백귀(百鬼)가 횡행하는 나의 속마음은 백주에 나타난 악마적 정체입니다. 이것은 지금 주의 거룩한 눈에 비추어진 나의 진상입니다. 주는 성령의 확대경으로써 나의 속마음을 작은 구석도 남기지 않고 보고 계시니 오, 주의 거룩하신 얼굴이 무섭습니다. 피에 물든 이 몸이 숨을 장소가 없습니다. 그래서 지금 눈을 감고 주의 속으로 깊이 잠겨 듭니다. 추악한 이 나체(裸體)를 정시(正視)하고 계시니 나는 참을 수가 없습니다. 주의 의와 옷을 속히 입혀 주십시오. 십자가의 거룩하신 이름으로 간구합니다.

_박재봉 1904-?, 목사, 부흥사

값을 계산하고

오 주님, 저를 지혜롭게 하시어
신앙을 고백하기 이전에
그리스도인이 됨으로 최후에 얻는 것이 무엇인지 알게 하시고
그것을 얻기 위해 어떤 난관들을 만나게 될지
미리 따져 보게 하소서.
원수가 얼마나 많은지,
그들의 힘이 얼마나 강한지,
제 자신의 능력은 얼마나 강한지,
제가 기대하고 의지할 도움은 무엇인지,
따져 보게 하소서.

제가 추구하는 최후의 목적은
오 하나님, 주님의 영광이며
제 자신의 참된 행복입니다.
육신의 행복이 아니라
영의 행복입니다.

저희 영은 새롭게 지어지고 거룩하게 되어야만,
원래의 자유로운 상태로 회복되어야만,

타락으로부터 회복되어야만,
그리고 모든 점에서 주님의 뜻과 계명에 일치되어야만
참된 행복을 얻을 수 있습니다.

행복은 제가 정결해지는 것에 비례합니다.
난관은 많고 원수는 강력합니다.
그러나 주님은 말씀하십니다.
"누구든지 나를 따르려거든 자기를 부인하고
자기 십자가를 지고 나를 따를 것이니라."

하오니
저로 하여금 자아를 부인하게 하소서.
제 자아가 가장 큰 원수입니다.

_수산나 웨슬리(Susanna Wesley) 1669-1742, 존 웨슬리의 모친

님과 함께

하나님 앞에 운명이 없음을 알게 하소서.
정해진 길도 없음을 알게 하소서.
지나온 길, 남이 걸어온 길이
내 길이 아님을 알게 하소서.
하나님 안에서 하나님과 더불어
이제 여기서 내가 내딛는 발걸음에서
길이 생겨남을 알게 하소서.
오직 님이 길이고
님과 함께 사는 삶이 길임을 알게 하소서.

_박재순 신학자

인생의 절정에서 겸손을 구하는 기도

주님, 일이 잘 풀려 나갈 때 저는 주님을 잊곤 합니다. 반면, 일이 안 풀릴 때는 삐뚤어진 아이처럼 주님께 불평합니다. 성공은 제 공이고 실패는 주님 탓인 것처럼 행동합니다.

두려움이 아침 안개처럼 걷히고 나면 저는 혼자서도 잘 할 수 있고 제게 있는 물질과 인력이면 만사를 해결하기에 충분하다고 생각합니다.

태양이 비칠 때 저는 주님이 필요합니다. 그래야 폭풍과 어둠을 잊지 않습니다. 친구들과 동료들이 저를 인정하고 칭찬할 때 저에게는 주님이 더욱 필요합니다. 그래야 제 마음이 부풀지 않습니다.

오 하나님, 어리석고 성공에 눈 먼, 믿음이 적은 저를 용서하소서. 성공할 때조차 저의 주님이 되어 주소서. 자만심에서 구하소서. 편협함에서 구하소서. 저 자신으로부터 구하소서! 제 성공을 취하시어 주님의 영광을 위해 사용하소서. 주님의 능력 안에서 기도합니다.

_피터 마샬(Peter Marshall) 1902-1949, 미국의 목사

작은 죽음이 되게 하소서

사랑의 주님,

　극심한 내적 근심과 혼란 속에 있을 때 제가 느끼거나 이해하지 못하는 방법으로 주님이 제 안에서 일하시리라는 생각이 저에게 위로를 줍니다.

　주님에게 집중할 수 없고, 마음의 중심이 흔들리고, 마치 주님이 저를 버려 두고 떠나신 것 같은 의심에 빠집니다. 그러나 믿음 안에서 주님을 붙잡습니다. 주님의 영은 제 마음과 생각보다 더 깊이, 더 멀리 닿는다는 것을, 그 심오한 움직임은 쉽게 알아차릴 수 없다는 것을 제가 알기 때문입니다.

　하오니 주님, 도망가지도, 포기하지도, 기도를 멈추지도 않겠습니다. 그 모든 일이 소용없고 의미 없고 시간과 노력을 낭비하는 것처럼 보일 때에도, 그만두지 않겠습니다.

　주님의 사랑을 느끼지 못할지라도 제가 주님을 사랑하고 있다는 것을, 제가 때로 실망하더라도 여전히 주님에게 소망을 두고 있음을 아셨으면 합니다.

　이것이 저보다 더 고통받는 수백만의 인류와 연대하게 하는, 주님과 함께, 주님을 위해 당하는 작은 죽음이 되게 하소서.

_헨리 나우웬(Henri Nouwen) 1932-1996, 가톨릭 신부

있는 그대로

아버지,
잘 해 보려고
혹은 잘 보이려고
애쓰지 않게 하소서.
그러나
성의 없이 행동하지도 않게 하소서.

긴장감을 가지고 정성을 다하되
나 아닌 것이 되려고
힘쓰지 않게 하소서.
있는 그대로의 저를 보이게 하시고
저와 함께하시는 아버지만을
의지하게 하소서.

_김영봉 목사

저희 원대로가 아니라

저희는 할 수 있는 대로 여러 가지 이름으로 주님을 부르고
저희가 필요한 대로 주님의 역할을 규정하고
저희가 선 각도에서 주님께 다가갑니다.
주님을 알기 위해서라기보다는
저희 자신의 깊은 요구,
깊은 상처 그리고 깊은 희망 때문입니다.

그런데 저희가 부르는 이름은 잠시 동안 유효할 뿐,
주님은 그 이름을 넘어 다가오시며
저희 생각을 넘어 새로운 모습으로 당신을 드러내시며
저희가 잡을 수 없는 영광 속으로 사라지십니다.
주님의 자유와 숨으심을 목도하며
저희는 인정합니다.
주님이 하나님이시라는 것을.
저희보다 위에 계시며 저희를 위해 계시고
또한 저희를 넘어 계시다는 것을.
저희의 요구와 필요에 따라 행동하시는 분이 아니라
언제나 주님의 방식으로 행동하시는 분임을.

저희는 주님이 어떤 분인지에 대해 우물거릴 뿐입니다.
그것을 통해
이름지을 수 없는 주님 앞에 선
저희 자신의 부족함을 확인할 따름입니다.
주님을 설명하고 찾고 규정하려는 노력을 잠시 접어두고
주님께 찬양을 돌립니다.
육신을 입고 고통받으시기까지
저희를 사랑하신 것에 대해
그리고 저희에게 주신 이름에
감사드립니다.

_월터 브루그만(Walter Brueggemann) 미국의 신학자

참으로 구할 것

위험에서 보호해 달라고 기도하기보다는
오히려 두려움 없이 그것을 직면하게 해 달라고 기도하게 하소서.

고통을 잠재워 달라고 간청하기보다는
그것을 정복할 수 있는 마음을 구하게 하소서.

안절부절하면서 구원해 달라고 간청하기보다는
자유를 얻기까지 참을 수 있는 인내심을 구하게 하소서.

성공할 때만 주님의 자비를 느끼는 겁쟁이가 되지 않게 하시고
실패할 때도 주님의 손길을 느낄 수 있게 하소서.

_라빈드라나드 타고르(Rabindranath Tagore)
1861-1941, 인도의 사상가, 시인, 종교인

새롭게 하소서

새로움의 주님,
나의 사고와 행동 양식과 삶 전체가
새롭게 되기를 원하나이다.
그러나 나 자신의 것과 세상의 것으로
나 자신과 우리를 새롭게 해 보려는
어리석음을 범하지 않게 하소서.
오직 새로움의 주인이신 창조주
당신을 덧입음으로써
새롭게 되게 하소서.

_김지철 신학자, 목사

비추소서, 다스리소서

전능하신 하나님, 말씀의 빛으로 저희를 비추시어 대낮에 눈이 어두워지지도 않고 의도적으로 어둠을 찾지도 않고 마음이 잠에 빠지도록 내버려두지도 않도록 저희를 도우소서. 날마다 주님의 말씀으로 저희를 깨우시고 주님의 이름을 더욱더 경외하게 하시며 저희 자신과 모든 열망을 주님께 제물로 드리게 하소서. 오 하나님, 제 안에 영원히 거하시며 평화로 다스리소서. 저희 모두를 하늘 나라에 모으시어 우리 주 예수 그리스도를 통해 영원한 안식과 영광을 얻게 하실 그 때까지!

_장 칼뱅(Jean Calvin) 1509-1564, 프랑스의 신학자, 종교개혁자

주님을 닮게

제가 살고 있는 이 하늘과 이 땅에서
한 번 살고 가신 그 복된 생애를
늘 기억하게 하소서.

섬김을 받기보다는 섬기려 하셨던 그분의 의지,
모든 종류의 아픔에 대해 보이셨던 사랑과 관심,
당신 자신의 고난 앞에서 드러내셨던 담대함,
모욕을 모욕으로 갚지 않으셨던 온유한 참으심,
당신께 맡겨진 사명을 향한 견고한 지향,
그 단순한 삶,
자기 통제력,
그 평정심,
하나님에 대한 절대적 신뢰.

오 하나님,
그분의 발자취를 따르도록
제게 은혜를 주소서.

_존 베일리(John Baillie) 1886-1960, 스코틀랜드의 신학자

피를 주소서

피를 주소서. 우리는 눈물도 말랐거니와 피는 더욱 말랐습니다. 그래서 무기력한 빈혈 환자가 되었습니다. 피가 없을 때는 기운이 없고, 맥도 없고, 힘도 없고, 담력도 없고, 의분도 없고, 활기도 없고, 생기도 없습니다. 그 대신 노랗고, 겁 많고, 쓸쓸하며, 소망도 없어지게 됩니다. 우리에게 그리스도의 피를 주사로 놓아 주십시오. 그래서 우리로 하여금 새 기운을 얻어 활기와 생기가 넘치게 하시고 기쁨이 있게 해주옵소서. 우리는 죄에게 사로잡혀 죽어가지만, 그 죄와 더불어 싸울 만한 피가 없습니다. 악마가 우리 인간을 유린하지만, 그것을 분통히 여기는 피가 없습니다. 주여, 우리에게 당신의 피를 주사로 놓아 주십시오. 그래서 죄악과 더불어 싸우게 해주옵소서. 우리의 영혼이 원수 마귀를 격파하게 해주옵소서. 피가 있게 하소서. 피가 없으면 죽은 사람! 우리에게는 피가 없습니다. 주여, 우리는 이제 죽게 되었습니다. 당신이 십자가에서 흘리신 피를 우리에게 주사로 놓아 주옵소서.

_이용도 1901-1933, 부흥사

하나님의 영광을 위해

오 아버지, 저희 죄를 시인합니다. 은혜를 베푸셔서 심판하지 마소서. 은혜를 부으셔서 아버지의 거룩한 이름이 우리 안에 높여지게 하소서. 어떻든지, 무슨 일을 하든지 아버지를 찬양하고 높일 목적으로 생각하고 말하고 행동하게 하소서. 저희 자신의 영광이 아니라 아버지의 영광을 구하는 것을 항상 가장 앞세우게 하소서. 자녀인 저희들이 아버지인 하나님을 사랑하고 경외하고 높이도록 인도하소서.

_마르틴 루터(Martin Luther) 1483-1546, 종교개혁자

더러운 손과 부정한 입술로

오 접근할 수 없는 빛이시여, 어떻게 이 더러운 손을 모아 주님께 기도할 수 있을지요! 거짓되고 비열한 말들을 뱉어냈던 그 입술로 어찌 기도드릴 수 있을지요!

복수심으로 굳어 버린 제 마음,
제어되지 못한 혀,
성마른 기질,
다른 사람의 짐을 지고 싶어하지 않는 마음,
다른 사람에게 내 짐을 지우고 싶어하는 마음,
고상한 직업에 종사하면서도 성취하는 것은 별로 없는 삶,
좋은 말로 치장된 비루한 생각,
친절한 표정 안에 숨겨진 차가운 마음,
수포로 만들어 버린 좋은 기회들,
개발하지 않고 방치한 많은 재능들,
무심코 지나쳐 버린 그 많은 사랑과 아름다움,
알아차리지 못하고 받은 많은 복,

오 하나님, 이 모든 허물을 고백합니다.

_존 베일리(John Baillie) 1886-1960, 스코틀랜드의 신학자

저를 만드소서

선하신 주님, 과거에 지은 저의 모든 죄를 용서하시고
할 수 있는 대로 영혼을 키울 기회를 만들기 위해
매일같이 좀더 열심히 좀더 부지런히 노력하게 하시어
주님에 대한 믿음과 사랑과 복종이 더욱 자라나게 하소서.

오늘 주님이 저를 이끄시는 모든 곳, 모든 사람 그리고 일 속에서
주님이 제 마음에 항상 있게 하시고
주님의 사랑이 제 영혼을 채우고 다스리소서.

이 세상을 살아가는 동안 제 마음이 세상에 붙들리지 않게 하시고
저의 눈과 마음이
주님의 높은 부르심의 상에만 항상 고정되게 하소서.
저로 오직 이 일만을 하게 하소서.
오직 이 일만을 위해 진력하게 하시고
다른 모든 일들은 이 목적을 위해 사용되게 하소서.
주님을 사랑하는 사람들을 위해 예비하신 그 순백의 복을 받기에
  적합하도록 제 영혼을 만드는 데 그 모든 일을 활용하게 하소서.

_존 웨슬리(John Wesley) 1703-1791, 영국의 목사, 감리교 창시자

남편을 여읜 여인처럼

주님, 주님의 사랑을 절절히 갈망합니다. 제 마음은 뜨거운 열정으로 불붙어 있습니다. 주님이 행하신 선한 일들을 생각할 때 제 마음은 주님을 품고 싶은 열망으로 불탑니다. 주님께 목말라 있고, 굶주려 있으며 갈망하고 있고, 한숨짓고 있습니다. 주님 사랑을 시기합니다. 뭐라 말해야 하나요? 주님을 위해 무엇을 할 수 있나요? 어디서 주님을 찾을 수 있나요? 저는 주님 때문에 상사병에 걸렸습니다. 제 마음의 기쁨은 먼지로 변했고 제 웃음은 재가 되어 버렸습니다. 주님이 필요합니다. 주님을 원합니다. 제 영혼은 남편을 여읜 여인과 같습니다. 제게 눈을 돌려 제 눈물을 보소서. 주님이 제게 오실 때까지 저는 울 것입니다. 주님, 이제 오시어 저를 위로하소서. 주님의 얼굴을 제게 보이시어 저를 구원하소서. 제 방에 오시어 저를 만족시키소서. 주님의 아름다움을 드러내소서. 제 기쁨이 온전해질 것입니다.

_안셀무스(Anselmus) 1033-1109, 철학자, 캔터베리 대주교

주님을 위한 '우리'만이

'우리', '우리'!
퍽이나 정다운 말입니다.
그러나 '우리'를 그리스도의 옥좌에 앉히고
그리스도 대신에 '우리'를 내세우면
결국 이 '우리'는 폭군이요
'우리'의 행사는 악정(惡政)이 되고 맙니다.

다만 복음의 선포, 사랑의 행실을 위한 '우리',
섬기기 위한 '우리'만 있게 하옵시고
권리를 잡기 위한, 신앙 통제를 위한 '우리'는
결코 생기지 말게 하옵소서.

그리하여
주님이
모든 일을 직접 주관하시며
모든 권세와 영광은
주님의 것으로만 있게 하옵소서.

_김재준 1901-1987, 신학자

저는 환난을 사랑합니다

저희는 허무한 것에 빠져 인생을 허비하고 죽음에 이릅니다. 환난은 이 허무한 것들로부터 저희를 분리시킴으로 저희에게 생명을 줍니다. 그래서 저는 환난을 사랑합니다. 그것은 죽음에 이르는 사랑이 아니라 생명에 이르는 사랑입니다.

하오니 주님, 찢겨져 있고 허무한 것들로부터 저의 사랑을 거두어 주소서. 작가로서 많이 읽혀지고 칭송받으려는 욕구, 학생들에게서 찬사받으려는 욕구, 아름다운 곳에서 편안하게 살려는 욕구로부터 저의 마음을 거두어 주소서. 그리고 주님 안에 모든 것을 두게 하소서. 주님 안에서 그 모든 것은 무익하게 허비되지 않고 뿌리를 내리고 생명을 얻게 되기 때문입니다.

_토마스 머튼(Thomas Merton) 1915-1968, 미국의 수도사, 사회운동가

볼 눈을

주님,
씨앗을 통해 나무를,
알을 통해 새를,
고치에서 나비를 보도록
영안(靈眼)을 허락하소서.
그렇게 되면
모든 피조물을 통해 주님을 뵙게 되고,
"두려워 말라, 내니라"는 주님의 부드러운 음성을
깨닫게 될 것입니다.

_크리스티나 로세티(Christina Rossetti) 1830-1894, 영국의 시인

내가 당신께로 가는 것은

하나님 아버지,
제가 당신께로 가는 것은
제가 깨끗한,
더럽지 않은,
사랑스러운 인간이기 때문이 아닙니다.
제 속에 당신이 충만하시어
더욱 진지하게 기도드리고
더욱 많이 이 세상을 사랑하고
더욱 많이 아버지의 말씀과 진리에 대해
배우려 하기 때문입니다.

제가
모든 선과 은혜와 사랑의 근원이신
아버지의 손에 길러지고
아버지와 하나 되기를
아버지께서는 바라십니다.
순종, 믿음, 순결은 오직 아버지께로부터 옵니다.
저는 아무리 노력해도 그런 것을 낳을 수 없습니다.

아버지께서는 저희에게 율법에 순종하라고 하십니다.
저희가 율법을 다 지킬 수 있어서 그렇게 명하신 것이 아니라
저희가 자신의 무능을 깨닫고 아버지께 귀의하여
아버지와 하나 되게 하시려는 것입니다.
저희를 아버지께 이끄시기 위해 율법을 주셨습니다.

그러므로 아아 주여,
저는 저 자신의 전적인 무능과 타락을 인정하고
아버지의 생명으로 충만해지기 위해
아버지께 나아갑니다.

저는 더럽습니다.
깨끗하게 해주소서.
제게는 믿음이 없습니다.
믿음을 주소서.
저는 어둠입니다.
밝혀 주소서.
저를 죄에서 깨끗하게 하소서.

_우찌무라 간조 1861-1930, 일본의 기독교 지도자

날마다 흥분하여

오 하나님, 나태함을 즐길 마음이 제게는 없습니다. 종교적인 형식에 빠져 살거나 경건한 만족감에 도취되어 살기도 원치 않습니다. 하나님이 오늘 그리고 매일 만들어 내시는 새로운 일을 기대하고 준비하며 날마다 흥분하여 살아가렵니다.

_유진 피터슨(Eugene Peterson) 미국의 신학자

하나됨을 구하는 기도

오 나의 하나님, 저는 아무것도 걱정하지 않습니다. 제가 아는 것은 제가 하나님을 사랑하기 원한다는 사실 하나뿐입니다. 제 뜻이 주님의 뜻 안에서 사라지기를, 제 영이 주님과 하나 되기를, 제가 주님의 원과 생각이 되기를, 제가 삼위이신 주님의 중심에 살기를, 주님의 찬양의 불꽃으로 찬양하기를 원합니다. 오 하나님, 이 모든 것을 아시면서 왜 주님은 저를 사랑의 중심으로 이끌지 않으시고 제 이기심, 제 허영과 교만에 버려 두십니까? 나의 하나님, 저를 거룩하게 하여 주님과 하나로 만드는 일을, 제 안에 사시는 일을 지체하지 마소서. 희생이 필요하다면 모든 희생을 감당할 용기를 주님이 주실 것입니다. 주님의 엄청난 사랑 안에서 저를 태우실 것입니다. 오 하나님, 제가 약한 것에 괘념치 마십시오. 주님은 모든 일을 하실 수 있습니다. 무엇보다도 저는 주님의 사랑을 믿습니다. 다른 것은 다 잊었습니다. 주님이 허락하시면 저는 주님의 사랑만을 위해 살겠습니다.

_토마스 머튼(Thomas Merton) 1915-1968, 미국의 수도사, 사회운동가

참된 행복

아버지,
참, 행복하고 만족스럽습니다.
하루 하루가 충만하게 느껴집니다.
정말 감사합니다.

그런데 이 만족감과 행복감이
제가 온전해지고 있으며 참되게 살고 있다는 뜻인지요?
아니면 안전 지대 안에서
제 하고 싶은 일만 하면서
이웃에 대한 책임을 외면하고 살기 때문인지요?

알게 하소서, 아버지!
깨닫게 하소서.
참되게 하소서.
진실되게 하소서.

사랑과 믿음이라는 식물은
기도와 묵상을 먹고 자라지만
실천을 통해 강해집니다.

제가 기도와 묵상의 공간 안에만 갇히지 않도록
참된 사랑을 실천하게 하소서.

저의 행복감이
저의 만족감이
아버지께서 승인하실 수 있는
참된 것이 되게 하소서.

_김영봉 목사

저를 받으소서

주여, 주님의 발 앞에 앉는 것은
이 세상 가장 높은 자리에 앉는 것보다 낫습니다.
영원한 하늘 나라 보좌에 앉는 것이기 때문입니다.
이제 주님의 거룩한 제단에
제 천한 몸을 번제로 드립니다.
은혜로써 저를 받으소서.
이와 같이 하여 어디든지, 무엇에든지
주님의 거룩한 뜻에 봉사하도록 저를 사용하소서.

오! 주님이 한 줌 흙으로써
저를 주님의 형상으로 창조하시고
또 주님의 아들 되는 특권을 허락하셨으니
하나님이야말로 참으로 저의 주님이시며
저는 하나님의 종입니다.

모든 존귀와 영광과 찬송과 감사가
영원으로부터 영원까지 주님께 있을 것입니다.

_선다 싱(Sundar Singh) 1889-1929, 인도의 기독교 지도자

참된 자유인

하나님 아버지,
진리 안에서 자유하는 그리스도인이 되기를 원합니다.
진리가 주는 자유 속에서만 정녕 사랑할 수 있고
양보할 수 있고 기꺼이 질 수 있음을 알겠사오니
오직 자유하는 그리스도인으로
참된 그리스도인으로 살 수 있도록 도와주시옵소서.
그리하여 이 세상에서 바른 삶을 살아가는
기쁨을 누리게 도와주시고
더 이상 이중적인 삶 때문에 고통받고 갈등하는
어리석은 자가 되지 말게 도와주소서.
또한 주님이 우리를 부르시는 날
후회 없이 떠나는 그리스도인이 되게 도와주시고
바로 그 날
참 신앙을 살았던 우리의 삶 자체가
우리 자녀들에게 입혀 줄 가장 거룩한 옷,
가장 위대한 유산으로 남을 수 있도록 도와주시옵소서.

_이재철 목사, 저술가

아버지의 뜻을 이루소서

오 하나님, 저희에게 은혜를 주시어 아버지의 뜻이 저희 안에 이루어지게 하소서. 아버지께서 원하시는 대로 저희를 고치시고 행하소서. 그것이 저희에게 아픔이 된다 해도 멈추지 마소서. 저희의 뜻이 아니라 아버지의 뜻이 이루어지게 하소서.

사랑하는 아버지, 저희를 보호하시어 저희의 생각과 의향과 뜻대로 행하지 않게 하소서. 저희의 뜻은 아버지 뜻과 반대입니다. 아버지 뜻만이 선합니다. 설사 저희 눈에 선해 보이지 않아도 그것만이 선한 것입니다. 저희 뜻은 혹시 선해 보일지 몰라도 실은 악할 뿐입니다.

_마르틴 루터(Martin Luther) 1483-1546, 종교개혁자

이 길밖에

주님은 왜 나를 이렇게 상쾌하게 해주실까?
잃었다가 찾는 일은 이렇게도 재미있어요.
예수님이 탕자의 비유를 하신 그 심정은
우리가 잃어버린 것을 다시 찾을 때 충분히 알겠어요.
잃어버린 자를 찾으시는 주님은 그 얼마나 기뻐하시고
찾아낸 자에게 그 기쁨을 주시는지도 잘 알아요.
만일 내가 좋아하는 것을 하나씩 둘씩 잃어버린 채 영영 찾지
　못하면, 그 얼마나 늘 생각이 나고 섭섭하고 분했을까요?
당신의 잃어버린 양들을 찾아드리기 위해서
우리는 있는 힘을 다 할래요.
그래서 당신의 잃어버린 양들이
양 우리에 하나씩 둘씩 자꾸 찾아들어와서
당신의 마음이 흡족하고 기쁘셔서
살찐 송아지를 잡으시고 잔치만 하시라구요.
저를 상쾌하게 해주시는 하나님,
제가 주님을 어떻게 기쁘시게 할 수 있을까요?
이 길밖에….

_안이숙 저술가

동물을 위한 기도

오 하나님,
저희의 겸허한 기도를 들으소서.
우리 동물 친구들,
특별히 고통받는 동물들을 위해 기도합니다.
잡혀 있거나 길을 잃었거나
버려져 있거나 공포에 질렸거나
또는 배고픔에 처해 있는 모든 동물,
그 동물들에게 주님의 자비와 사랑을 주소서.
그 동물들을 다루는 모든 사람들에게
자비의 마음과 부드러운 손길과 친절한 말을 주소서.
저희 자신이 동물들의 진실한 친구가 되게 하시고
자비의 하나님이 주시는 복을
그들과 나누게 하소서.

_알버트 슈바이쳐(Albert Schweitzer)
1875-1965, 독일의 신학자, 의사, 작가, 음악가

사랑을 구하는 기도

주님, 이전에 저는 성령의 권능을 구하였습니다. 그리고 과연 저는 성령의 권능도 받았고 그 권능을 행하기도 하였습니다. 하지만 다시 생각하니, 권능은 다른 사람을 위한 것이요 권능이 저를 수양시킨 것은 아니었습니다. 권능은 하나님의 능력이요, 사랑은 자기의 본능입니다. 저는 수 30년 동안 무엇을 했습니까? 제가 어디서 부흥회를 인도했다면 그것은 성령의 능력으로 한 것이요 저의 본능으로 한 것이 아니었습니다. 그래서 저는 지금 이렇게 기도합니다. 주님, 주의 사랑하는 성품을 저에게 주옵소서. 저의 가정을 사랑하게 하시며, 저의 민족을 사랑하게 하시고, 저의 동포를 사랑하게 하셔서, 사랑의 성품을 이루게 해주옵소서. 아무리 학식이 많고 재주가 있으며 인격이 있다 해도, 사랑이 없으면 그런 학식과 재주와 인격이 무슨 덕이 되겠습니까? 오히려 교만해지고 다른 사람을 업신여기며 속이고 해할 뿐입니다. 다만 사랑이 있어야 이것이 제게 능력이 되며 다른 사람을 구할 수 있습니다.

_길선주 1869-1935, 목사, 부흥사

나의 기원

제게 재물을 주시지 않아도 좋습니다.
저는 명예와 지위를 구하지 않습니다.
다만, 제게 영감을 주소서.
제게 진리를 보는 눈을 주소서.
제가 하나님을 우주 만물 가운데 찾아
현재에 살면서
장차 올 영구 불멸한 영광을 느끼게 하소서.

_우찌무라 간조 1861-1930, 일본의 기독교 지도자

복종하게 하소서

전능하신 하나님, 주님은 저희 자신을 주님께 드려 주님의 다스림을 받으라고 매일같이 부드럽고 조용한 음성으로 말씀하십니다. 또한 마귀에 대한 두려움으로부터 그리고 저희를 비참한 두려움에 묶어 두는 그 폭압적인 힘으로부터 해방시키심으로 저희에게 최상의 영예를 주셨습니다. 해방시키실 뿐 아니라 양자로 삼으시고 유산을 약속해 주셨습니다. 오 하나님, 이 은혜를 항상 생각하여 늘 순종하게 하시고 이 목적만을 위해 목소리를 높이게 하소서. 온 세상이 주님께 복종하게 하시고 지금 반항하는 자들도 마침내 주님께 돌아와 복종함으로 모든 만물이 하나님의 아들 그리스도를 주님으로 받들게 하소서. 오직 하나님은 높아지시고 저희는 낮아져 복종하게 하소서. 그리하여 마침내 저희가 하나님에 의해 높이 올려져 주 그리스도께서 저희를 위해 먼저 얻으신 그 영광에 참여하게 하소서.

_장 칼뱅(Jean Calvin) 1509-1564, 프랑스의 신학자, 종교개혁자

용서를 비는 기도

주여,
선의를 가진 사람들뿐 아니라
악의를 가진 사람들까지 기억해 주소서.
그들이 저희에게 부여한 모든 고난만을 기억하지 마시고
그 고난으로 인해 저희가 맺은 열매도 기억하소서.
우리가 서로 사랑하고
신의를 지키고
스스로를 낮추며
용기를 잃지 않고
친절을 베푼 것은
이 고난이 맺어 준 열매입니다.
그들이 심판대 앞에 설 때
우리가 맺은 이 모든 열매들로 인해
그들에게 은혜를 베푸시어
그들의 죄를 용서해 주소서.

_라벤스부르크(Ravensbruck)의 유대인 수용소에서 발견된 쪽지

참되고 위대한 신적 질서

주여, 이 안에만 살게 하시고 혹 벗어나더라도
즉시 돌아오도록 하시어 회복시켜 주소서.

오, 위대한 질서여!
오, 위대한 생명이여!
살아 있는 호흡이여!
최고의 미, 최고의 조화여!
존재하는 유일이여!

'이밖에는 없음'이여!
허망이여! 죽음이여! 공포여! 전율이여!

오, 이 지극한 찬란함이여!
사슴의 도약이여! 푸르른 창공이여!
5월의 새순이여!
한여름 첫새벽의 짜릿함이여!
늦가을의 햇볕이여!

_김정훈 1947-1977, 가톨릭 사제

주님께 돌아갈 때까지 참된 안식은 없습니다

주님,
주님은 위대하시고 높이 찬양받으실 분입니다.
주님의 능력은 크고 그 지혜는 끝이 없습니다.
주님이 지으신 피조물 중 하나인 저희 인간은
주님을 찬양하기 원합니다.
그렇습니다.
저희는 어딜 가나 유한성을 지니고 살아갑니다.
그 유한성은 저희가 죄인이라는 증거이며
주님이 교만한 자를 물리치신다는 증거입니다.
하지만 저희 인간은 주님을 찬양하기 원합니다.
주님을 찬양하지 않고는 살 수 없도록
주님이 저희 마음을 흔들어 놓으셨기 때문입니다.
주님은 주님을 위해 저희를 지으셨습니다.
그렇기 때문에 주님께 돌아가 쉬기까지
저희는 참된 안식을 누릴 수 없습니다.

_아우구스티누스(Augustinus) 354-430, 철학자, 사상가

허물을 벗겠습니다

주여,
저는 삶이 그립습니다.

몸을 잊자!
낯을 벗자!
마음을 비우자!
그리고
보내신 뜻을 품자!
주를 따라,
아버지의 말씀을 이루자!
말씀을 이룸으로,
살자!

_류영모 1890-1981, 종교사상가

말없이 당신께

말 너머 계신 당신께
말로써 나아가는 게
늘
어렵습니다.
저녁 어스름
강물 거슬러
제 집으로 돌아가는
물새처럼
말 없이도
당신께 가는 길을 배우고 싶습니다.

한희철 목사, 저술가

겸손한 마음의 기도

제가 남보다 부유하다고 생각될 때
저는 두렵습니다.
주님께서는 가난한 자를 사랑하시기 때문입니다.

제가 남보다 높다고 생각될 때
저는 두렵습니다.
주님께서는 낮은 자를 사랑하시기 때문입니다.

제가 남보다 지혜롭다고 생각될 때
저는 두렵습니다.
주님께서는 지혜로운 자를 부끄럽게 하시기 때문입니다.

제가 남보다 선하다고 생각될 때
저는 두렵습니다.
주님께서는 죄인을 사랑하시기 때문입니다.

_작자 미상(외국)

왼뺨 돌리기

평화의 주님!
황량했던 팔레스타인 땅에서
힘없는 민초들에게 인격의 존엄과
그 당당함을 깨우쳐 주신
우리 예수님!

당신의 그 해학과 풍자를
하나님의 음성으로 들을 수 있는
영의 귀를 허락하소서.
저희들의 귀는
너무나 오랫동안 교회 전통을 듣느라
어두워져 버렸습니다.
저희들의 눈은
너무나 오랫동안 값싼 종교적 축복을 찾느라
시력을 잃어버렸습니다.
저희들의 머리는
너무나 오랫동안 기독교적 관례를 따르느라
우둔해졌습니다.
그리하여 오늘의 로마 제국의 교만한 횡포 앞에서

왼뺨 돌려 댈 용기도 없고
겉옷까지 벗어 줄 배짱도 없고
십 리까지 걸어갈 힘도 없나이다.
아니, 그것의 중요성을 깨닫지도 못하나이다.

주여!
성령으로 깨달아 힘을 얻어
당신처럼 느끼고 생각하고 행동하게 하소서.
십자가에 달려 죽으시고 부활하시어
'왼뺨 돌리기'의 그 감동적 모범을 보여 주신
예수님의 이름으로 기도드리나이다. 아멘.

_한완상 전 한성대 총장

당신의 나라를 기다립니다

주 하나님,
커다란 곤경이 내게 임했습니다.
근심이 나를 암살하려고 합니다.
나는 할 바를 알지 못합니다.
하나님께서 은혜와 도움을 주옵소서.
당신이 주시는 것을 견딜 수 있는 힘을 주옵소서.
두려움이 나를 지배하지 말게 하옵시고,
아버지처럼 나의 가족과 처자를 돌보아 주옵소서.
자비로우신 하나님,
내가 당신에 대해서 그리고 사람들에 대해서 범한
모든 죄를 용서하여 주옵소서.
당신의 은총을 신뢰하고,
당신의 손 안에 나의 온 생을 맡깁니다.
당신의 뜻에 합당하고 또 나에게도 유익하게
나를 만드소서.
살든지 죽든지 나는 당신안에 있습니다.
그리고 나의 하나님, 당신은 나와 함께 계십니다.
주여, 당신의 구원과 당신의 나라를 나는 기다립니다.

_**디트리히 본회퍼**(Dietrich Bonhoeffer) 1906-1945, 독일의 신학자

귀와 눈과 마음을

주님, 말씀하소서.
당신의 종인 제가 듣겠습니다.

들을 수 있는 귀와
볼 수 있는 눈과
순종할 수 있는 의지력과
사랑할 수 있는 마음을
제게 주소서.

그런 다음
주님의 뜻을 제게 말씀하시고
원하시는 바를 드러내시며
명령하시고
강권하소서.

_크리스티나 로세티(Christina G. Rossetti) 1830-1894, 영국의 시인

마음을 붙잡아 주십시오

주여, 글쎄 이를 어찌 하나요.
마음을 결심의 띠로 꽁꽁 묶어
주님의 제단에 바치고 정성스레 들어올리노라면
어느덧 묶였던 띠가 끊어지고
모았던 마음이 산산이 풀어져
이 바람 저 바람에 날리고 마니
글쎄 이를 어떻게 하면 좋습니까?
얼마 후에는
또 흩어진 마음을 집어 모으느라고
눈물을 짜면서 애를 박박 쓰곤 하니,
주님의 제단에 한 번도 알뜰한 제물을 바쳐보지는 못하고
밤낮 이 짓만 하다가
서산에 해가 떨어져 버리고 말면
어찌합니까, 주님이시여!

_이용도 1901-1933, 부흥사

말해야 합니다

주님, 제가 말해야만 합니다. 침묵하고 있을 수 없습니다. 저는 외치고 싶습니다. 주님이 당신을 의지하는 사람들에게 주시는 그 큰 기쁨을 널리 전하고 싶습니다. 주님을 생각하는 것만으로도 말로 표현할 수 없는 기쁨이 넘칩니다. 주님은 사랑으로써 저를 창조하셨고, 죄의 길로 빠졌던 저를 사랑으로 회복하셨고, 사랑으로써 주님의 사랑에 대해 저를 가르치십니다.

오 영원한 사랑의 원천이시여, 주님께 걸맞는 말을 찾을 수가 없습니다. 주님이 주신 것 아니고는, 제가 주님께 바칠 수 있는 것이 무엇입니까? 제게 주신 믿음이 아니고서야, 제가 어떻게 주님을 믿겠습니까? 저를 밤낮으로 섬기시는 주님께 제가 무엇으로 섬긴다 하겠습니까? 제 온 마음으로 주님을 찬양하고 주님을 위해 자신을 희생하고 모든 일에 주님을 의지하며 오직 주님의 나라만을 위해 일하는 것이 저의 기도입니다.

_토마스 아 켐피스(Thomas à Kempis)
1379-1471, 네덜란드의 신학자, 「그리스도를 본받아」의 저자

알게 하소서

알게 하소서, 제가 제 자식의 진짜 아비가 아님을.
참된 아버지를 만나 함께 살 때까지
잠시 맡아 기르는 양아버지임을.

알게 하소서, 제가 제 아내의 진짜 남편이 아님을.
참 신랑에게 돌려보낼 때까지
함께 지내는 동무임을.

알게 하소서, 제가 교인들의 진짜 목자가 아님을.
참된 목자께 그들을 안내하고 물러서야 함을.

알게 하소서, 제가 제 자신의 진짜 주인이 아님을.
참된 주인을 만나
그에게 모든 것을 내어주도록 인도하는
관리인일 뿐임을.

오, 아버지!
알게 하시고, 믿게 하시고, 행하게 하소서.

_김영봉 목사

✤ 사귐의 기도를 위한 기도선집

보호를 구하는 기도

오 아버지, 저희는 약하고 병들어 있는데 육신과 세상의 유혹은 크고도 많습니다. 오 아버지, 저희를 보호하소서. 유혹과 죄에 또다시 빠지지 않게 하소서. 저희에게 은혜를 주시어, 견고히 서서 마지막까지 용감히 싸우게 하소서. 아버지의 은혜와 도움 없이 저희는 아무것도 하지 못합니다.

_마르틴 루터(Martin Luther) 1483-1546, 종교개혁자

자유

주여! 오늘도 나는
이 세상의 잡다한 것에 묶여 자유를 잃고 살았습니다.
주여! 오늘도 나는
나 자신의 에고에 사로잡혀 폐쇄된 하루를 살았습니다.

자유! 이 아름다운 말, 이 아름다운 실체를
오랫동안 갈망해 왔지만
나의 힘으로 얻을 수 없음을 이 시간 고백합니다.

주여! 진정한 자유는
나에게서 비롯되지 않음을
알게 하셔서 감사합니다.

자유는 당신의 은혜에 응답할 때
감사함으로 나의 삶을 대할 때
이웃에 헌신할 때, 자기 자신에게서 벗어날 때
비로소 맛보게 되는 것을 당신이 알게 해주셨습니다.
주님, 감사합니다.

_김치영 1925-2000, 목사, 신학자

영혼의 밭으로

주님, 우리 자신이 사랑으로 일구어 낸 영혼의 밭이 되게 하소서. 마음이 병들어 허기진 기근의 시대를 구할 생명의 양식이 이곳에 풍성하게 준비되는 기쁨을 허락하소서. 그리하여 하루가 닥치는 것이 힘겹고 내일이 기다려지지 않는 많은 심령들에게 마침내 소망과 용기의 문을 여는 감격이 주어지게 하소서.

바람이 불면 그만 흔적이 사라지는 인생이 아니라, 그 딛는 발걸음 하나 하나가 들판에서 헤매는 이들의 믿음직한 이정표가 되게 하시고, 그 말 한 마디, 몸짓 하나가 많은 사람의 심중에 깊숙이 남아 생명의 능력이 되는 아름다운 축복을 함께 나누게 하여 주소서.

땅이 흔들리고 하늘이 무너진다 해도 어느새 솟아나는 길을 여는 자가 되게 하시고, 세상에서 외롭고 아파하는 이들의 따뜻한 '벗'이 되어 하나님 나라의 꿈을 이루어 나가는 주의 진정한 제자, 주의 진실한 백성이 되게 하여 주옵소서.

_한종호 목사, 저술가

선한 마음을 주소서

하나님, 제게 선한 마음을 주소서.
비록 보상이 돌아오지 않더라도
늘 선을 행할 마음을 주소서.
다만 선을 행하고 즐거워하는 마음을 주소서.

아버지께서 선한 사람에게나 악한 사람에게
똑같이 해를 비치게 하시고
똑같이 비를 내리게 하시는 것처럼,
저 또한
저를 사랑하는 사람에게나 사랑하지 않는 사람에게
똑같이 선을 행하게 하소서.
이렇게 하여, 아버지께서 사랑에서 온전하심같이
저 또한 저의 사랑에서 온전하게 하소서.

하나님, 저는 무엇보다도
선한 마음을 제일 가지고 싶습니다.

_우찌무라 간조 1861-1930, 일본의 기독교 지도자

물질주의로부터 보호를

주님, 제 뿌리가 이 땅에 너무 깊이 자리잡음으로 물질을 사랑하게 되지 않도록 도우소서. 이생에서의 순례가 장차 올 것에 대한 서론이요 서문이며 훈련 학교임을 알게 하소서.

그래야 인생의 모든 것을 제대로 볼 수 있습니다. 그래야 유한한 물질을 사랑하지 않고, 영원한 것을 사랑할 수 있게 됩니다. 그래야 삶을 행복하게 하기는커녕 근심의 뿌리만 되는 무시무시한 재물의 힘으로부터 구원받을 수 있습니다. 저희 삶을 단순화할 수 있는 용기를 주소서.

그리하면 저희는 아이 같지만 유치하지는 않은, 겸손하지만 비굴하지 않은, 이해심 많지만 결코 기만당하지 않는 성숙한 믿음에 이를 것입니다.

오 하나님, 저희를 도우셔서 단지 생존하는 것이 아니라 참되게 살게 하시어 저희 일 가운데 기쁨을 누리게 하소서. 하나님만이 절제와 균형과 열정을 주실 수 있습니다.

_피터 마샬(Peter Marshall) 1902-1949, 미국의 목사

예수의 이름 권세여

오, 나사렛 예수 그리스도의 이름 권세여!
앉은뱅이를 일으키시고 죽은 자를 다시 살리는
절대의 생명이시요,
망한 자를 다시 일으키시는
절대의 동력(動力)이십니다.
오늘날의 교회가 이를 믿지 못하여 곁길로 달아납니다.

저들이 밥으로써 주린 백성을 살리려 하나,
나는 믿사오니,
예수의 이름 권세여,
당신은 주린 자를 살리는 무량(無量)하신 양식이십니다.

저들이 병원을 의지하나,
나는 믿사오니,
예수의 이름 권세여,
당신은 앉은뱅이를 일으키시는 절대의 생명력이십니다.

빈한한 자여,
예수의 이름 권세로 먹으라.

앉은뱅이여,

예수의 이름 권세로 걸으라.

의의 앉은뱅이도 예수의 이름 권세로 걷고,

사랑의 기갈자도 예수의 이름으로 배부르라.

절망한 내 형제여,

예수의 이름 권세로 일어나고,

우는 나의 자매여,

예수의 이름 권세로 일어나라.

병든 나사로 같은 우리 교회야,

학력과 교원은 내게 없으나,

내게 있는 것으로 네게 주노니,

예수의 이름 권세로 일어나라.

_김인서 1894-1964, 목사, 신학자

오직 경건 생활만 있게 하소서

하나님이여! 저로 하여금 지상의 관계, 즉 혈통적, 친족적, 우정적, 사업적 관계에 매인 바 되지 않고 당신에게만 매이게 하옵소서. 육적 관계로 인하여 움직이지 않고 영으로만 인하여 움직이게 하옵소서. 육을 통하여 영에 관계되는 일에 한하여 육의 일에 관계하게 하옵소서.

주여! 저는 처자도 모르옵고, 부모도 모르옵고, 친구도 모르옵고, 사업도 모릅니다. 어떤 주의(主義)를 따르지도 않습니다. 다만, 성령만 알기 원하오며 다만, 경건 생활만 알게 하옵소서. 어떤 주의에 기초하여 행동하지 않고 성경이 가르친 경건 생활의 호흡이 저에게 이루어지는 것을 위해서만 행동하게 하옵소서.

사람을 판단하지 않게 하시며 다만, 주님이 가르치신 대로만 힘쓰게 하옵소서. 저의 주의(主義)를 제거해 주시며, 서의 사업도 제거해 주시고, 다만, 경건 생활만 있게 하옵소서.

_박윤선 신학자

결혼에 앞서

지독한 사랑의 하나님, 주님의 신실하심은 차라리 두렵게 느껴질 정도입니다. 저희가 바라는 사랑은 오히려 즉흥적이고 산발적이며 덜 진지한 것입니다. 그런데 주님은, 저희를 불러 지독한 사랑을 하라 하십니다. "죽음이 우리를 갈라 놓을 때까지"라고 말할 정도로 인생 전체를 거는 사랑 말입니다. 이 서약은 분명 기적 같은 것입니다. 그런 서약을 할 용기는 주님만이 주실 수 있기 때문입니다. 저희 두 사람에게 그런 담대함을 주셔서 감사합니다. 주님이 저희에게 그러셨듯이 저희도 서로 신실하게 되기를 손 모아 기도합니다.

_스탠리 하우어워스(Stanley Hauerwas) 신학자

젊은이를 위한 기도

사랑의 주님!
이 땅의 청년들에게
자신을 진정한 갈릴리 사람으로 가꾸어 가는
지혜와 용기를 주십시오.
삶의 현장에서부터 참으로 신실하게 살아가는 크리스천이 되도록
성령님께서 빛으로 인도해 주십시오.

그리하여 청년들이 어느 곳에 두 발을 딛고 있든
바로 그 곳에서 땅 끝을 건져 올리는
주님의 '고리'가 되게 해주십시오.
주님께서 청년들을 부르신 것은
무대 위에서 연기자로 쓰시기 위함이 아니라
세상 속에서 주님의 신실한 도구로 쓰시기 위함임을
잊지 말게 해주십시오.

교회 밖 삶의 현장에서 참으로 신실하지 않고서는
신실하신 주님의 도구가 될 수 없음을
어떤 경우에도 망각하지 않게 해주십시오.
그리하여 이 땅의 신실한 청년들로 인해

이 땅의 내일이 맑아지게 해주시고,
이 땅의 신실한 젊은이들로 인해
땅 끝의 역사까지도 밝아지게 해주십시오.

_이재철 목사, 저술가

교사의 기도

주여,
언제나 우리의 마음이 넓게 열려
새로운 진리를 받아들일 수 있게 하시옵소서.

자신의 선입견이나 편견을 버리고
진리에 대해서는 공정하고
모든 인간에 대해서는
무차별한 그리스도의 사랑으로 대하게 하소서.

어떤 어린이라도 치우쳐 사랑하는 일이 없게 하시고,
변하기 어려운 인간이라도
끝까지 낙망하지 않고 따뜻하게 대할 수 있는
오래 참는 믿음과 사랑을 주시옵소서.

남에게 전파한 후에
자신이 도리어 버림을 당하는 일이 없도록
끊임없이 자기를 반성할 줄 아는
용기를 주시옵소서.

✤ 사귐의 기도를 위한 기도선집

남의 인간성을 고치려고 하기 전에
먼저 자아의 변혁부터 할 수 있는
결단력을 주시옵소서.

인류의 가장 위대한 교사이셨던 주님을 본받아
어린이들을 용납하고
그들처럼 겸손하며 솔직하고
구김살 없는 순결한 영혼을 소유하도록
주여, 도와주시옵소서.

그리고
우리가 아무리 교사로서 천신만고하며
우리의 모든 정력을 기울인 후에도
결코 자긍하는 마음이 없게 하시고
주님의 말씀처럼
"우리는 무익한 종입니다.
우리는 우리의 마땅히 행할 바를 행하였나이다"
하고 고백할 수 있게 하옵소서.

_홍현설 1911-1990, 신학자

어머니의 기도

주님,
저에게 맡겨 주신 아이들은
당신이 제게 베푸신 커다란 선물임에
감사를 드립니다.
그러나 저는 일상에서
자주 한계를 느끼곤 합니다.
아이들을 이해하고
그들의 말을 끝까지 들어주며,
묻는 말에 면박을 주는 일이 없도록
도와주소서.
아이들이 저를 공손히 대해 주기를 바라는 것과 같이,
제가 잘못했다고 느꼈을 때
아이들에게 잘못을 말하고 용서를 빌 수 있는
용기를 주소서.
아이들이 저지른 잘못에 대해
인내로 참아 주며
신앙으로 인도할 수 있는 지혜를 주소서.

_작자 미상(외국)

사업가를 위한 기도

오 하나님, 사업에 골몰하여 근심에 짓눌리고 유혹에 이끌리는 이들을 위해 기도합니다. 사업 세계는 비정함과 속임수로 가득해져 모두를 유혹에 빠지게 하고 의롭게 살려는 사람까지도 미끄러지고 넘어지게 합니다. 이렇게 된 것은 저희 모두의 잘못입니다.

부를 위해 사람과 사람이 맞서 경쟁할 때 그것이 탁월함을 위한 경쟁이 되게 하시어 패배한 사람조차도 자극받음으로 더 나은 일로 나아가게 하소서. 공정함과 정직성을 망각한 사람과 거래할 때 진실함과 의로운 태도가 더 이롭다는 믿음을 굳세게 하소서. 필요하다면 어그러진 길을 택하기보다는 손실을 받아들이게 하소서.

오 하나님, 저희 안에서 쉬지 않고 기도하시는 성령으로 하여금 저희 삶을 평정하게 하시어 사업 현장이 그리스도의 섬김의 법칙에 의해 다스려지게 하소서. 그리하여 공장과 사업 현장에서 일하는 모든 사람들이 하나님의 부르심을 깨닫게 하소서. 모두가 하나님의 자유로운 종이 되게 하시어 공동선을 위해 자신의 생을 헌신하게 하소서.

_**월터 라우셴부쉬**(Walter Rauschenbusch)
1861-1918, 미국 침례교 목사, 사회운동가

식사를 위한 기도

주님, 저희는 날마다 쇠약해져 가는 몸을
음식으로써 일으켜 세웁니다.
식욕의 종이 되지 않기 위해서
금식도 하고 절식도 하오나
여전히 음식을 즐기는 욕구가 없어지지 않습니다.
건강의 보전을 위해서 먹고 마신다 하지만
지나치는 때가 많습니다.
건강을 유지할 만큼만 먹는다는 것이 쉽지 않습니다.
"과식, 과음, 향락으로 심장에 과중한 짐을 지우지 말라"시는
명령을 기억하고 실행하려고 노력합니다.
절식의 은사를 주소서.
필요 이상으로 먹지 않는 사람은 성인이오나
저는 죄인이라서 그것이 어렵습니다.
음행은 피하나 과식은 피하기 어렵습니다.
저는 주님의 몸에 속한 극히 연약한 지체입니다.
주님의 눈이 저의 부족함을 보십니다.
저를 도우소서.

_아우구스티누스(Augustinus) 354-430, 철학자, 사상가

사순절

당신을 따라

내일이면 사순절이 시작됩니다. 사순절은 특별한 방법으로 당신과 함께하는 기간입니다. 기도로, 금식으로. 또한 사순절은 예루살렘까지, 골고다까지 그리고 죽음에 대한 마지막 승리에 이르기까지 주님을 따라가는 기간입니다.

제 마음은 아직도 심하게 나뉘어 있습니다. 진실로 주님을 따르기 원하는 마음이 있지만 욕구를 따르려는 힘도 만만치 않습니다. 특권, 성공, 사람들의 존경, 쾌락, 힘, 영향력에 대한 소리가 들릴 때 저는 솔깃해집니다. 저를 도우셔서 이 소리들에 귀먹게 하시고 좁은 길을 걸어 생명을 얻으라는 주님 음성에 더 예민하게 하소서.

사순절이 제게 매우 어려운 기간이 될 것을 압니다. 살아가는 매 순간 주님의 길을 선택하는 기로에 섭니다. 제 생각이 아니라 주님의 생각을, 제가 하고 싶은 말이 아니라 주님의 말을, 제가 하고 싶은 행동이 아니라 주님의 행동을 선택해야 합니다. 선택하

지 않아도 되는 시간과 장소는 없습니다. 하지만 주님을 선택하는 것에 대해 저는 늘 저항합니다.

주님, 언제 어디서나 저와 함께하소서. 이 기간을 신실하게 살 힘과 용기를 주셔서 부활절이 왔을 때 주님이 저를 위해 준비하신 새 생명을 기쁨으로 맛볼 수 있게 하소서.

_헨리 나우웬(Henri Nouwen) 1932-1996, 가톨릭 신부

종려주일

제 집에 오시겠습니까?

'호산나' 환호성의 예루살렘 성을 보시고 우신 주님의 마음, 그리고 그 곳을 버리고 베다니로 찾아가신 예수님의 마음, 잠시 생각해 봅니다. 내 집에 예수님이 오시겠나? 내 마음 위에 주님이 오시겠나? 우리 교회를 향해 울지는 않으시겠나? 스스로 가슴 위에 손을 얹고 자신을 살피고 우리 교회를 살필 수 있는 눈을 뜨게 해주시옵소서.

아버지, 장래의 평안을 모르고 끌려다니는 무지한 저희들, 아버지, 우리 교회를 어떻게 하시겠습니까? 우리 심령을 어떻게 하시렵니까?

말씀에 기갈을 느낄 수 있는 심령으로 바꾸어 주옵소서. 눈을 뜨게 해주시옵소서. 제가 갈 길 제가 가고, 그리고 주님의 영으로 볼 수 있는 눈을 주시옵소서.

_이호빈 1898-1989, 목사, 강남대학교 설립자

고난주간

감람산의 주님

오 주님, 간절히 기도하오니 저희의 말을 들어주소서.
저희를 도우시어 주님의 고난을 이해하게 하소서.
감람산에서 아버지의 뜻에 모든 것을 맡기신 주님, 그것을
 저희에게도 가르치소서.
감람산에서 번민에 휩싸여 있을 때 기도로써 인내하신 주님,
 그것을 저희에게 가르치소서.
감람산에 있는 동안 주님께서 가지셨던 마음자세, 그것을
 저희에게 가르치소서.
회개와 개과(改過)를 바르게 이해하게 하소서.
저희 고난이 주님의 거룩한 고난에 참여하는 것임을 알게 하소서.
저희 죄에 대해 주님이 느끼시는 혐오감을 저희 마음에 채우소서.
어려움을 당하고 버림받을 때 주님께서 보이셨던 힘과 인내를
 저희에게 주소서.
저희가 죽음을 맞이할 때, 주님께서 죽음에 대해 보여 주신
 용기를 주소서.
저희의 임종의 시간에 주님의 위로의 천사를 보내소서.

✢ 사김의 기도를 위한 기도선집

감람산에 있는 동안, 항상 주님과 함께 깨어 기도하도록
  가르치소서.
저희가 약하고 낙심될 때 기도하도록 가르치소서.
저희 마음과 입술에 '아버지'라는 말을 새겨 넣으소서. 하나님이
  유일하신 주님이시요 준엄한 재판관이시며 이해할 수도,
  근접할 수도 없는 하나님이심을 느낄 때 특별히 '아버지'라
  부를 수 있는 담력을 허락하소서.
간절히 기도하오니 저희의 말을 들어주소서.

_칼 라너(Karl Rahner) 1904-1984, 독일의 예수회 신부, 신학자

나의 길 당신의 길

나는 모릅니다.
나는 왜 당신을 밟고 가야 하는지
당신의 핏자국을 왜 오늘도 밟고 가야 하는지
당신의 체온을 한숨을 눈물을 고독을 허무를
왜 오늘도 내일도 밟고 가야 하는지
여기저기서 당신의 살점이 발에 밟힙니다.
당신의 아픔이 발바닥을 사정없이 찌르는군요.
온 몸의 피가 술술 새나갑니다.
그러자 막혔던 숨통 터지며 다시
발을 옮길 수 있군요.
난 이유 없는 이 길을 다시 가야 하는군요.
그럴 밖에 다른 길이 어디 있겠습니까?
당신이 절망하면서도
절망하지 않고 가신 길,
내가 누군데 안 갈 수 있겠습니까?
그런데 간밤 꿈에 당신이 끝난 데 다다라
그만야 숨이 막혀 쓰러지고 말았습니다.
그러자 당신이 벌떡 일어서시어
나를 밟고 갔습니다.

고난주간

아픔이 온 몸에 번져 갔습니다.
그제야 난 모든 것을 알았습니다.
무엇이나 참된 것은 오직
길일 뿐이라는 것을.

_문익환 1918-1994, 목사, 신학자, 통일 운동가

주여, 죽겠습니다

주여, 죽겠습니다. 죽여 주소서.
제 욕심만 생각하는 나, 제 자랑에 취한 나,
썩을 것만 생각하는 나.

죽여 주소서, 죽겠습니다.
나를 무덤에 장사지내고 큰 돌문으로 막아 두겠습니다.

주여, 죽겠습니다. 죽여 주소서.
주의 뜻을 따르는 것이
나를 죽음으로 인도한다면 기꺼이 죽겠습니다.
내가 죽어 주의 뜻이 이루어진다면
저도 주님처럼 그렇게 죽겠습니다.

아, 그러나!
아, 그러나 두렵습니다.
죽는 것이 두려운 것이 아니라
저의 이 기도에 책임을 지지 못할 것 같아
두렵습니다.
지금의 제 모습으로는

그렇게 죽는 것이 불가능한 일인 줄 알기 때문입니다.
그러니 주님, 더욱더 저를 죽여 주소서.

_김영봉 목사

고난에 대한 각성

겟세마네의 고뇌의 시간에 예수께서는 "나와 함께 깨어 있으라"고 하셨습니다. 그러나 육에 속한 우리는 항상 자기 자신의 일과 세상사에 대해서는 깨어 있으나, 예수의 거룩한 속죄의 고난에 대해서는 각성하지 않고, 영적인 무감각과 상습적인 마비 상태에 있습니다. 우리의 명예와 직위, 가족과 자녀, 재산과 부에 대한 관심에는 항상 깨어 있으며 우리의 애정과 욕망과 쾌락은 쉬지 않고 추구하지만 우리를 구속하시기 위한 예수의 거룩하신 속죄의 고난에 대해서는 각성하지 않고 망각한 상태에 있습니다. 주님, 우리는 자신에 대해서는 깨어 있으나, 예수와 함께 깨어 있지는 못했습니다. 이 순간 주님께 간구합니다. 우리의 전 실존이 진정 예수 그리스도의 거룩한 사랑의 속죄와 고통에 각성되게 하여 주시옵소서. 우리 자신에 깊이 뿌리박힌 에고이즘과 허영, 교만과 탐욕을 바로 직시하여 우리의 죄성에 눈이 뜨여지게 하옵소서. 주여! 이 때 비로소 당신의 거룩한 고난의 은총 앞에 우리들은 통회하고 회개하게 됩니다. 이번 수난 주간에 거룩한 고난에 대한 각성과 진정한 회개를 하는 은혜가 우리 모두에게 넘치기를 기도합니다.

_김치영 1925-2000, 목사, 신학자

십자가의 일곱 말씀으로 드리는 기도

첫 번째 말씀 :
"아버지, 저들을 사하여 주옵소서. 자기들이 하는 것을 알지 못함이니이다"(눅 23:34).

주님, 주님은 당신을 십자가에 못 박고 온갖 모욕을 퍼붓던 사람들을 위해 용서의 기도를 올리셨습니다. 그들이 '모르고 하는 일'이라는 것이 이유였습니다. 옳습니다, 주님. 그들이 그렇게 행동한 이유는 깨닫지 못했기 때문이었습니다. 주님이 누구인지도, 자신들이 누구인지도, 지금 자신들이 하고 있는 행동이 어떤 것인지도 몰랐습니다. 아니, 그들은 그 모든 것을 잘 알고 있다고 믿었습니다. 하지만 그들은 실제로 아무것도 알지 못했습니다. 주님이 바리새인들에게 "너희가 만일 맹인 되었더라면 죄가 없으려니와 본다고 하니 너희 죄가 그대로 있느니라"(요 9:41)고 말씀하신 적이 있으시지요? 그렇습니다. 그들은 안다고 했지만 알지 못했고, 잘 하고 있다고 생각했지만 실은 엄청난 잘못을 하고 있었습니다. 깨닫는 마음이 없었기 때문입니다.

주님, 지금 그들 탓을 하고 있을 때가 아닙니다. 그들을 생각하며

저희 스스로 "우리는 안다"고 생각하지 않게 하소서. 저희도 오늘까지 깨닫지 못하는 마음으로 함부로 살면서 주님을 수없이 못 박았습니다. 가야바 법정, 안토니오 요새, 골고다 언덕-저희는 내내 그 곳에 있었음을 고백합니다.

오 주님, "저들을 사하여 주소서"라는 주님의 기도를 저를 위한 기도로 받아들입니다. 저의 죄를 용서해 주시고, 주님의 영을 제게 채우시어 깨닫는 마음을 얻게 하소서. 그리하여 주님을 따라 십자가의 길을 걷게 하소서. 진리를 깨닫는 마음이 없이는 이 길을 보지도, 이 길을 끝까지 걷지도 못합니다. 하여, 다시금 간구합니다. 제 안에 주님의 영이 가득하게 하소서. 아멘.

_김영봉 목사

두 번째 말씀 :
"내가 진실로 네게 이르노니 오늘 네가 나와 함께 낙원에 있으리라"(눅 23:43).

주님, 참 생명에 이르는 길을 가르쳐 주시니 감사합니다. 그 생명을 더욱 열망하고 추구하게 하소서. 그 생명이 죽음 후에만 오는 것이 아니라 지금 여기서부터 누릴 수 있고 누려야 하는 것임을 알게 하소서. 주님이 "죽고 나서 천국에 가라"고 말씀하신 적이 없음을 기억하게 하소서. 주님은 항상 '오늘' 회개하고 하나님께 돌아오라고, 그리하여 '오늘' 하나님과 연합하여 살아가라고, '오늘' 하나님의 자녀로 살아가라고 말씀하셨습니다. 내일을 기약하지 말라고, 오늘에 충실하라고 가르치셨습니다. 오늘 하루에 충실한 것이 영원을 사는 것이라고 가르치셨습니다. 그래서 깨달은 사람들은 자주 '영원한 오늘'이라는 말을 쓰는가 봅니다. 믿음이란 오늘 하나님과 연합하여 참된 생명 안으로 들어가는 것임을 알게 하소서. 저의 오늘이 하나님의 영원에 삼켜지고, 이 세상이 하나님 나라에 의해 삼켜지는 것임을 알게 하소서.

어떤 사람들은 "죽기 직전에 회개하고 구원받은 이 죄인은 얼마나 행복한가?"라고 말합니다. 그들은 일평생 제 욕심껏 살다가 죽기 직전에 회개하고 천당 가는 것(주님 곁에 있던 죄인이 이러

한 파렴치범은 아니었지요?)을 가장 다행스러운 일처럼 생각합니다. 그러나 주님, 그 사람이 주님을 영접하는 순간, 진실을 깨닫는 순간, 하나님 없이 살면서 평생을 허비한 것을 얼마나 후회했을까요? 평생토록 할 짓 다 하다가 죽기 직전에 회개한 것을 다행으로 생각하고, 일찍이 주님을 믿어 주님 뜻대로 산 것을 안타깝게 생각하는 이 잘못된 사고 방식을 고쳐 주소서. 이 흉측한 욕심을 치료해 주소서. 하나님과 연합되어 영원을 살아가는 하루하루의 삶이 얼마나 복된 것인지를 알게 하소서.

오 주님, 저희는 얼마나 어리석은지요! 저희를 깨우쳐 주소서. 주님 곁에 있던 죄인의 때늦은 회개를 보고 회개를 서두르게 하소서. 서둘러 주님을 통해 하나님과 충만한 연합을 이루게 하소서. 오늘부터 덧없는 하루를 영원에 삼켜진 하루로 만들게 하소서. 참된 생명의 맛을 알게 하시고, 참된 생명을 모르는 희망 잃은 사람들에게 이 복음을 나누게 하소서. 아멘.

_김영봉 목사

세 번째 말씀 :
"여자여 보소서, 아들이니이다.…보라, 네 어머니라"
(요 19:26, 27).

주님, 가족들에게 '거리 두는 법'을 저희에게 가르치소서. 이 거리가 없으면 육친이 참된 부모처럼 보이고, 자식이 친자식처럼 보이고, 배우자가 영원한 사랑처럼 보입니다. 그로써 하나님을 망각하게 되고, 하나님을 망각함으로 그들을 바로 대하지 못하게 되고, 그럼으로써 저희 인생이 낭패를 당합니다. 오 주님, 제게 주어진 모든 관계를 최종적인 것처럼 오해하지 않게 하소서. 모든 것을 하나님과의 관계 안에서 보게 하시고, 그로써 진실을 보고 진실을 살게 하소서. 육친을 공경하고 사랑하되 참된 아버지를 더욱 섬기게 하시고, 자식들을 사랑하고 양육하되 하나님의 자녀로 양육하게 하시고, 배우자를 사랑하되 참된 연인이신 하나님을 더욱 사랑하게 하소서.

주님, 가족이 아닌 사람들에게는 '거리 좁히는 법'을 저희에게 가르치소서. 가족과 이웃이, 내 민족과 다른 민족이, 친구와 원수가 따로 있지 않게 하소서. 누구를 만나든 겉모습으로 판단하지 말고, 저를 찾아온 주님의 화신으로 보고 대하게 하시고, 하나님 안에 있는 형제 자매로 보고 대하게 하소서. 그 무엇도 저와 다른 사람을 나누지 않게 하소서. 그것이 원수까지 사랑하라신 주님의 뜻인 줄 믿습니다. 아멘.

_김영봉 목사

네 번째 말씀 :
"엘리 엘리 라마 사박다니"(나의 하나님 나의 하나님 어찌하여 나를 버리셨나이까, 마 27:46; 막 15:34).

주님, 인간이 당할 수 있는 극대치의 고통을 겪으시면서 "사망의 음침한 골짜기"를 통과하심으로 하나님의 사랑이 어떤 것인지를 저희에게 보여 주시니, 참으로 감사합니다. 하나님의 뜻을 따르되 마지막 순간까지 자신의 전부를 드리시는 삶의 모델을 저희에게 보여 주시니, 또한 감사합니다. 주님의 그 고결한 삶 앞에서 저희의 초라함을 자각합니다. 오 주님! 저희를 고쳐 주소서. 주님의 모범을 따라 살도록 저희를 이끄소서. 보혈의 은혜에 감격하여 그 보혈의 길을 따르도록 저희를 깨우소서! 아멘.

_김영봉 목사

다섯 번째 말씀 :
"내가 목마르다"(요 19:28).

주님, "내가 목마르다"고 하신 말씀은 "마실 것 좀 달라"는 뜻이 아니셨을 겁니다. 로마 군인들은 그렇게 알고 신 포도주를 스폰지에 적셔 입에 대 주었지만, 주님은 그렇게 해 달라는 것이 아니었습니다. 목구멍만이 아니라 온 몸을 태울 것 같은 뜨거운 목마름을 느끼시면서 주님은 당신의 전 생애를 바쳐 추구했던 하나님의 의를 생각하셨을 것입니다. 주님은 일찍이 "의에 주리고 목마른 사람은 복이 있다"(마 5:6)고 말씀하셨습니다. 누군가 "팔복은 제자들에게 요청한 말씀이기 이전에 주님 자신의 삶의 자세였다"고 말한 적이 있는데, 그 말이 참 맞다 싶습니다. 주님은 하나님의 뜻을 이루기 위해, 오직 그 하나의 갈망을 위해 사셨습니다. 온 세상 사람들이 하나님께 돌아와 그분의 영으로 새로워져 거짓된 생명을 뛰어넘어 참된 생명을 찾아 누림으로 하나님의 뜻이 세상 구석구석에 이루어지는, 그리하여 새 하늘과 새 땅이 옛 하늘과 옛 땅을 뒤덮는 그 날을 보시려는 갈증! 그 갈증을 해결하기 위해 주님은 여기까지 오셨습니다.

오 주님! 주님의 그 깊은 갈증으로 인해 오늘 제 갈증이 해결되었습니다. 주님의 복음을 통해 저는 저의 영적 기갈을 해결받았습니다. 아, 주님이 아니었다면 니고데모처럼 저도 이 종교 저 철학을 전전해야 했을 것입니다.

그러나 주님의 갈증으로 인해 저의 갈증이 해갈된 것에 감사하고 찬양하는 것으로 만족하지 않게 하소서. 저로 하여금 주님이 가지셨던 그 갈증을 품게 하소서. 영적 죽음의 상태에서 살아가는 사람들에게 참된 생명을 나누고 싶어하는 간절한 갈증! 하나님의 의가 이 땅에 이루어지는 것을 보고 싶어하는 갈증! 온 세상이 하나님의 진리로 불타오르는 날을 보고 싶어하는 갈증! 그 갈증이 너무 심하여 내 모든 것을 기꺼이 바칠 만큼 강한 갈증! 설사 죽음의 길 앞에 당도한다 해도 물러서지 않을 정도로 강한 갈증! 그런 갈증을 제게도 주소서. 그러지 않고는 참으로 살았다고 할 수 없습니다. 하오니, 주님의 거룩한 갈증을 제게 채우소서. 아멘.

_김영봉 목사

여섯 번째 말씀 :
"다 이루었다"(요 19:30).

주님, 저도 마지막 숨을 내쉬면서 "다 이루었다. 아쉬울 것 없다"고 말하고 싶습니다. "하고 싶은 것 다 해 보았다"는 뜻이 아니라 혹은 "살 만큼 살았다"는 뜻이 아니라, "주님께서 부르신 부름을 위해 정성을 다했다"는 뜻으로 "다 이루었다"고 말할 수 있으면 얼마나 좋을까요? 주님, 그처럼 아름다운 마지막을 위해 지금 저에게 은총을 허락하소서. 순간순간, 정성을 다해 살게 하소서. 사랑하게 하소서. 섬기게 하소서. 죽게 하소서. 내일을 기약하지 말고 오늘, 지금 정성을 다하게 하소서. 항상 십자가를 통해 새로워지게 하소서. 그리하여 "다 이루었다"고는 못할망정 "헛되었다"고 뉘우치는 일은 없게 하소서. 아멘.

_김영봉 목사

일곱 번째 말씀 :
"아버지, 내 영혼을 아버지 손에 부탁하나이다"
(눅 23:46).

주님, 주님은 다시 한 번 무의식 저 밑에 잠겨 있던 말씀을 끌어내어 마지막 기도를 하십니다. 이 기도는 이제 새삼 무엇을 하겠다는 뜻이 아니라, 그 동안 하나님과 누려 왔던 깊은 인격적 관계를 마지막으로 다시 확인하신 것입니다. 일종의 사랑의 고백이요 확인이라 할 수 있겠지요. 감히 제가 풀어 말해 본다면 "이제껏 아버지와 내가 하나였던 것처럼 지금도 그렇습니다. 아, 저는 아버지 안에 있습니다. 아, 저는 아버지 안으로 죽어 들어갑니다"라는 뜻일 것입니다.

주님, 저를 이끌어 주소서. 주님께서 아버지 하나님과 누리셨던 그 깊은 사귐을 제게도 주소서. 주님께서 이르셨던 그 깊은 경지까지 갈 수는 없겠지요. 하지만 제게 가능한 정도만큼은 이룰 수 있도록 은총을 허락하소서. 주님께서는 제자들에게 하나님을 부를 때 주님처럼 '아바'라 부르라고 하셨습니다. 하나님을 '아바'로 느낄 정도로 깊은 사귐에 들어가라는 뜻이었습니다.

제게 주님의 영을 더욱 충만하게 하소서. 한 순간이라도 하나님

과 분리되지 않게 하소서. 하나님과의 사귐이 깊어져 그 무엇도 흔들 수 없는 깊은 믿음에 이르게 하소서. 세상의 그 무엇도 자신을 주님에게서 갈라놓을 수 없다고 했던 바울의 고백(롬 8:35)이 저의 고백이 되게 하소서. 그 깊은 사귐을 통해 하나님의 사랑이 저를 통해 흘러나가게 하시고, 하나님의 진리가 저를 통해 빛을 발하게 하소서. 그 사귐 안에서 제가 주님처럼 참으로 살게 하시고, 사랑하게 하시고, 섬기게 하시고, 마침내 죽게 하소서. 그렇게 참되게 죽어 참되게 살게 하소서. 아멘.

_김영봉 목사

부활절

이름을 주십시오

주여
저에게
이름을 주옵소서.
당신의
부르심을 입어
저도 무엇이 되고 싶습니다.
주여
주여
주여
태어나기 전의
이 혼돈과 어둠의 세계에서
새로운 탄생의
빛을 보게 하시고
진실로
혼매한 심령에
눈동자를 베풀어 주십시오.

'나'라는

이 완고한 돌문을

열리게 하옵시고

당신의 음성이

불길이 되어

저를 태워 주십시오.

그리하여

바람과 동굴의

저의 입에

신앙의 신선한

열매를 물리게 하옵시고

당신의

부르심을 입어

저도

무엇이 되고 싶습니다.

주여

간절한

새벽의 기도를 들으시고

저에게

이름을 주옵소서.

_박목월 1916-1978, 시인

✚ 사귐의 기도를 위한 기도선집

성령강림절

성령을 주소서

사랑하는 주님, 제 기도를 들으소서. 당신은 제자들을 홀로 버려두지 않고 성령을 보내어 완전한 진리로 인도하리라고 약속하셨습니다.

저는 꼭 어둠 속에서 더듬고 있는 것 같습니다. 당신은 제게 많은 것을 주셨지만 저는 아직도 당신의 임재 안에 조용히 머물러 있기 어렵습니다. 제 마음은 여러 가지 생각과 계획과 기억과 공상들로 매우 어지럽습니다. 저는 오직 당신과만 있기 원합니다. 당신 말씀에 집중하고 당신 음성에 귀기울이고 당신이 계시하는 대로 당신을 보고 있기를 원합니다. 하지만 아무리 노력해도 저는 중요하지 않은 일로 이끌리고 값싼 보화에 마음이 묶입니다.

저는 위로부터의 능력, 당신 영의 능력 없이 기도할 수 없습니다. 주여, 당신의 영을 보내셔서 그 영이 제 안에서 기도하게 하소서. 제 안에서 "주 예수여"라고 "아바 아버지여"라고 부르게 하소서.

주님, 저는 기다리고 있습니다. 기대하고 있습니다. 당신의 영을 주시지 않은 채 저를 떠나지 마소서. 하나 되게 하고 위로를 주는 당신의 영, 그 영을 제게 주소서.

_헨리 나우웬(Henri Nouwen) 1932-1996, 가톨릭 신부

성령강림절

성령의 불을

하늘 위에 계신 신령하신 아버지여, 성령의 불로 내려오셔서 내 마음에 충만하게 임하소서. 내 마음에 부정한 것을 소멸하시고 더러운 것을 깨끗하게 해주소서. 그리하여 내 마음을 주의 보좌로, 또 내 몸을 성령의 전으로 삼으시고 내 속에서 영원히 사소서. 아버지여, 원하오니 성령의 뜨거운 불로 오시어 내 마음과 내 몸을 남김없이 태워 주소서. 그리하여 주의 제단 위에 재가 되고 향내 나는 연기가 되어 거룩한 아버지 앞에 오르게 하소서.

아버지여, 나의 마음은 아버지를 사모하고 나의 눈은 항상 아버지를 우러러봅니다. 하지만 그 때마다 약한 나는 늘 아버지와 함께 있을 자격이 없음을 발견하고 이를 심히 슬퍼합니다.

아버지여, 그러므로 원합니다. 이 미약한 나와 또 식어진 이 강산의 모든 교회에 성령의 맹렬한 불을 던져 주소서. 온 땅의 교회들은 오늘날 고목과 시체처럼 불도 없고 피도 없고 사랑도, 눈물도 또한 믿음도 없습니다. 약동하는 영원한 생명이 없습니다.

자비하신 아버지여, 나를 불쌍히 보소서. 나의 사랑하는 조선의 모든 교회들을 긍휼히 여겨 주소서. 이 나라의 백성을 권고하소서. 아버지의 생명과 성화(聖火)를 던지셔서 다 살려 주소서. 우리는 즐겨 그 타는 나무가 되려 합니다.

_박새봉 1904-?, 목사, 부흥사

제2부

여름

폭염의 은혜

주님, 숨막힐 듯한 폭염 아래서
곡식은 실해지고
열매는 익어 갑니다.

하오니 제게 비춰는 주님의 빛이
한여름의 태양빛처럼
뜨겁고 강하게 하소서.

이 여름에
제 영성이 곡식처럼 실해지고
제 삶이 열매처럼 익게 하소서.

주님의 부름이 있을 때
실한 곡식과 맛있는 열매를 남기고
저는 기쁘게 사라지게 하소서.

_김영봉 목사

무엇을 구하랴

저보고 세상에서 어느 정도로 살지를 택하라고 하시면,
혹은 생활 문제에 대해 무엇이든 구하라 하시면,
저는 웬만큼 노력해서 일용할 양식을 구하는 정도의
생활 수준을 택할 것이며 또 구할 것입니다.
너무 바빠, 정신없이 살기를 원치 않습니다.
세상 일에서 손을 떼고 조용한 시간을 더 많이 가지고
그러면서도 제게 맡겨진 사람들에게 큰 피해를 주지 않을 정도의
  생활을 원합니다.

이것이 지금의 제 생각입니다.
하지만 그렇게 사는 것이 제게 가장 이상적인 것인지,
저는 확신하지 못합니다.
뿐만 아니라, 여유 시간이 더 많아지면
지금보다 더 열심히 하나님을 찾고 섬기는 데 사용하게 될지,
저는 장담하지 못하겠습니다.
지금도 그렇듯이 조용하고 개인적인 시간에도
많은 유혹이 공격할 것이기 때문입니다.

_수산나 웨슬리(Susanna Wesley) 1669-1742, 존 웨슬리의 모친

시련을 주소서

주여, 이전에 저는
은혜가 시련보다 좋은 것이라고 생각하였습니다.
그래서 은혜를 간구하여 가지기를 원하였고
제게 있는 시련은 없어지기를 빌었습니다.

그러나 주여, 지금 생각하니
은혜만이 은혜가 아니라 시련도 은혜입니다.
은혜만 간구할 것이 아니라 시련도 간구할 것입니다.
은혜만 욕심낼 것이 아니라 시련도 원할 것입니다.
시련에서 받는 은혜처럼 고귀한 것이 없고,
은혜로 받은 시련처럼 보배로운 것이 없습니다.

주여, 주께서 주시는 은혜이고
주께서 주시는 시련이오매
어느 것을 더 사랑하고 원하리요.
모두가 축복이오니
은혜와 시련에서 주님만 찬송하게 하옵소서.

_김정준 1914-1981, 신학자

내 생명의 하나님께

내 생명의 하나님이시여, 저는 항상 제 몸을 정결하게 하렵니다. 아버지의 살아 계신 손이 제 몸 구석구석에 닿고 있음을 알기 때문입니다.

저는 항상 제 마음에서 모든 거짓을 멀리하렵니다. 아버지의 진리가 제 마음속에 이성의 불을 밝힘을 아는 까닭입니다.

저는 항상 저의 가슴에서 모든 악을 내쫓고 사랑을 꽃피게 하렵니다. 아버지께서 제 가슴 깊은 성전에 자리하셨음을 아는 까닭입니다.

그러나 제가 할 바는 하나님을 저의 손발로 나타내는 것입니다. 저에게 일할 힘을 베푸시는 이가 바로 하나님인 줄 믿기 때문입니다.

_라빈드라나드 타고르(Rabindranath Tagore)
1861-1941, 인도의 사상가, 시인, 종교인

초연한 마음을 주소서

이 세상 안에 살되
세상에 속하지 않도록,
이 세상을 사용하되
오용하지 않도록 저를 이끄소서.
무엇을 산다면
그 물건을 소유했다고 생각하지 말게 하시고,
아무것도 가진 것이 없다면
세상을 다 가진 것처럼 행동하게 하소서.
저로 하여금
주님의 뜻이 아닌 어떤 일도 시작하지 않게 하시고
주님께서 요청하시는 어떤 희생도 거부하지 않게 하소서.
매순간 제 마음에 영감을 주시고
인도하시며 다스리소서.

_존 베일리(John Baillie) 1886-1960, 스코틀랜드의 신학자

주님의 사랑

오 주님,
저는 자주 주님을 버렸으나
주님은 한 번도 저를 버리지 않으셨습니다.
제가 다른 곳에 마음이 팔려 있을 때에도
주님의 사랑의 손은 항상 저를 향해 뻗어옵니다.
주님의 부드러운 음성은
제가 듣지 않으려고 고집 부릴 때에도
항상 저를 부르고 있습니다.

_아빌라의 테레사(Teresa of Avila) 1515-1582, 카르멜수녀회 창시자

섬기며 살도록

땅이 흔들리고 소가 미치고 오리와 닭이 죽어갑니다.
두렵습니다.
우리가 이렇게 살아도 되는지요?
천 년 만 년 살 것처럼 욕심 부리고
앙탈하고 거짓말하며 살아도 되는 걸까요?

힘있고 잘난 사람 더 높여 주고,
힘없고 약한 사람 짓누르고 살면서
예수를 믿고 생명의 길로 간다고 할 수 있을까요?
말 못하는 소의 마음을 헤아리고,
말 못하는 오리와 닭의 삶을 느끼며 살게 해주세요.
이란과 이라크와 북한에서 사는 사람들의 삶을
하루에 한 번쯤 헤아리며 살게 해주세요.

예수의 살과 피로 사는 우리이오니,
남의 살과 피를 소중히 여기며 살게 해주세요.

_박재순 신학자

귀기울이게 하소서

땅이 꺼지는 이 요란 속에서도
언제나 당신의 속삭임에
귀기울이게 하옵소서.

내 눈을 스쳐가는 허깨비와 무지개가
당신 빛으로 스러지게 하옵소서.

부끄러운 이 알몸을 가리울
풀잎 하나 주옵소서.

나의 노래는 당신의 사랑입니다.
당신의 이름이 내 혀를 닳게 하옵소서.

저기 다가오는 불 장마 속에서
노아의 배를 타게 하옵소서.
그러나 꽃잎 모양 스러져 가는
어린 양들과 한 가지로 있게 하옵소서.

_구상 1919-2004, 시인

세 번 거룩

한 번 거룩,
두 번 거룩,
세 번 거룩,
모두가 외칩니다. "거룩, 거룩, 거룩."

주님… 거룩하신 분,
주님… 말할 수 없는, 경이로운, 저희를 넘어서 계신…
저희와 너무도 다른 분.
그런 분을 감히 저희가 뵈려 합니다.

주님의 거룩하심은 저희의 부정함을 증언하고
주님의 열심은 저희의 무관심을 드러내고
평화를 일구어 내는 주님의 능력은 저희의 호전성을 폭로하고
주님의 관대하심은 저희의 옹졸함을 증거합니다.

주님과 이토록 다른 저희를
당신은 부르시고,
보내시고,
권한을 주십니다.

어려운 곳으로,

힘든 시간으로,

역경이 있는 곳으로.

어려운 곳에… 주님의 도구로… 부름받은 저희,

주님의 거룩한 목적을 위해 일하도록…

평화, 자비, 긍휼…

그 고통스러웠던 금요일로 저희를 인도하는

주님의 거룩한 목적들!

주님의 도구로서 그 금요일로 부름받은 저희는

매혹당했습니다.

감사하다기보다는 황홀합니다.

_월터 브루그만(Walter Brueggemann) 미국의 신학자

깨어 있도록

사랑의 하나님, 주님의 오심에 대해 쉽지 않은 가르침을 주셨습니다. "주님은 오신다! 하지만 언제인지는 모른다!" 하오니 항상 깨어 있고 대비하게 하시어, 주님이 무슨 일을 하시든 언제 행동하시든 항상 준비되어 있게 하소서.

_유진 피터슨(Eugene Peterson) 미국의 신학자

바른 처신을 위하여

오, 주여!
사람에게 칭송을 받을 때
더욱더 겸손하게,
오히려 못난 놈 노릇하게 하소서.

사람에게 멸시를 받을 때는
더욱더 자중하게,
오히려 승리의 기쁨을 느끼게 하소서.

_김재준 1901-1987, 신학자

그리스도를 얻기 위한 기도

오! 세상의 영화는 그 얼마나 빨리 지나갑니까!

세상에는 얼마나 많은 사람들이

헛된 학문 때문에 망합니까!

저들은 하나님을 섬기는 것에 대해

별로 상관하지도 않고

겸손하게 살려고 하지 않으며

훌륭한 사람처럼 보이려고 하기 때문에

그들의 생각은 헛된 것이 되고 맙니다.

참으로 위대한 자는 사랑과 덕을 많이 가진 자입니다.

참으로 높은 자는 자기 자신을 작게 보고

모든 존귀한 영예를 덧없다고 생각하는 자입니다.

참으로 슬기로운 자는 그리스도를 얻기 위하여

세상의 모든 것을 거름과 같이 보는 자입니다.

참으로 유식한 자는

하나님의 거룩하신 뜻을 따르고

자기의 뜻은 버리는 사람입니다.

_토마스 아 켐피스(Thomas à Kempis)
1379-1471, 네덜란드의 신학자, 「그리스도를 본받아」의 저자

농부 하나님

사랑의 하나님 아버지!
전혀 보잘것없는 나를 사랑하시어
포도나무이신 예수 그리스도의 가지로 접붙여 주시고
친히 내 인생의 농부가 되어 주심을 진심으로 감사드립니다.
하나님께서 창조하신 천지를 주시고
한 치의 오차도 없이 오묘하게 내일을 빚어 주고 계시니
더욱 감사합니다.
이제부터 인생의 농부이신 하나님께
나의 인생을 온전히 맡기는
믿음의 용기를 허락하여 주십시오.
하나님의 손길 속에서
변명을 필요로 하지 않는
참으로 신실한 크리스천으로
날로 빚어지게 해주십시오.
그 신실함으로 이 불의한 세상을 새롭게 하는 밑가지,
밑거름이 되는 기쁨을
주님 안에서 누리게 해주십시오.

_이재철 목사, 저술가

일당 노동자의 기도

오 하나님,
저는 제 두 손으로 열심히 일해서 일용할 양식을 받고 있습니다.
그 수고의 대가로 일용할 양식과 옷가지를 사고 있습니다.
매일 새벽부터 해지는 저녁 늦게까지
무거운 짐은 저를 지치게 만들고
뜨거운 태양은 저를 피곤하게 합니다.

저와 제 가족의 생활을 지탱하기 위해서는
매일 이 많은 노동을 하는 일 외에는 다른 방법이 없습니다.
매일 쉬지 않고 일하고, 매일 밤 짧은 잠을 자면서,
아침이 되면 다시 늦은 밤까지 일할 수 있을 것이라는
희망을 가지는 것 외에는
아무런 희망도 제겐 없습니다.

이 모든 조건에도 불구하고, 저는 불평하지 않겠습니다.
대신, 오늘까지 건강과 넘치는 생기로 지켜 주신 것과
매일 필요한 것을 넉넉히 주시는 것에 대해
진실로 감사드리며,
주님의 거룩한 이름을 찬양합니다.

✤ 사귐의 기도를 위한 기도선집

매일 아침 일찍 일어나서 잠자리에 들 때까지
그토록 많은 땀을 흘리며 일용할 양식을 얻으려 노력하는 일도
하나님이 제게 축복해 주시지 않는다면
오 주님,
헛된 일이 됩니다.

나의 하나님, 저로 하여금 게으르지 않도록 하소서.
포도원에서 열심히 일하는 다른 사람들과 함께 일하도록
저를 불러 보내 주소서.
주님께 봉사하는 데 소홀히 하지 않게 하시고
결코 다른 사람에게 짐이 되지 않게 하소서.

그런 후에 이 땅 위에서의 마지막 밤이 다가왔을 때
이 땅에서 제가 했던 모든 노동에 걸맞는
좋은 상을 허락하소서.

_작자 미상(외국)

저를 감추어 주소서

오,
저를 저로부터 감추어 주소서.
이제는 제가 아니라 제 속의 그리스도께서 사시도록.
못된 욕망은 십자가에 못박고
단 한 조각의 탐욕도 살려 두지 마소서.
모든 사물들 안에서
주님 말고는 다른 아무것도
보거나 찾거나 바라지 않게 하소서.

_존 웨슬리(John Wesley) 1703-1791, 영국의 목사, 감리교 창시자

고난 중에 드리는 기도
— 독방에서

빈 방에 홀로 앉으니
고독이 몰려오네.

성삼위 함께 거하시니
모두 함께 네 식구가 되었네.

온갖 고난이여,
올 테면 다 오너라.

괴로움 중에
진리를 모두 체험하리라.

_손양원 1902-1950, 목사, 순교자

회개 기도

오 주님, 저희 죄를 용서하소서. 주님께 지은 많은 죄를 고백합니다. 탐욕과 게으름, 사치와 낭비, 주님께 대한 불순종, 다른 사람의 필요에 대한 무관심, 가난한 사람들의 절규에 대한 무관심, 고난받는 사람들의 아픔을 느끼지 못하는 굳어진 마음, 무슨 수를 써서라도 경쟁에서 이기려는 잔인함, 다른 사람을 돈의 노예로 만드는 폭행, 형제 자매의 영혼을 상하게 한 잘못! 오 주님, 저희 마음을 정결하게 하시고 바른 영을 부어 주소서. 그리하여 저희 삶과 행동이 주님의 영광을 드러내고 죄로 물든 저희 삶이 주님의 은혜의 도구로 변하게 하소서.

_라인홀드 니버(Reinhold Niebuhr) 1892-1971, 미국의 신학자

아름다운 세상을 주심을 감사합니다

오 하나님, 주께서 각 종류대로 완전하게 만드신
그 생물들로 인하여 감사드립니다.

코끼리와 물소 같은 큰 동물들,
낙타와 원숭이 같은 익살맞은 동물들,
개와 고양이 같은 친근한 동물들,
말과 소처럼 일하는 동물들,
다람쥐와 토끼처럼 겁이 많은 동물들,
사자와 호랑이 같은 위엄 있는 동물들,
노래 부르는 새들을 보며 주님께 감사드립니다.

오 주님,
주님의 모든 피조물을 지극히 사랑할 수 있는 마음을
저희에게 주소서.
그리하여 그 사랑이 두려움을 쫓아내게 하시고
주님의 모든 피조물이 사람들을
그들의 제사장과 친구로 알게 하소서.

_조지 애플턴(George Appleton) 1902-?, 영국 성공회 목사, 저술가

최후의 기도

저 허공과 나 사이 무명(無明)의 장막을 거두어 주오.
이 땅 위의 모든 경계선과 철망과 담장을 거두어 주오.
사람들의 미움과 탐욕과 차별지(差別知)를 거두어 주오.
나와 저들의 체념과 절망을 거두어 주오.

소생케 해주오. 나에게 놀람과 눈물과 기도를,
소생케 해주오. 죽은 모든 이들의 꿈과 사랑을,
소생케 해주오. 인공이 빚어낸 자연의 모든 파상(破傷)을.

그리고 허락하오. 저 바위에게 말을,
이 바람에게 모습을,
오오, 나에게 순수의 발광체로 영생할 것을 허락하오.

_구상 1919-2004, 시인

자신의 재판관이 되어

전능하신 하나님, 저희는 육신의 연약함에 둘리워 있고 세상살이에 대한 걱정에 눌려 있어 하나님께 우리 마음과 생각을 들어올리기가 참으로 어렵습니다. 오 하나님, 주님의 말씀과 경고로써 날마다 저희를 깨우시어 자신의 악함을 깨닫게 하소서. 주님의 채찍을 통해서 배울 뿐 아니라 제 스스로 재판관이 되어 자신을 심판의 자리로 불러 검사한 후 주님 앞으로 가게 하소서. 그렇게 하면, 저에 대한 하나님의 불쾌한 심정을 미리 알아 회개로써 주님의 진노를 가라앉힘으로 주님께 돌아오는 모든 자에게 약속한 자비를 얻고, 주 예수 그리스도의 이름을 통해 하나님의 호의를 소망할 수 있게 될 것입니다.

_장 칼뱅(Jean Calvin) 1509-1564, 프랑스의 신학자, 종교개혁자

회개의 기도

오 주님, 이 밤, 제물을 올립니다.
제 상한 심령을 제물로 올립니다.
오 하나님, 아버지의 크신 선하심을 따라
제게 자비를 베풀어 주시고
풍성한 자비하심을 따라 저의 죄를 제거하소서.

주님의 말할 수 없는 자비로써
제가 지은 죄에서 자유케 하시고,
제가 받아 마땅한 징벌로부터 구해 주소서.

오, 모든 어둠의 행실에서 구하시고
육과 영의 모든 더러움을 씻기소서.
그리하여 때가 이를 때, 정결한 마음과 생각으로
오직 한 분뿐이신 참되신 하나님을 따르게 하소서.

_존 웨슬리(John Wesley) 1703-1791, 영국의 목사, 감리교 창시자

오늘의 생명을

우리에게 날마다 생명을 주심을 감사합니다.
덤으로 하루씩, 은혜로 하루씩 보태 주시는 이 목숨,
감사함으로 사용하게 하소서.
주께서 기다려 주시는 동안
회개하여 돌이키게 하시고
팔다리 성할 때 힘껏 사랑하게 하시고
기회 주실 때 얼른 대답하고 이웃을 섬기게 하시며
눈과 귀가 성한 동안 주의 말씀을 사모하게 하소서.
높은 가을 하늘처럼 보다 높이 바라보게 하시고
붉은 단풍처럼 열정적으로 나를 불태우게 하시고
떨어져 묻히는 잎새들처럼
아낌없이 소리없이 묻히게 하소서.
주께서 내 이름 부르시는 날이
가까워 옴을 느끼면서
오늘도 주신 생명
소중하게 쓰게 하소서.

_**최효섭** 재미 목사, 저술가

받으소서

주여, 저 여기 있습니다.
내 몸도
내 마음도
내 영혼도
다 여기 있습니다.

이 모든 것들을 이 세상 어디나 다 닿을 만큼 크게 해주시고
이 세상을 다 짊어질 수 있을 만큼 강하게 해주시고
자신을 위해서는 아무것도 간직하지 않고
이 세상을 다 끌어안을 만큼 순결하게 해주소서.
나로 하여금 사람들이 주님을 만나 뵙는 장소가 되어도
곧 지나쳐 버리는 곳이 되게 하소서.
나로 하여금 주님께로 향해 가는 길이 되게 하시고
아무것도 꺾을 것이 없는 길이 되게 하소서.

_미셸 끄와(Michel Quoist) 프랑스의 신부, 작가

알고 보니

제가 아버지를 찾은 줄 생각했습니다.
알고 보니, 아버지께서 저를 찾으셨더군요.

제가 아버지를 사랑하는 줄 알았습니다.
알고 보니, 아버지께서 저를 사랑하셨더군요.

제가 아버지께 가야 한다고 생각했습니다.
그런데 아버지께서 제게 오셨더군요.

저는 저, 아버지는 아버지라고 생각했습니다.
알고 보니, 아버지 안에 제가 있고
제 안에 아버지께서 계시더군요.

감사합니다, 아버지!

_김영봉 목사

당신보다 이 사람을

님이여, 오늘도 나는
당신보다 사람을 더 기쁘게 했습니다.
당신보다 사람을 더 눈치보았습니다.
당신보다 사람을 더 무서워했습니다.

아침 나절은
사람 비위 맞추느라
당신과 약속한 기도도 잊고
점심 나절은
사람 눈치 보느라
당신과 약속한 찬송도 잊고
저녁 나절은
사람 무서워하느라
당신과 약속한 묵상도 잊었습니다.

님이시여!

_김성영 시인, 성결대학교 총장

이웃을 위한 기도

오 주여,
온 세상에 있는
수많은 어려운 사람들을 위해 기도합니다.

저희 마음이 그들을 향하게 하소서.
그들을 향한 당신의 자비를 전하도록
저희를 도우소서.
저희의 자유와 안전에 대한 비싼 대가를
그들이 짊어지고 있기 때문입니다.

_라인홀드 니버(Reinhold Niebuhr) 1892-1971, 미국의 신학자

그리스도의 얼굴

아버지,
이제 저희들의 신령한 눈을 열어서
아버지의 형상이시요
하나님의 영광으로 빛나는
우리 주님의 얼굴을 바라볼 수 있게 하여 주소서.
그 눈물 어린 얼굴,
가시 면류관 쓰신 그 얼굴을
바라볼 수 있게 하여 주소서.
그리하여
우리의 얼굴도 주님의 얼굴로 변하고
우리 교회의 모습도 주님의 얼굴로 변할 때까지,
그리하여 우리가 세상을 사는 동안에
감히 주님의 얼굴을
모든 사람에게 보여 줄 수 있을 때까지
우리로 하여금
주님의 얼굴을 앙망하게 해주소서.

_한경직 1902-2000, 목사

제 모든 날을 받으소서

아무도 접근할 수 없는 참된 빛 가운데 거하시는 하나님,
당신께는 밤이 없습니다.
하나님의 얼굴빛 안에는 영원히 낮이 있을 뿐입니다.
지난밤에 지켜 주신 당신의 죄 많은 이 종은
오늘도 주님의 능력으로 살아 있습니다.
주님의 전능하신 섭리로 인해 찬양과 영광을 돌립니다.
겸손히 기도하오니
오늘과 그리고 앞으로 오는 모든 날들이
당신께 온전히 바쳐지게 하소서.
성령을 보내셔서 제 모든 길의 안내자가 되게 하시며
제 몸과 영혼을 거룩하게 하소서.
저를 구원하고 지키시며
주님을 경외하고 사랑하는 마음을 키워 주소서.
당신의 얼굴빛을 제게 비추시고 하늘의 평화를 주시며
주 예수의 날이 이르렀을 때 제 영혼을 구원하소서.

_존 웨슬리(John Wesley) 1703-1791, 영국의 목사, 감리교 창시자

제 영혼을 주님께

오, 주님 예수여!
제 영혼을 주님께 부탁합니다.
십자가를 붙잡고 쓰러질 때
제 영혼을 받으시옵소서.
옥중에서나 사형장에서나
제 목숨 끊어질 때
제 영혼을 받으시옵소서.

아버지의 집은 저의 집,
아버지의 나라는 저의 고향입니다.
더러운 땅을 밟던 제 발을 씻어서
저로 하여금 하늘 나라 황금길을 걷게 하옵시고,
죄악 세상에서 부대끼던 저를 깨끗하게 하셔서
영광의 존전에 서게 하옵소서.

제 영혼을 주님께 부탁하나이다.

_주기철 1897-1940, 목사, 순교자

참된 말을 하도록

진리의 하나님, 참된 말, 순종하는 말을 하게 하소서. 그리하여 저희 삶을 통해 주님이 세상에 드러나게 하소서. 저희는 거짓말이 지배하는 세상에 살고 있습니다. 그러나 말이 없으면 진리도 없습니다. 저희 속에 역사하셔서 저희 말이 주님의 말씀으로 단련되고 거짓이 드러나게 하소서. 부름받은 저희에게 주님을 의지할 용기를 주소서. 진실 대신 거짓을 택하는 사람을 주님은 결코 부르지 않으신다는 사실을 명심하게 하소서.

_스탠리 하우어워스(Stanley Hauerwas) 신학자

놓는 법

오 주님, 온통 불확실한 것뿐인데 어떻게 그냥 놓아 버릴 수 있나요? 주님의 뜻에 대해서도 확신이 없고 제 자신에 대해서도 분명한 것이 없습니다.… 하긴, 진짜 문제는 그것이 아닙니다. 그렇지요? 정작 문제의 핵심은 제가 놓아 버리는 것 자체를 싫어하는 데 있습니다. 모든 것을 제 손에 움켜쥐고 싶어합니다. 아니, 그래야만 할 필요를 느낍니다. 문제는 바로 그겁니다. 그렇지요? 통제력을 잃는 것에 대한 두려움. 그럴 경우 일어날 일들에 대한 두려움. 주님, 이 두려움을 치료하소서.

제가 기도를 연습하며 갈팡질팡하는 중에도 제가 보지 못하는 부분을 보도록 도우시는 주님은 참으로 좋으신 분입니다. 감사합니다!

그러나 이제 저는 어떻게 해야 하나요? 움켜쥐었던 손을 어떻게 놓아야 하나요? 예수님, 당신의 방법을 제게 가르치소서.

_리처드 포스터(Richard Foster) 미국의 신학자

하나님을 위해 일하도록

복되신 주님, 제 마음에 큰 자유를 허락하시어
순수한 마음으로 주님을 따르며 섬기게 하소서.
그분의 모범을 따르고 그분의 가르침을 행하는 데
항상 준비되어 있으며 언제나 즐겁게 하소서.

일상의 재미에 너무 빠져 제게 주신 달란트를 계발하는 데
무관심하거나 소홀해지지 않도록 하소서.
열심히 살게 하시되 시기심으로 하지 않도록,
부지런하되 걱정 때문에 하지 않도록 하소서.
지극히 사소한 일을 대할 때
그것에 인생의 성패가 달리듯 정성을 다하게 하소서.
모든 좋은 일에 대해 주께 찬양 돌리며
만사를 주께 맡기고 겸손히 물러서게 하소서.

허락하소서, 철저한 신중함을,
순백의 정결함을, 세상으로부터의 철저한 분리를,
거침없는 자유를, 주 예수에 대한 굳고 견고한 믿음을!
그리하면 일상의 모든 일들을 빈틈없이 행하면서도
동시에 이 세상에 매이지 않을 수 있습니다.

_수산나 웨슬리(Susanna Wesley) 1669-1742, 존 웨슬리의 모친

언어 생활을 위한 기도

오 주님, 제 혀에 재갈을 먹이소서. 독기 어린 비판과 잔인한 판단을 하려 할 때, 갈고리 같은 말로 다른 사람에게 상처 주고 그것을 보고 통쾌해하는 못된 심성으로부터 저를 지키소서.

불친절한 말로부터 그리고 불친절한 침묵으로부터 저를 지키소서. 판단하는 일을 자제하게 하소서. 저의 비판이 친절하고 너그럽고 건설적인 말이 되게 하소서. 부드러운 내면을 허락하시어 다른 사람과도 평화로이 지내며 말할 때나 행동할 때나 부드럽게 하소서.

제 안에 따뜻한 자비의 마음을 주시어 약함을 이길 수 있는 주님의 힘을, 분쟁을 극복할 수 있는 주님의 평화를, 슬픔을 이길 수 있는 주님의 기쁨을, 증오를 물리칠 수 있는 주님의 사랑을, 그리고 약함을 치유할 수 있는 주님의 관심을 다른 사람들에게 보여 줄 수 있게 하소서.

_피터 마샬(Peter Marshall) 1902-1949, 미국의 목사

나 여기에 있나이다, 주여

나 여기에 있나이다, 주여
바람에 불리우는 밤의 이 작은 촛불
혼자서는 이 한밤 서서 타기 어려운
너무 짙은 어둠을 물러가게 하소서.

나 여기에 있나이다, 주여
파도에 덮치우는 밤의 이 작은 쪽배
혼자서는 이 풍랑 헤쳐 가기 어려운
너무 미친 이 파도를 잔잔하게 하소서.

불길이게 하소서, 차라리
지직지직 타는 불길, 밤을 불질러
저 덧쌓이는 악의 섶을 불사르게 하소서.
어둠이란 어둠을 다 불사르게 하소서.

파도이게 하소서, 차라리
가라앉아 햇볕에 일렁이다가도
일어서서 허옇게 밀고 가는 노도
일체 악을 말살하는 노도이게 하소서.

_박두진 1916-1998, 시인

내가 바라는 것

하나님, 저는 저와 제 집을 축복해 주십사고
기도하지 않습니다.
저를 아버지의 것으로 써 주십사고
기도합니다.

저희에게 좋은 것을 주십사고
기도하지 않습니다.
저희로 하여금 저희가 소유한 모든 것을
아버지께 바치게 해주십사고 기도합니다.

아버지께서 저희에게 주시는 최대의 선물은
겸손한 마음과 요구하지 않는 마음입니다.

예수 그리스도로 말미암아
이 마음을 저희에게 주심을
아버지께 감사드립니다.

_우찌무라 간조 1861-1930, 일본의 기독교 지도자

참아 주소서

하늘에 계신 아버지시여, 저희를 조금만 더 참아 주소서. 저희가 진심으로, 참되게 당신과 사귀려 하지만 어리석은 말로써 사귐을 방해하는 때가 많기 때문입니다. 저희에게 좋은 일이 일어났다고 판단될 때 감사하고 싶어도 만족스럽게 드릴 말이 없습니다. 어린아이가 제 고집이 먹혔을 때 감사하는 것처럼 행동하는 경우도 있습니다. 일이 잘 풀리지 않을 때 저희는 주님을 찾습니다. 주님께 불평하기도 하고 울부짖기도 합니다. 철없는 아이가 자기에게 이로울지도 모르는 일을 두려워하는 것처럼 말입니다.

오 주님, 저희는 이토록 어리석습니다. 참된 아버지이신 주님의 자녀라고 하기에 저희가 얼마나 부족한지요! 마치 사람을 자기 아버지라고 여기는 짐승과 다를 것이 없어 보입니다. 저희가 얼마나 유치한지요! 저희 생각과 말이 주님께 얼마나 어울리지 않는지요! 저희가 아는 것은 다만 이렇게 말해서는 안 된다는 것, 달리 말해야만 한다는 것입니다. 그래서, 조금만 더 참아 주시기를 빕니다.

_쇠렌 키에르케고르(Søren Kierkegaard)
1813-1855, 덴마크의 철학자, 신학자

공범자가 되지 않게

주님, 제가 공범자가 되지 않게 하소서.

자신의 인간성을 마비시키고
돈의 힘으로 다른 사람의 인간성을 유린하는
이 사악한 향락 문화.
이 문화의 공범이 되지 않게 하소서.

온갖 이권에 얽혀 만들어지는 사회의 거대한 부조리,
그로 인한 불법과 더러운 거래, 그 틈바구니에서
무력한 사람들이 겪어야 하는 모멸감과 무력감.
주님, 저로 하여금 이 거대한 범죄 조직의
공범이 되지 않게 하소서.

나만 잘 먹고 편하면 된다는 생각으로 만들어지는
저 엄청난 훼손과 파괴,
그로 인한 작은 생명들의 신음과 희생,
아름다운 창조 세계의 파괴.
주님, 저로 하여금 이 우주적 범행의 공범이 되지 않게 하소서.

✣ 사검의 기도를 위한 기도선집

저의 눈을 밝혀 주시고, 의지를 강하게 하소서.
저를 공범으로 끌어들이려는 온갖 선전에 속지 않게 하시고
망설임 없이 거부하게 하소서.
뿐만 아니라, 그 범행을 막는 데 제 삶을 사용하게 하소서.

그 거대한 조직에 대한 저항은
만만치 않은 박해와 공격을 불러올 수도 있습니다.
그러나 그것 때문에 꺾이지 않게 하시고
주님의 본을 따르게 하소서.

적당히 타협하여 살아남은 것이 성공이 아니라
죽더라도 진리의 길을 떠나지 않는 것이 성공이라는 사실을
삶으로써 증명하게 하소서.

주님처럼 세상을 거슬러 살되
성령께서 함께하심으로 인하여
즐거이, 힘껏,
그리고 쉬지 않고 걸어가게 해주소서.

_김영봉 목사

받아 주소서

주여, 받아 주소서.
제 모든 자유를
제 기억을
제 이성을
제 의지의 모든 것을.

제가 가진 모든 것은 주께서 주신 것입니다.
그것을 주께 돌려드립니다.
그것은 모두 주님의 것입니다.
청하오니,
마음껏 써 주소서.
오로지 주님의 사랑과 은총만을 주소서.
그것으로 저는 만족합니다.

_로욜라의 이그나티우스(Ignatius of Loyola) 1491-1556, 예수회 창시자

세상 속에서의 책임을 위해

하나님,
제가 변화시킬 수 없는 것들을 받아들일 수 있는 평정을,
제가 변화시킬 수 있는 것들을 변화시킬 수 있는 용기를,
그리고 그 둘의 차이점을 아는 지혜를
제게 허락하소서.
하루하루를 충실히 살게 하소서.
한 순간 한 순간을 충만하게 채우게 하소서.
역경을 평화의 통로로 받아들이게 하시고
주님께서 그러셨듯이
이 죄 많은 세상을 제가 원하는 식으로가 아니라
그 모습 그대로 받아들이게 하소서.
제가 주님의 뜻에 순종할 때
주님께서 만사를 바르게 하실 것임을 믿게 하소서.
그렇게 되면 저는 이 땅의 삶에서 아주 행복할 것입니다.
그리고 내세에서는 말할 수 없는 행복을
주님과 함께 영원히 누릴 것입니다.

_라인홀드 니버(Reinhold Niebuhr) 1892-1971, 미국의 신학자

제가 원하는 것

예수님,
제가 원하는 것은
점점 더 많이
모든 것을 주님께 포기하는 것입니다.
가면 갈수록
제가 어디로 가는지 더 모르겠습니다.
저를 인도하시고
완전히 다스리소서.

_토마스 머튼(Thomas Merton) 1915-1968, 미국의 수도사, 사회운동가

주님 안에서

주여, 저희 눈에는 아무것도 보이지 않습니다.
주여, 우리와 같이 행하시며,
또 주무시지 않고
또 멀리 가시지 않으심을
어떻게 알 수 있습니까?

주님, 빙그레 웃으시며,
"내 안에서 살아라."

_이용도 1901-1933, 부흥사

사랑을 품은 정의

주님! 오늘도 우리는 이웃을 사랑하게 해 달라고 기도합니다.
'사랑'이라고 말할 때 우리는
인격적 만남과 따뜻함을 느낍니다.
하지만 언제부터인가 '사랑'은
내면적이고 개인적 감정을 표현하는 단어가 되었습니다.

주님! 우리는 오늘도 이 사회에서 소외된 이웃을 생각하며
'사랑'을 위해 기도합니다.
하지만 '사랑'을 위해 기도할 때
우리는 자주 부드럽고 따스한 마음이 배제된 채
냉정한 사회적 참여를 향하고 있습니다.

주님! 당신에게서 사랑과 정의가 일치하는 것을 봅니다.
우리의 마음과 행위에 사랑과 정의가 함께하며
정의에 사랑이 더해지기를 바랍니다.
우리의 기도가 '사랑을 품은 정의'가 되기를 소망합니다.

_김치영 1925-2000, 목사, 신학자

오직 당신의 영광만이

사랑의 아버지, 저희의 삶과 선행을 보는 사람들이 저희가 아니라 저희 안에 계신 아버지를 찬양하고 높이게 하소서. 저희의 악행이나 잘못으로 인해 누군가 상처받고 그로 인해 아버지를 욕되게 하지 않도록 저희를 도우소서. 세상 것이든 영원한 것이든 아버지의 이름을 높이는 데 필요 없는 것을 구하지 않도록 저희를 막아 주소서. 만일 그런 것을 구하거든 그 어리석은 기도를 듣지 마소서. 저희가 하나님의 참된 자녀로 인정받도록, 그리고 아버지의 이름이 저희 때문에 망령되게 불리지 않도록 저희 삶을 지키소서.

_마르틴 루터(Martin Luther) 1483-1546, 종교개혁자

이해하기 어려운 하나님

전능하신 하나님,
성부, 성자, 성령 삼위일체로
하나님을 이해하는 바른 방법이 무엇인지 저는 알 수 없습니다.
그토록 많은 세월 동안 읽고 생각하며 탐구했지만
하나님의 제한 없는 본성은 점점 더 설명하기 어렵게 느껴지고
하나님의 완전한 영광은
점점 더 밝고 접근할 수 없게 느껴집니다.

연구하면 할수록 무지만을 확인할 뿐.
처음 믿을 때보다 지금의 제가
주님에 대해 더 모르는 것 같습니다.
하나님께 어떻게 해야 옳은지도,
하나님에 대해 어떻게 이해해야 옳은지도 모르겠습니다.
주님의 본성은 갈수록 신비입니다.
하지만 저희는 주님의 영광을 봅니다.
온 세상의 피조물 안에서
그리고 인간 본성을 구속하고 갱신시키는 역사 속에서!

_수산나 웨슬리(Susanna Wesley) 1669-1742, 존 웨슬리의 모친

맑고 아름답게

아름다운 하나님,
이 아름다운 세계에 저희를 보내 주시니
감사드립니다.
하지만 저희의 마음은 오염되고 굳어져
이 아름다움을 깨닫지 못합니다.
저희 마음을 씻어 주시고 녹여 주소서.
일에 묶이지 않게 하시고,
자주 멈추어 아름다움을 느끼게 하시며
그 속에서 아버지를 만나게 하소서.
이 만남이 지속되어
저희가 맑고 아름다운 삶에 이르게 하소서.
백합같이 맑게 살도록
그리하여 진정한 행복을 맛보며 살도록
그리하여 만나는 사람에게마다
맑고 깨끗한 아름다움을 느끼게 해주도록,
저희를 도와주소서.

_김영봉 목사

이런 사람이 되게 하소서

주여, 이런 사람이 되게 하소서.

한 마디의 말이 약속 어음으로 대용되는 사람, 의지가 돌같이 굳고 무거워서 작은 일에나 큰 일에 마음이 흔들리지 않는 사람, 무슨 일이든지 일정한 연구와 의견을 가지고 있으면서 앞으로 발전해 가는 사람, 작은 일에도 큰 일처럼 충성스럽게 실행하는 사람, 자기 개인을 위한 야심이 아니라 인류와 사회와 이웃을 위하여 큰 포부로써 봉사하려는 마음이 불타는 사람, 용기와 과단성과 적극성을 가진 사람, 좋은 기회를 놓치지 않고 민첩하게 행동하여 자기가 해야 할 일을 유감없이 행하는 사람, 많은 사람 가운데 가서도 자기의 의지와 개성을 잃지 않고 뚜렷이 드러낼 수 있는 사람, 아무리 낮고 천한 직업이나 노동이라도 부끄러워하거나 열등감을 갖지 않고 떳떳이 일할 수 있는 사람, 일을 하다가 실패를 거듭해도 불평과 낙망을 하지 않고 씩씩하고 기쁜 마음으로 인내할 수 있는 사람, 경건하고 깨끗한 마음을 가진 사람, 겸손하고 지혜로운 사람, 모든 일을 반석 같은 믿음으로써 이끌어 가는 사람! 주여, 이런 사람이 되게 하소서.

_김용기 1909-1988, 가나안농군학교 창립자

제 손을 펴 주소서

사랑하는 하나님,
모든 것을 스스로 계획하며 살고 싶습니다.
제 자신의 운명의 주인이 되고 싶습니다.
하지만 저는 주님의 말씀을 알고 있습니다.

"내가 너의 손을 잡고 너를 이끌어 가게 하라.
나의 사랑을 받아들여라.
그리고 믿어라.
내가 너를 이끌어 가는 곳이
네 마음 깊은 곳에 자리한 소망들이
이루어질 곳이라는 것을."

주님, 주님의 사랑의 선물을 받아들일 수 있도록
제 손을 열어 주소서.
제 손을 펴 주소서.

_ 헨리 나우웬(Henri Nouwen) 1932-1996, 가톨릭 신부

저는 거지입니다

주여! 채워지기를 갈망하는 빈 배를 보소서. 내 주여, 채우소서. 제 믿음이 연약하오니 강하게 하소서. 사랑에 굶주려 있으니 주님의 사랑으로 배부르게 하시고, 그 사랑이 저를 통해 이웃을 향해 나아가게 하소서. 저는 믿음이 그다지 강하지도 굳건하지도 않습니다. 때때로 의심하기도 하고 주님을 전적으로 신뢰하지도 못합니다. 오 주여, 저를 도우소서. 제 믿음을 강하게 하셔서 주님을 신뢰하게 하소서. 주님 안에서 제 모든 보화를 버렸습니다. 저는 거지입니다. 그러나 가난한 자들을 위해 오신 주님은 부요하십니다. 저는 죄인입니다. 그러나 주님은 의로우십니다. 제 안에는 죄악이 가득합니다. 그러나 주님께는 의로움만이 가득합니다. 받기만 하고 드릴 수는 없는 저는 주님 안에 머물러 있으렵니다.

_마르틴 루터(Martin Luther) 1483-1546, 종교개혁자

하늘을 보게 하소서

전능하신 하나님, 저희는 그림자와 같은 이 헛된 목숨을 위해 많은 것을 구하고 있습니다. 저희에게 필요한 것을 하나님께서 넉넉히 공급하지 않으시면 저희는 한 순간도 살 수 없습니다. 하오니, 저희로 하여금 당신의 그 많은 은혜를 누리게 하시고 마음을 높이 들어올려 하늘의 생명을 열망하게 하소서. 주님은 복음을 통하여 친절하고 달콤하게 매일같이 하늘 생명으로 저희를 초청하십니다. 하늘 나라에 이를 때 저희는 당신의 아들 우리 주 예수 그리스도의 보혈을 통해 저희에게 마련된 그 완전한 복을 누리게 될 것입니다.

_장 칼뱅(Jean Calvin) 1509-1564, 프랑스의 신학자, 종교개혁자

제 목을 꺾어 주소서

아버지, 주제넘은 못된 교만의 목을 꺾어 주시고 비둘기 같은 겸손한 자세로, 죄인의 괴수로, 주님 앞에 엎드릴 수 있게 하여 주옵소서. 가장 큰 하나님의 일을 하는 것처럼 권세를 가지고 다메섹으로 올라가던 사울의 목을 꺾어 길바닥에 넘어져 눈을 보지 못하도록 만들어 새로 창조해 주신 아버지시여, 이 교만덩어리의 자식들이 주 앞에 무릎을 꿇었습니다. 용서하여 주옵소서. 인간의 생각으로 보아도 저희는 감히 머리를 들 수 없는 것들이 아닙니까? 백성으로 백성 구실한 것도 없고, 자식으로 자식 구실한 것도 없고, 부모로서 부모 구실을 한 것도 없습니다. 이러면서 뭐 잘났다고 뽐내고, 나는 너보다 낫다고 이러는지 도무지 알 수가 없습니다. 아버지, 목을 꺾어 주시옵소서. 당신 앞에 무릎을 꿇게 하여 주시옵소서. 그리해서 당신이 직접 주시는 성령의 생명을 받게 해주시옵소서.

_이호빈 1898-1989, 목사, 강남대학교 설립자

주님께 찾아지도록

오 주님 예수여,
상황이 좋을 때면
저는 주님을 닮는 것 외에 아무것도 바라지 않습니다.
하지만 상황이 그렇지 않은 때도 있습니다.…
주님의 길을 따르는 삶이 얼마나 좋은 것인지
저로 하여금 알게 하소서.
제가 주님을 찾는 동안
제가 주님께 찾아지게 하소서.
주님, 사랑합니다.

_리처드 포스터(Richard Foster) 미국의 신학자

바로 접니다

그 어린애를 치어 죽인 운전수도
바로 저구요,

그 여인을 교살한 하수인도
바로 저구요,

그 은행 갱 도주범도
바로 저구요,

실은 지금까지 미궁에 빠진 사건이란
사건의 정범(正犯)이야말로
바로 저올시다.

범행 동기요, 글쎄?
가난과 무지와 역사의 악순환,
아니, 저의 안을 흐르는 '가인'의 피가
저런 죄를 저질렀다고나 할까요?
저런 악을 빚었다고나 할까요?
이제 기꺼이 포박을 받으며

고요히 교수대에 오르렵니다.

최후에 할 말이 없냐구요?
솔직히 말하면 죽는 이 순간에도
저는 최소한 3천만과 공범이라는
이 느낌을 버리지 못해
안타까운 것입니다.

_구상 1919-2004, 시인

죽지 않도록

죽지 않도록
저로 죽게 하소서.

두려워하지 않도록
저로 두려워하게 하소서.

울지 않도록
저로 통곡하게 하소서.

의심하지 않도록
저로 의심하게 하소서.

흔들리지 않도록
저를 뒤흔드소서.

깨지지 않도록
저를 깨뜨리소서.

_김영봉 목사

주님 주시는 꿈

주님, 제가 제일 좋아하는 꿈이 무엇인지 아시지요? 제 자신의 삶을 장악하려는 꿈과 다른 사람을 다스리려는 꿈입니다. 주님은 이 꿈을 흩어 버리십니다. 그런 다음, 그 꿈과는 비교할 수 없이 좋은 것을 주십니다. 주님께서 저를 다스리시는 비전! 주님께서 저를 구속하시는 비전! 기도합니다. 제 마음에서 불신앙을 없애 주시고 주님의 자비로써 믿음을 주소서.

_유진 피터슨(Eugene Peterson) 미국의 신학자

사랑을 가르치소서

진정으로 서로 사랑하는 법을 가르쳐 주소서.

아들아, 사랑한다는 것은 그리 쉬운 일은 아니다.
누군가를 진정으로 사랑한다고 믿고 있지만
이것은 곧잘 자기를 사랑하고 있음에 불과하다.
때문에 모든 것이 허물어지고 모든 것이 파괴된다.
사랑한다는 것은 서로 만난다는 것이다. 그러기 위해서는
자신의 담 밖으로 뛰쳐나와서 그 사람을 앞서가야만 한다.
사랑한다는 것은 서로의 마음이 통한다는 것이다.
그러기 위해서는 그 사람을 위해 자신을 잊어야 하고
그 사람을 위해 완전히 자기를 죽여야 한다.
아들아, 사랑한다는 것은 고통이라는 것쯤, 너도 잘 알리라.
아담과 하와의 범죄 이후, 잘 들어 두어라, 사랑한다는 것은
사랑하는 사람을 위해 자신을 십자가에 못박는 것이다.

_미셸 끄와(Michel Quoist) 프랑스의 신부, 작가

임의 영광

그리워,
임의 영광 그리워!
그 영광의 얼굴, 그리워.
그 영광의 목소리, 그리워.
그 영광,
내 얼굴 비추소서.
내 가슴 흔드소서.
그 영광을 내가 입고,
내가 찬송하고 싶어.
아아, 그 영광, 그 영광!
나를 둘러싸소서,
감추소서,
삼키소서!
나를 녹여 버리소서!
영광, 영광!
아아,
그 영광!

_함석헌 1901-1989, 사상가

하나님 앞에 설 때

오 하나님, 하나님 앞에 엎드리는 것이 실은 제대로 서는 것이요, 하나님을 아는 것이 실은 제 자신의 현재 모습과 찾아야 할 참 모습을 아는 것입니다. 하오니 우리 자신에 대한 모든 헛된 생각에서 구원하시어 하나님의 심판과 자비 아래에서 우리 자신을 찾게 하소서.

_라인홀드 니버(Reinhold Niebuhr) 1892-1971, 미국의 신학자

자비심을 구하는 기도

사랑의 하나님, 참된 복종을 허락하소서. 세상 것이든 영원한 것이든 모든 것을 온전히 포기하게 하소서. 중상, 모략, 판단, 정죄 같은 잔인한 악을 멀리하게 하소서. 혀로 행하는 큰 불행과 해악을 저희로부터 멀리하소서! 무고하게 헐뜯는 소리를 다른 사람에게서 들을 때 감추고 침묵하는 법을 가르치소서. 오직 아버지께만 털어놓게 하시고 모든 것을 아버지 뜻에 맡기게 하소서. 그렇게 함으로 저희에게 잘못한 사람들을 기꺼이 용서하고 사랑할 수 있게 하소서.

_마르틴 루터(Martin Luther) 1483-1546, 종교개혁자

영을 주소서

주님, 저희의 새로운 순례를 위해
주님이 가지셨던 제사장의 영을 허락하소서.

하나님을 경외하는 영, 회개의 영, 죄로써 거룩하신 하나님을 욕되게 하기를 두려워하는 성결과 순결의 영, 믿음의 영, 기도를 사랑하는 영, 정결의 영, 단호한 자기 훈련의 영, 지식과 지혜의 영, 형제애의 영, 시기와 분쟁을 뛰어넘는 화해의 영, 기쁨과 확신의 영, 관대함과 대범함의 영, 순종과 인내의 영, 당신의 십자가를 사랑하는 영을! 당신의 제사장의 영을 저희에게 주소서.

_칼 라너(Karl Rahner) 1904-1984, 독일의 예수회 신부, 신학자

하나님을 부정하면

하나님, 저희로 깨닫게 하소서. 하나님 없이 살게 되면 저희 자신도 잃는 것임을, 하나님께 '아니오' 하는 것은 저희 자신을 부정하는 것임을.

하나님께서 저희에게 주시는 것이 상이든 벌이든, 저희가 거리낌없이 잘못을 저지를 수는 없습니다. 하나님의 세계에서 작용하는 법은 곧 저희 안과 주변에서도 작용하기 때문입니다.

저희 각자에게 참된 자각을 주시어 하나님의 뜻을 행하도록 하소서. 아버지께 순종하여 그 뜻을 행하는 것이, 먹는 것처럼 하지 않을 수 없는 선택임을 알게 하소서. 먹지 않기로 선택하는 것은 자유입니다만 그렇게 되면 살 수도 없습니다. 아버지께 순종하지 않는 것은 자유입니다만 그렇게 되면 스스로를 해하는 것입니다. 아버지의 빛을 거슬러 살아가는 것이 얼마나 어리석은지 저희로 분명히 알게 하소서. 아버지의 빛 안에 살 때 참으로 잘 살게 되기 때문입니다. 우리 주 예수 그리스도의 은혜와 자비로 기도합니다.

_피터 마샬(Peter Marshall) 1902-1949, 미국의 목사

마음을 열도록

능력의 주님,
주님의 말씀을 듣고
주님의 사건들을 목격하고
놀란 적이 한두 번이 아닙니다.
그러면서도
내 속에는 불신앙이 도사리고 있습니다.
나의 선입관으로
당신을 향한 신앙의 자리를 막고 있는
어리석음도 있습니다.
당신의 말씀과 능력을 향해
내 마음을 열어 놓게 하시고,
당신의 사건을 오늘도 경험하게 하소서.

_김지철 신학자, 목사

언약의 기도

복되신 주님, 헌신의 제단 앞에서 오락가락하는 저를 보십시오. 저는 확고한 기도의 습관을 가지기 원합니다. 적어도 지금 당장은 이것이 저의 바람입니다. 2주일 후에도 같은 바람을 가지고 있을지 저는 자신할 수 없습니다. 주님과 지속적인 교제 없이는 제가 거룩한 복종에 이를 수 없음을 압니다. 그래서 약속합니다. 기도와 묵상과 영적 독서를 위해 할 수 있는 한 지속적으로 시간을 할애하기로! 이 언약을 지킬 수 있도록 저를 강하게 하소서. 주님과의 사귐을 즐거워할 수 있도록 저를 도우소서. 그러면 제가 주님께 더 자주 나가고 싶어할 것입니다. 주님의 이름으로, 주님을 위해 이 언약을 맺습니다.

_리처드 포스터(Richard Foster) 미국의 신학자

고쳐 주소서

거룩하신 하나님,
우리의 신앙은 세속주의와 상업주의로 오염되어
그 본래의 기능을 잃어 가고 있습니다.

베풀려는 것보다는
더욱 챙기려 하고,
제단과 제물은 있으나
희생은 없습니다.
교리와 의식은 있는데
생동하는 숨결은 없으며,
감동적인 말의 잔치는 있으나
행동하는 삶은 없습니다.

주여,
우리의 오염된 심령을 정화시켜 주시어
그 허세와 과시가 아니라
일상적인 작은 일부터의 성실함이 있게 하옵소서.

_김성렬 목사

곧고 가볍게

이 몸과 맘을 곧게 하소서.
오늘 하루의 삶이 힘껏 당겨진 활시위처럼 팽팽하게 하시고,
힘껏 쏜 화살처럼 곧게 나아가게 하소서.
외로움을 알게 하시고
외로움 속에서 은혜를 깨닫게 하소서.

이 몸과 마음에 사랑이 가득하게 하소서.
오늘 하루의 삶이 사랑으로 가득 차서,
바람이 가득한 자동차 바퀴처럼
가볍게 하소서.
나누고 섬기는 일이 기쁨이 되게 하시고
남을 위해서 몸과 마음이 가볍게 하소서.

_박재순 신학자

고난의 종

오, 멸시받고 거부당하셨던 고난의 종이시여,
제가 친구들에게 모욕당하거나
윗사람들에게 무시당하거나
동료들에게 비웃음을 사거나
혹은 아랫사람들에게 수치스러운 대접을 받을 때,
아버지의 거룩한 순교자
예수 그리스도와 함께 이렇게 외치게 하소서.
"이제, 내가 그리스도의 제자가 되기 시작하는구나!"
그런 다음,
제가 제자로서 성장하도록 돕는 모든 은혜의 수단들을
아버지의 온유하고 겸손한 성령 안에서
감사하게 받아들이고
신실하게 사용하게 하소서.

_존 웨슬리(John Wesley) 1703-1791, 영국의 목사, 감리교 창시자

얼굴을 맞대고

오 내 삶을 다스리시는 주님,
제가 날마다 당신 앞에서 얼굴을 맞대고 서 있어도 될까요?
온 세상을 다스리시는 주님,
두 손을 모으고 당신 앞에서 얼굴을 맞대고 서 있어도 될까요?
당신의 크신 하늘 아래서 홀로 잠잠히
겸손한 마음으로
주님과 얼굴을 맞대고 서 있어도 될까요?
주님 소유하신 이 고단한 세상에서,
고역과 갈등으로 어지러운 세상에서,
분주하게 사는 군중 사이에서,
주님과 얼굴을 맞대고 서 있어도 될까요?
이 세상에서 제 일이 모두 마무리되거든,
오 왕의 왕 되신 주님,
그저 홀로 말없이
당신과 얼굴을 맞대고 서 있어도 될까요?

_라빈드라나드 타고르(Rabindranath Tagore)
1861-1941, 인도의 사상가, 시인, 종교인

이 신비를

주님을 생각할수록
마음에 차오르는 이 신비감, 마음을 압도하는 이 흥분!

아 주님, 주께 대한 생각이 제게 어찌 그리도 많은지요!
주께 대한 생각이 제게 어찌 그리 기쁜지요!

이 신비, 이 흥분, 이 기쁨을 나누고 싶습니다.
이것을 모르고 사는 삶은 죽은 것이나 다를 바 없습니다.
그들을 생각하면 안타깝고 답답합니다.

아, 그러나 더 답답한 것은
이 간절한 열망을 제 머리와 입과 몸이
따라가지 못한다는 사실입니다.

아 주님, 제게 용기를, 지혜를, 구변을 주소서.
이 가슴 벅찬 신비를 나누게 하소서.
이 기쁨을 전하게 하소서.

_김영봉 목사

하나님밖에는

오 만군의 하나님,
얼굴을 돌려 저희를 보소서.
그래야 저희가 안전하겠습니다.
인간의 영혼이 주님말고 다른 곳으로 얼굴을 돌린다면
어디를 가나 괴로움을 만나게 됩니다.
겉으로 아무리 아름다워 보인다 해도
하나님 아닌 다른 것을 택한다면
그것은 곧 재앙을 택하는 것입니다.

_아우구스티누스(Augustinus) 354-430, 철학자, 사상가

죽음에 이르는 병

하늘 아버지, 믿는 사람들은 자주 아프거나 슬픔에 빠져 있는 형제 자매들을 위해 중보의 기도를 올립니다. 누가 치명적인 병을 앓기라도 하면 특별한 기도를 올리곤 합니다. 기도하오니, 저희 각 사람에게 은혜를 베푸시어 '죽음에 이르게 하는 병'이 무엇인지를 아직 시간 있을 때 알게 하소서. 또한 이 병을 앓지 않는 사람은 하나도 없음을 깨닫게 하소서. 오 주 예수 그리스도시여, 당신은 이 병을 고치러 오셨습니다. 저희 모두가 알고 있는 이 질병, 하지만 자신이 병자라는 사실을 인정하는 사람만이 당신께 치유받을 수 있는 이 질병. 주님, 저희가 이 병에서 완전히 치유될 때까지 주님을 붙잡게 하소서. 오 성령 하나님이시여, 당신도 이 질병에 빠져 있는 저희를 도우러 오십니다. 저희가 정직하게 인정만 하면 치료받을 수 있는 이 병! 성령이시여, 저희와 함께 거하시어 한 순간이라도 치료자를 떠나 멸망에 빠지지 않게 하소서. 그분을 꼭 붙들어 이 질병에서 구원받게 하소서. 그분과 함께 있는 것이 이 질병에서 치료받는 것입니다. 그분과 함께 있을 때 저희는 모든 질병에서 구원받게 됩니다.

_쇠렌 키에르케고르(Søren Kierkegaard)
1813-1855, 덴마크의 철학자, 신학자

기도에 힘쓰도록

전능하신 하나님, 주님께서는 복음을 통해 주님을 찾도록 저희를 끊임없이 초청하실 뿐 아니라 주님의 아들을 중보자로 주셔서 하나님께 이르는 길을 활짝 열어 주셨습니다. 이로써 저희는 호의를 베푸시는 아버지 하나님을 만날 수 있습니다. 오 하나님, 살아가는 동안 아버지의 친절한 초청에 의지하여 기도에 더욱 힘쓰게 하소서. 수많은 악이 사면에서 공격하고 곤궁함으로 인해 짓눌릴 때 하나님을 더욱 간절히 부르게 하소서. 그것으로 인해 기도에 지치지 않도록 도우소서. 저희 기도를 들으시고 마침내 영원한 나라에 이르게 하시어 하나님께서 약속하셨고 복음을 통해 매일 들려 주시는 그 구원을 영원히 누리게 하소서. 영원한 나라에서 그분의 지체인 저희가 독생자와 영원히 연합하게 하소서. 그 곳에서, 그분이 죽음을 통해 얻어 놓으신 모든 복에 참여하게 하소서.

_장 칼뱅(Jean Calvin) 1509-1564, 프랑스의 신학자, 종교개혁자

옛 것과 새 것

영원하신 하나님,
옛 것을 귀하게 여기는 마음과 함께
새 것을 탐구하는 마음을 주소서.
옛 노래, 옛 미덕, 옛 친구들을 계속 사랑하게 하시되
새로운 사상, 새로운 시대,
제가 참된 모습으로 변화할 새로운 기회가 주는 충격을
반기게 인도하소서.

_리처드 웡(Richard Wong) 재미 중국인 목사

고난 중에 있는 자들을 위해

주님, 간구하오니
저희를 도우시고 보호하소서.
핍박받는 사람들을 건지소서.
무시당하는 사람들을 불쌍히 여기소서.
넘어진 사람들을 일으키소서.
궁핍한 사람들에게 당신을 보이소서.
아픈 사람들을 고치소서.
곁길로 나갔던 당신의 백성들을 돌아오게 하소서.
굶주린 사람들을 먹이소서.
약한 자들을 높이소서.
옥에 갇힌 사람들의 결박을 푸소서.
모든 민족이
당신 홀로 하나님이시며
예수 그리스도가 하나님의 아들이시며
저희는 하나님의 백성이고
당신께서 기르시는 양임을
알게 하소서.

_로마의 클레멘스(Clemens of Rome) ?-96, 초대교회 교부

나의 어리석음

'호기심'을 지식에 대한 열망으로 알고 방치하지만
참된 지식은 주님께 있습니다.
'무지'와 '어리석음'을
단순함과 순수함으로 여기고 자랑하지만
실은 주님 안에 사는 것처럼 단순한 것은 없습니다.
주님처럼 순수한 분이 없습니다.
그러나 악한 사람의 순수한 행동은
자신에게조차 해를 끼칠 뿐입니다.
저는 '게으름'을
조용한 삶에 대한 동경심으로 합리화시키지만
주님과 떨어져 있는 한, 참된 쉼이란 있을 수 없습니다.
'사치'를 풍요로움과 만족함으로 이름짓고 누리지만
주님만이 참된 풍요로움이요,
소멸되지 않는 만족감의 원천이십니다.
'낭비'를 너그러운 것이라고 우기지만
주님만이 모든 좋은 것을 주시는 분이십니다.
'탐욕' 때문에 많은 재산을 추구하지만
실은 모든 것을 소유한 분은 주님뿐입니다.
'시기심'을 탁월함에 대한 열망으로

착각하고 노력하지만

참된 탁월함은 주님 안에만 있습니다.

분노 때문에 '복수'를 꿈꾸지만

복수는 공의로우신 주께만 속해 있습니다.

제가 사랑하는 것에 '갑작스러운' 피해를 입으면

두려움이 생깁니다.

하지만 주님께는 갑작스러운 일이 하나도 없습니다.

주님이 사랑하시는 것을

앗아 갈 사람은 존재하지 않습니다.

주님 외에 다른 안전 지대는 없습니다.

제가 탐하는 물건을 잃었을 때

몹시 안타까워하는데,

이것도 역시 아무것도 잃어버리지 말고 살려는

헛된 바람 때문입니다.

아무것도 잃어버리지 않는 분은

오직 주님뿐입니다.

_아우구스티누스(Augustinus) 354-430, 철학자, 사상가

생각

하나님,
오늘도 저는 본능의 어두운 동굴에서 헤맵니다.
욕심과 미움과 노여움으로
스스로 상처를 받으며 헤매는
가련한 인생입니다.

저만 생각하는 어리석고 못난
제 영혼의 캄캄한 동굴 속에
깨달음의 빛을 비추어 주소서.

다른 사람을 보게 하시고
다른 사람을 알게 하시고
다른 사람을 느끼게 하소서.

_박재순 신학자

용서하소서

오 하나님, 저를 용서하소서. 제 차가운 마음을, 비겁함을, 시간 낭비한 것을, 교만을, 제 고집을 더 좋아하는 것을, 제 연약함과 성실치 못함을, 제 생각의 혼란을, 주님의 임재를 자주 잊는 것을! 용서하소서. 저의 죄를 용서하소서. 제가 범한 모든 허물을, 특별히 주님을 믿은 이후에 범한 죄들을! 주님께서 주신 많은 은혜를 감사드립니다. 나의 주, 나의 하나님, 오셔서 저를 도와주소서. 저를 믿게 하기 위해 주님은 제게 은혜를 비처럼 부어 주셨습니다. 지금도 주시는 주님의 은혜를 사용하여 제게 기대하시는 일을 이루게 하소서. 주님은 자격 없는 저를 한없는 사랑으로 부르시어 일을 맡기십니다. 나의 하나님, 우리 주님 예수 그리스도를 위해 제 마음을 당신께 돌려주소서. 하나님은 "이 돌들로도 아브라함의 자손을 일으키시는" 분입니다. 하나님은 피조물에 전능하신 분이며, 저를 통해 모든 일을 하실 수 있습니다. 하오니 제게 바른 마음을 주시고, 구하는 자에게 약속하신 그 지혜를 제게 주소서. 제 마음을 바꾸시어 숨이 다하는 날까지 그리고 영원히 하나님께 영광 돌리게 하소서.

_샤를 드 푸코(Charles de Foucauld) 1858-1916, 프랑스의 수도사

깨닫게 하소서

오 주님, 제 믿음이 자라도록 표적과 이적을 보여 달라고 얼마나 기도했던지요! 다메섹으로 가는 바울에게 나타나신 것처럼 제게도 그렇게 해주시기를 바랐습니다. 의심과 망설임을 한순간에 일소할 만큼 분명하게 당신 임재를 직면하기를 바랐습니다.

그러나 주님은 말씀하셨습니다. 제가 알지 못하는 것은 불신앙 때문이라고. 나사렛 사람들이 주님을 목수의 아들로만 보았기 때문에 주님은 그 곳에서 기적을 행하실 수 없었습니다.

오 주님, 제 믿음을 더 깊게, 더 강하게 하셔서 제 곁에 주님이 계시다는 표적을 새로운 눈으로 보고 새로운 귀로 듣게 하소서. 주님이 지금 여기서 행하시는 놀라운 일을 보지 못하는 것은 제 눈이 멀고 귀가 먹었기 때문입니다. 주님은 지금 여기 계십니다. 제자들과 함께 일하실 때처럼 지금도 주님은 이적을 행하십니다. 지금처럼 그 당시에도 어떤 사람은 보았고, 어떤 사람은 보지 못했습니다. 어떤 사람은 들었고, 어떤 사람은 듣지 못했습니다. 많은 사람들이 주님을 너무 잘 '알았기' 때문에 진정으로 알지 못했습니다. 저로 주님을 알아보게 하소서. 제 마음과 정신과 영혼을 모아 "주님은 그리스도시며 살아 계신 하나님의 아들이십니다"라고 고백하게 하소서.

_헨리 나우웬(Henri Nouwen) 1932-1996, 가톨릭 신부

크신 하나님

오오 하나님!
저희로 하여금 하나님의 크심을 깨닫게 하소서.
저희가 구하는 것이면 무엇이든지 들어주시는,
저희와 비슷한, 작은 하나님으로
아버지를 오해하지 않게 하소서.

저희로 하여금 아버지 앞에 무릎 꿇게 하소서.
아버지께서 저희에게서 얼굴을 돌리실 때에도
여전히 하나님은 저희의 아버지이심을 깨닫게 하소서.

아버지께서 저희 기도를 다 들어주시는 것은 좋은 일입니다.
그러나 아버지 뜻에 따라 인도되는 것은 더 좋은 일입니다.
저희로 하여금 아버지께 아무것도 요청하는 것이 없게 하소서.
저희 스스로가 선악을 결정하게 내버려두지 마소서.
그것이 병이든 굶주림이든 헐벗음이든
아버지께서 하시는 일은 모두 선임을 알게 하소서.

_우찌무라 간조 1861-1930, 일본의 기독교 지도자

사랑하도록

주님, 우리는 사랑하기를 원하면서도
사랑이 무엇인지 알지 못했습니다.
그래서 사랑의 이름으로 사람을 해치고
사랑의 이름으로 많은 사람들의 가슴에 못을 박곤 합니다.

나폴레옹은 오직 자신의 야욕을 위하여
수많은 사람들을 죽였음에도 불구하고
그토록 프랑스 국민을 사랑했노라고 강변하였습니다.
그리고 프랑스 사람들은 그의 말을
의심없이 받아들이고 있습니다.

이처럼 사랑이 왜곡되고 있는 이 시대에
하나님 아버지께서 저희들을 사랑하시사 불러 주시고,
예수 그리스도께서 사랑의 실체가 무엇인지를
일일이 일깨워 주시고,
성령님께서 그 사랑의 삶을 본받아 살아갈 수 있게 하시니
감사드립니다.

주님,
진정으로 사랑하며 살아가는 그리스도인이 될 수 있도록
도와주시옵소서.
내가 내 몸을 불사르게 내어준다 할지라도
사랑이 없으면 내가 아무것도 아니요
내게 아무 유익이 없다는 성경 말씀을
가슴 속에 새기게 도와주시옵소서.

이 세상을 떠나는 날, 사랑하지 못한 것 때문에
눈물 흘리며 주님 앞에 서는 자가 되지 않게 하시옵소서.
주님 앞에 서는 날, 이만큼 사랑했노라고
당당하게 설 수 있는 그리스도인이 되게
도와주시옵소서.

우리의 그 사랑으로 인하여
많은 사람들이 생명을 얻게 도와주시고,
사랑을 딛고 선 우리의 일거수 일투족을 통해
주님께서 이 땅에 성취하기 원하시는 사랑의 역사가
날마다 이루어 가게 도와주시옵소서.

_이재철 목사, 저술가

낭비의 죄

오 하나님, 아버지께서 복 주셔서 모든 것이 풍요로운 이 땅에서 아버지의 백성인 저희들은 낭비하며 살았습니다. 용서하소서, 이 땅의 보화들을 낭비했고 토양의 기운을 훔치고는 되돌려 주지 않았습니다.

더 심각한 것은, 저희 자신을 낭비한 것입니다. 아버지께서 허락하지 않으시는 일에 힘을 낭비했습니다. 가치 없는 일에 재능을 낭비했고, 사랑할 만하지 않은 것을 사랑하느라 사랑의 능력을 낭비했습니다. 만족을 주지 못할 일에 돈을 낭비했고 아무 유익 없는 일에 시간을 낭비했습니다.

저희가 낭비한 모든 일을 용서하소서. 탕자에게 그러셨던 것처럼 저희로 제 정신이 들게 하시어, 아버지께 돌아가 용서받고 회복되게 하소서.

_피터 마샬(Peter Marshall) 1902-1949, 미국의 목사

유혹을 이기게 하소서

사랑의 아버지, 저희에게는 세 종류의 유혹자가 있습니다. 육신, 세상 그리고 사탄입니다.

간구합니다. 육신의 정욕을 물리치게 하소서. 지나치게 먹고 마시지 않게 하시고 과도한 잠에 빠지지 않게 하소서. 게으름을 물리치게 하소서.

금식하게 하시고, 먹는 일에 조심스럽게 하시고, 소박하게 입게 하시며, 몸을 잘 관리하여 선한 일에 유용하고 알맞게 되도록 저희를 도우소서.

그리스도의 도움으로 육신의 모든 지향과 욕구들을 그 모든 열망과 유혹과 함께 십자가에 못박아 죽이게 하시어 유혹에 굴복하거나 넘어가지 않게 하소서.

아름다운 사람이나 사물을 볼 때 유혹에 빠지지 않게 하시고, 도리어 그 피조물의 아름다움을 보고 하나님을 높이고 찬양하게 하소서.

귀에 듣기 좋은 소리를 들을 때, 혹은 사랑스러운 물건을 볼 때 탐욕이 생기지 말게 하시고 찬양과 영광을 드러내게 하소서.

_마르틴 루터(Martin Luther) 1484-1546, 종교개혁자

주께 감사

주님, 이제야 주께서 일하시는 법을 깨닫습니다. 주님은 제 수준까지 낮아지시어 제 어려움을 해결해 주심으로 제가 주님의 수준까지 올라가 그 영광을 함께 누리게 하십니다. 주님, 제가 있는 낮은 곳까지 내려오시어 주님 계신 높은 곳까지 저를 끌어올리신 그 오래 참으심에 감사드립니다.

_유진 피터슨(Eugene Peterson) 미국의 신학자

다 바쳐지도록

전능하신 하나님, 당신의 법으로 저희 삶이 형성되기를 당신은 원하십니다. 말씀을 통해 당신이 기뻐하시는 것이 무엇인지 저희에게 가르쳐 주십니다. 이로써 저희가 확신 없이 방황하지 않고 하나님께 복종하게 하셨습니다. 오 하나님, 저희로 당신께 전적으로 복종하게 하소서. 우리 모든 삶과 모든 활동뿐 아니라 이해하고 생각하는 모든 것까지 제물로 바칩니다. 영적으로 하나님을 섬김으로 당신 이름을 영화롭게 하게 하소서.

_장 칼뱅(Jean Calvin) 1509-1564, 프랑스의 신학자, 종교개혁자

영원을 향하는 걸음

아버지,
하늘을 쳐다보느라
제 발이 헛딛지 않게 하소서.
헛딛지나 않을까 조심하느라
하늘을 잊지 않게 하소서.
항상 하늘을 바라보되
한 걸음 한 걸음
정성을 다해 걷게 하소서.

제 걸음 걸음이
하나님과 함께 걷는 걸음이게 하시고
그렇게 함으로
천국의 땅을 걷고 있음을 알게 하소서.

제 눈을 뜨게 하시어,
이 땅이 천국이고 지금이 영원이며
이생이 영생임을 깨닫게 하소서.

_김영봉 목사

탐욕으로부터 보호하소서

하나님 아버지, 이 세상의 부를 얻으려는 타락한 욕구와 탐욕으로부터 저희를 지켜 주소서. 이 세상의 권력과 영예를 구하려는 마음을 없애 주시고 세상 풍조에 물들지 않게 하소서. 변덕 심한 이 세상으로부터 저희를 보호하시어 속임수에 넘어가고 부에 매료되어 세상을 따르지 않게 하소서.

_마르틴 루터(Martin Luther) 1483-1546, 종교개혁자

하나님의 백성답게

여호와 하나님,
모든 세상 사람들이 우리를 바라볼 때
부끄러움을 느끼고,
우리를 바라볼 때 깊이 반성하고,
우리를 바라볼 때 깊이 존경할 수 있는
하나님의 백성이 되게 해주십시오.

지금까지 우리들이 살아온 모습들을 보면
세상 사람들이 조소하고 침 뱉는,
멸시의 대상으로밖에 서 있지 못했습니다.
용서해 주시기 기도합니다.

우리의 낮은 생활 습관을 다 떨쳐 버리고
좀더 하나님의 백성으로서 높은 위치에 서서
당당하고 굳세게 살아갈 수 있도록
우리를 축복해 주시옵소서.

_임영수 목사

평화를 구하는 기도

주여, 권력이 커지는 만큼 분별력도 함께 커지도록, 과학 지식이 발전하는 만큼 지혜도 함께 자라도록, 부와 권력이 커지는 만큼 인간성도 함께 발전하도록 인도하소서. 모든 인종이 우정으로 연대하여, 정의와 자유와 평화의 길을 걷게 하려는 우리의 간절한 의지에 복 주소서. 특별히 기도하는 것은, 저희의 방법이 항상 주님의 방법과 일치하지 않는다는 것과, 저희가 주님의 신비로운 섭리를 완전히 볼 수 없다는 것과, 지금 불고 있는 폭풍이 주님의 뜻과 섭리를 드러낼 것이라는 사실을 저희로 알게 하소서. 모든 사람들에게 자비로우신 거룩하신 하나님, 이 우주적 폭풍의 번갯불 안에서 주님의 얼굴을 보게 하소서. 평화를 찾을 만한 곳에서 평화를 찾도록 허락하소서. 오 하나님, 우리의 평화는 주님 뜻 안에 있습니다.

_토마스 머튼(Thomas Merton) 1915-1968, 미국의 수도사, 사회운동가

성경과 자연과 가정

은혜로우신 예수여,
저희도 주님을 따라
이 세 가지에서 하나님을 찾고
온전한 성품의 발육을 꾀하게 하소서.

책을 많이 읽지 않은 것으로 부끄러워할 것이 아닙니다.
학문이 적음으로 부끄러워할 일도 아닙니다.
오직 하나님이 주신 것에 만족하고
성경 한 권에서 하나님의 뜻을 찾고
자유로운 자연에서 하나님의 능력을 읽고
날마다의 양식을 얻기 위해
매일 종사하는 비천한 노동에서
하나님의 귀중한 은혜를 입게 하소서.
그리하여 저희의 평범한 삶에서
완전하신 하나님께 이르는 길을 찾게 하소서.

_우찌무라 간조 1861-1930, 일본의 기독교 지도자

참된 지식

주님, 주님께 대한 지식을 주시되,
이성으로 얻는 지식이 아닌
영원한 생명으로 이끌 참된 지식을 주소서.
전자의 지식은 논리의 사슬을 따라 추론하는
과학적 방법의 예비적 지식일 뿐입니다.
그것은 학식의 도움으로 이성을 활용하여 얻는 지식입니다.
그것은 소수의 특별한 사람들에게만 가능한
인간의 이성 작용입니다.
그것으로 알 수 있는 것이란, 단지 주님이 우주를 창조하시고
보존하시며 다스리시는 분이라는 사실뿐입니다.

저는 기도를 통해 주님과 자주 그리고 뜨겁게 만나며
참된 지식을 얻기 원합니다.
주님은 성령으로 저의 이성에 역사하십니다.
주님은 저의 마음과 의지와 감정에 자신을 알리십니다.
우리 존재를 지으신 분이라는 사실만이 아니라
치유자라는 사실, 인간 본성을 고치는 분이라는 사실,
저희 영혼이 사랑할 구원자라는 사실을 알게 하십니다.

_수산나 웨슬리(Susanna Wesley) 1669-1742, 존 웨슬리의 모친

죄를 벗게 하소서

네가 죄에 못 이겨 죄를 범하고 죽거나
죄를 이긴 까닭에 죽음을 당하게 되거나
기왕 죽게 될 경우라면
너는 어느 편으로 죽는 것이 낫겠는가?
죄 짓고 사는 것보다
차라리 깨끗한 죽음이
신앙 정절의 기상이 되리로다!

오, 주여!
하루를 살지라도 죄 없는 생활!
백 년의 괴롬이라도 죄 없는 생활!
나는 원하고 또 원하오니
피묻은 그 손으로 나를 도와주소서.
죄 짓고야 이 땅에서 살맛 없사오니
차라리 이 몸을 데려가소서.

_손양원 1902-1950, 목사, 순교자

안식의 길

복되신 주님, 주님의 빈 손 안에 쉬는 일에 저는 그리 능하지 못합니다. 제가 경험한 것 중에 어느것도 그런 쉼을 제게 가르쳐 주지 않았습니다. 지배하는 것, 통제하는 것만 배웠습니다. 쉬는 것이요? 제게는 그에 대한 본보기도, 틀도 없습니다.

하긴, 꼭 그런 것은 아닙니다. 예수님, 바로 주님께서는 예루살렘의 군중 사이를 다니시고 유대 들판을 걸으실 때 이 쉼의 삶을 창안하셨습니다. 주님은 언제나 깨어 계셨고 살아 계셨습니다. 주님은 언제나 아버지의 뜻에 응답하셨습니다. 주님께는 할 일이 많았지만 절대로 서두르지 않고 차근차근 이루셨습니다.

저를 도우시어 주님의 걸음을 걷게 하소서. 주님 보시는 것만 보게 하시고 주님 말씀하시는 것만 말하게 하시며 주님 하시는 일만 하게 하소서. 주님, 제 일이 쉼이 되게 하시고 기도가 쉼이 되게 하소서.

주님의 선하고 강한 이름으로 기도합니다.

_리처드 포스터(Richard Foster) 미국의 신학자

세상을 먹이도록

빵집 앞에 행렬을 지어 선 이는 주여, 당신이십니다.
쓰레기통의 찌꺼기를 먹는 이도 당신이십니다.
배고픔에 시달려 죽은 것도 당신이십니다.
스물여섯 살로 어느 길모퉁이에서
굶주리다 홀로 죽어간 이도 당신이십니다.
그런데 나는 길거리의 큰 홀에 앉아 굶주림의 '굶'자도 모르는
 가족들과 막판 먹고 마시고 했습니다.
그것만 있었으면 당신은 굶어 죽으시지 않았을 텐데…

"…내가 굶주렸을 때…"
주여, 한 순간이라도 나 자신의 봉헌을 잊어버릴 때
이 말씀을 꼭 들려주십시오.
나의 형제들이 그토록 굶주리고 있는데
그들 몇 사람에게만 먹을 것을 주었다 해서 이것으로 족한 게
 아닙니다.
자기 몫도 제대로 받아 먹지 못하는 사람들이 항상 있는데
그들에게 먹을 것을 주려고 싸우는
 일 따위는 이제 그만 해도 된다고 할 수는 없습니다.
주여, 먹을 것을 모든 사람에게 고루 나눠 준다는 것이 그리

쉬운 일은 아닙니다.
차라리 나는 "오늘 우리에게 일용할 양식을 주시고"라고
   꼬박꼬박 기도하고
금요일엔 단식을 하고, 가난한 사람들을 찾아가 위로해 주며
고아원 같은 어려운 단체에다 기부하는 편이 더욱 좋을
   것입니다.
그러나 그것만으로는 넉넉하지 못합니다.
주께서 언젠가 "내가 굶주렸을 때…" 하고 내게 말씀하신다면
   그런 게 무슨 소용이 있겠습니까?

주여, 이제는 배불리 먹지 않겠습니다.
주여, 다시는 배불리 먹고 싶지 않습니다.
주여, 나는 앞으로 살기에 필요한 만큼 먹고
당신을 섬기며 나의 형제들을 위해 싸우겠습니다.
주여, 이는 제가 싫도록 먹을 때
당신은 굶주리고, 죽으시기 때문입니다.

_미셸 끄와(Michel Quoist) 프랑스의 신부, 작가

다른 생명을 사랑하도록

오 하나님,
저희 안에 다른 생명과의 우정을 키워 주소서.
주님은 이 땅을 인간에게만 아니라
동물에게도 주셔서 함께 살게 하셨습니다.

저희에게 주어진 통치력을
무자비하고 잔인하게 사용했던 과거의 행동을
부끄럽게 생각합니다.
그로 인해 당신께 노래로 올려야 할 이 땅의 소리가
고통의 신음 소리가 되었습니다.

저희를 깨우치소서.
동물들이 인간만을 위해 존재하는 것이 아니라
자신들을 위해 그리고 주님을 위해 존재하는 것임을,
그리고 그들도 감미로운 생을 즐기고 싶어한다는 것을
알게 하소서.

_바실리우스(Basilius) 330-379, 초대교회 교부

오직 주님의 뜻

주님,
나의 뜻과 인간적인 생각을
당신의 뜻과 생각으로 종종 착각하고
그것을 마치 진리인 양 주장하며 허세를 부리고
이웃을 정죄하고 있지는 않은지요?
겉모양으로 사람을 판단하지 않게 하소서.
그리고 주님이 진정으로 원하는 것이 무엇인지
깨달아 알게 하소서.

_김지철 신학자, 목사

당신으로 저는 족합니다

하나님, 주님의 선하심을 따라
주님 자신을 저에게 주소서.
저에게는 주님만 있으면 충분하기 때문입니다.
주님이 아닌 다른 것을
주님만큼 값지다고 생각하고 구하는 것은 옳지 않습니다.
만일 제가 주님 아닌 다른 어떤 것을 구한다면
저는 늘 부족함을 느끼게 될 것입니다.
오직 주님 안에 있을 때
저는 모든 것을 가지고 있는 것입니다.

_노리치의 줄리안(Julian of Norwich) 1332-1420, 영국의 여성 수도자

주님을 찾아

오 주님, 습관에 따라서가 아니라 마음 깊은 요청에 이끌려 기도할 때 참 좋습니다.

저희가 말은 많이 하고 생각은 별로 하지 않은 것을, 걱정은 자주 하고 기도는 별로 하지 않은 것을 고백합니다. 무엇보다도 주님, 주님 없이는 아무것도 아닌 저희가 주님을 찾는 일에 그렇게도 게을렀던 것을 고백합니다.

하오니, 전심으로 주님을 찾도록, 찾음으로 주님을 만나도록, 만남으로 주님을 사랑하도록, 사랑함으로 주님의 계명과 뜻을 행하도록 은혜를 베푸소서.

_피터 마샬(Peter Marshall) 1902-1949, 미국의 목사

당신께 저를 드립니다

주님,
제 모습 그대로를
있는 모습 그대로의 당신께 드립니다.
저는 오로지 당신 한 분께만
제 모든 관심을 두고 있습니다.

주님이 누구신지 알 수도
설명할 수도
묘사할 수도 없습니다.
오직 주님의 깊은 신비 가운데
잠겨 있을 뿐.
오직 주님의 사랑이
제 무지의 구름을 흩어 버리도록 맡길 뿐.
주님 외에 모든 것을 다 잊게 하소서.
주님은 제가 간절히 바라는 대상,
제 가장 귀한 재산,
제 가장 간절한 소망,
제 모든 것.

주님의 영원성과

무한정한 자유와

다함없는 지혜와

완전한 사랑을 조금이나마 깨닫고

저는 겸손해져 예배드리고

마음이 따뜻해져 사랑하고 소망하게 되었으며

주님의 뜻을 기다리고

그 뜻에 저를 드릴 수 있게 되었습니다.

사랑하는 주님이시여.

_조지 애플턴(George Appleton) 1902-?, 영국 성공회 목사, 저술가

고독하신 하나님

오 아버지시여, 고독하신 아버지시여, 아버지는 나의 아버지이십니다. 아버지만이 나의 아버지로 살아 계심을 믿습니다. 원하오니 고독한 나의 마음에 들어오소서.

자비하신 아버지시여, 내가 아버지를 사모하고 나의 눈이 아버지를 쳐다볼 때 나의 소원은 항상 만족하였습니다.

고독한 가운데 깊이 살아 계신 나의 유일한 아버지시여, 영원히 나를 버리지 마소서. 나와 함께 걸으시고, 나와 함께 우시고 나와 함께 고통하시며, 나를 위로해 주소서.

나에게 힘을 베푸시고 거룩하신 성령으로써 나의 마음에 채우셔서 나로 하여금 나를 떠나가는 친구들의 멸시를 참으며 지위와 지식, 사업 그리고 명예와 돈 이와 같은 것을 가지고 자랑하며 뽐내는 대적의 박해를 능히 달게 견디면서 끝까지 진리로 용감하게 싸우며 정진하게 하소서. 십자가에서 이기신 당신의 이름으로 구합니다.

_박재봉 1904-?, 목사, 부흥사

눈물을 주소서

네가 어디 있냐고, 주여, 물어 주시고
저로 하여금 대답하게 하소서.
아직도 어둠 속에 있는지 침침한 수풀 속에 있는지
하나님을 원망하는 가운데 있는지
나약하고 비겁한 가운데 있는지
어떠한 가운데 있는지 대답하게 하소서.
눈물을 주소서. 오늘의 우리는 눈물이 다 말랐습니다.
눈물 없는 곳에, 되지 못한 것들만 무성하여 있습니다.
눈물에는 살균력이 있습니다.
원망, 불평, 이기심은 전염병균과 같아서
자신을 죽이고 또 남의 가슴에 화살을 받아 죽게 하는
악독한 병균입니다.
이 모든 균들은 눈물로써 죽일 수 있습니다.
동정의 눈물이 쏟아질 때, 뜨거운 사랑의 눈물이 쏟아질 때
남을 원망하는 것이나 시기, 불평, 이기적 행동 등
모든 좋지 못한 병균은 다 죽어 버리고 맙니다.
그리고 따스하고 온유하고 좋은 새 마음을 내어줍니다.
마치 상처를 소독한 후에 새살이 돋아 나오듯이!

_이용도 1901-1933, 부흥사

말의 겸손

말을 적게 하리라. 자신에 대해 좋은 말은 삼가고, 하나님께서 나에게 주신 모든 은혜에 대해서는 꼭 그래야 할 필요가 없는 한 드러내지 않으리라. 나를 다른 사람에게 좋게 보일 만한 말은 정말 필요한 경우 외에는 하지 않으리라. 내게 주어진 자연적 혹은 초자연적 은사의 경우에도, 다른 사람이 나를 좋게 보도록 할 만한 모든 것은 감추리라. (그 어느것도 내게서 온 것이 아니라 모든 것이 하나님께로부터 온 것이다.) 어떤 선한 일도 하나님께서 나를 통해 하신 것이라면 감추리라. "너의 왼손이 한 일을 오른손이 모르게 하라." "너희가 기도할 때에 문을 닫아 오직 하나님만 너희를 보시게 하라." 나는 겸손하고 온유하게 말하리라. 누군가가 내게 교만하게 말한다고 해서 나도 같은 방식으로 대답하지 않으리라. 큰일이든 작은일이든, 비난받을 때든 칭찬받을 때든, 일이 잘 될 때든 안 될 때든, 아부를 받을 때든 협박을 받을 때든, 겸손하고 온유하게 말하리라. 죽음 앞에서도 나는 겸손하고 온유하게 말하리라.

_샤를 드 푸코(Charles de Foucauld) 1858-1916, 프랑스의 수도사

소명을 위해

성실하신 예수여,
저희로 각자의 소명을 알게 하소서.
저희도 주님처럼
성경에서 역사의 참 뜻을 해독하고
이 세상에서 부름받은 각자의 임무를 깨닫고
그 임무를 시대와 환경에 비추어 보게 하소서.

그리하여 이천 년 전에 주님이
이상적인 유대인으로서 자신의 성직을 다하셨듯이
저희도 오늘 이 땅에서
이상적인 이 나라 백성으로서 저희의 성직을
충실히 다하게 하소서.

_우찌무라 간조 1861-1930, 일본의 기독교 지도자

저는 없고 당신만이

나의 생명 예수여,
저는 당신을 삼켜
제 속의 '나'는 당신이 되게 하소서.
그래서 저의 속에 '나'는 없고
예수만 충만하여
저의 뜻이 주님의 뜻과 하나가 되게 하소서.

나의 사랑 예수여,
저로 하여금 당신에게 삼켜지게 하소서.
그래서 저는 당신 속에 영원히 감추이고
주님만이 저를 통하여 밝히 드러남으로써
저의 행동이 주님의 뜻을 이루게 하소서.

_작자 미상(한국)

하늘이여 열리소서

하늘을 보고 비로소 '나'를 보았습니다.
하늘을 알기 전에는 '나'를 몰랐습니다.
하늘에 비추인 '나'를 보고 '나'라고 했습니다.

하늘 없으면 나도 없는 줄 알게 되었습니다.
내 마음에 하늘을 열어 주소서.
내 가슴에 하늘이 열려야
'내'가 서고 '너'와 사귈 수 있습니다.
하늘이 있어서 비로소 내가 너와 만날 수 있습니다.
하늘이시여,
내 속에 열리소서.

_박재순 신학자

숨겨 주소서

아버지,
저를 숨겨 주소서.
성령의 효소를 제게 심으시고
사람들의 손이 닿지 않는 곳에
저를 숨겨 주소서.

그 곳에서 썩게 하소서.
푹 삶아지게 하소서.
첫 사람의 맛과 향기가 우러날 때까지
숨겨져 썩게 하소서.
부패되는 썩음이 아니라
발효되는 썩음을
제게 허락하소서.

_김영봉 목사

자라게 하소서

오,
하나님의 영원한 지혜이신
예수님.

저희로 하여금
진실하고
지속적이며
이기심 없는
영적 노력과 싸움을 통해
날마다
점점 더
주님을 닮아 가도록
허락하소서.

_칼 라너(Karl Rahner) 1904-1984, 독일의 예수회 신부, 신학자

저의 자아가 없어질 때까지

주님, 저를 깊이 품어 주소서. 저를 붙드시고 제련하시며 깨끗하게 하시고 불을 붙이시며 높이 들어 주소서. 저의 자아가 완전히 사라질 때까지.

_테이야르 드 샤르댕(Teilhard de Chardin)
 1881-1955, 프랑스의 과학자, 예수회 신부

영혼을 지켜 주소서

아버지 하나님, 오늘 아침도 아버지 앞에 존재할 수 있음을 인해 감사드립니다. 오늘도 저는 여러 가지 문제에 봉착할 것입니다. 많은 죄를 범할지도 모릅니다. 뜻하지 않은 재난이 닥칠지도 모릅니다. 모든 사람에게 닥치는 재난을 저만 피할 수는 없습니다. 제가 아버지를 믿는다고 해서, 아버지께서 재난 중에 저만 보호해 주시지도 않으십니다.

다만 하나님, 어떤 재난이 제게 닥치더라도 아버지의 사랑을 의심하는 마음이 일어나지 않도록, 어떤 불행이 들이닥치더라도 아버지를 잊어버리거나 아버지를 버리고 떠나는 불행이 일어나지 않도록 저를 도우소서. 저 한 사람뿐 아니라 제가 사랑하는 가족과 친구들에게도 같은 은혜를 내려 주소서.

하나님, 저는 육신의 행복을 구하지 않습니다. 저의 영혼이 아버지 안에서 보호받기만을 기도할 따름입니다. 이 간절한 기도를 주 예수 그리스도의 거룩한 이름으로 들어주소서.

_우찌무라 간조 1861-1930, 일본의 기독교 지도자

많은 비밀을 간직한 사람들

주님은 어떤 비밀도 숨길 수 없는 하나님이시고
저희는 많은 비밀을 간직한 사람들입니다.
저희 인생을 위해 말하고 싶지만
너무 깊고 아파서 감히 말하지 못하는,
그 비밀들은 저희 것입니다.
그리고 너무 많습니다.
그것들은 저희의 진실입니다.
저희 삶 깊은 곳에 뿌리를 둔.

주님은 모든 진리의 하나님이시므로
저희 진실을 들어 주소서.
거짓 증언할 수 없는 저희 진실들…
해소되지 않은 슬픔의 진실
인정받지 못한 아픔의 진실
너무나 아이 같은 두려움의 진실
깊고도 강력한 증오심의 진실
역이용 당하고
기만 당하고
모략 당한 진실들.

주님의 놀라운 사랑의 위대한 진실을 신뢰합니다.
그러나 아직 저희는 진정할 수 없습니다.
주께서 들어 주시기까지!
주께서 들으시면
저희의 진실은 저희를 해방시킬 것입니다.

그러므로 모든 진리의 하나님이 되소서.
저희의 모든 진실까지 들어 주소서.
주님이 가장 깊이 간직하시는 아픔의 비밀이신
예수님의 이름으로 기도합니다.

_월터 브루그만(Walter Brueggemann) 미국의 신학자

예수의 기도 2

누리의 큰 마음이시여
뜨거운 불길로 타오르시옵소서.
평화로 타오르시옵소서.
누룩으로 번져 나가시옵소서.
고른 이슬로 오시옵소서.
큰 뉘우침으로 얼싸안아 주시옵소서.
찢어진 깃발로 펄럭이시옵소서.
큰 슬픔으로 분단의 비극에서 건져 주시옵소서.

_문익환 1918-1994, 목사, 신학자, 통일 운동가

믿음으로 앎에 이르도록

주 예수 그리스도여, 주님을 갈망함으로 찾게 하시고 찾으면서 갈망하게 하소서. 주님을 사랑함으로 찾게 하시고 찾아가면서 또한 사랑하게 하소서.

주님, 당신의 형상대로 저를 창조하신 것을 감사함으로 고백합니다. 그렇게 지으셨으므로 제가 주님을 기억하고, 생각하고, 사랑할 수 있습니다.

그러나 그 형상이 제 허물로 인해 닳아 버렸고 얼룩졌습니다. 죄의 연기로 인해 까맣게 되어 버렸습니다. 주께서 새롭게 다시 지어 주시지 않는 한 제게 주신 주님의 형상은 본래의 기능을 행할 수 없습니다.

주님, 저는 감히 주님의 높은 경지에 이르기를 꿈꾸지 않습니다. 제 이해력으로는 그렇게 할 수가 없습니다. 다만, 조금이나마 주님의 진리를 이해하고 싶습니다. 제 마음이 이미 믿고 사랑하는 그 진리를! 믿기 위해 이해하려 하지 않습니다. 도리어 믿음으로 이해하게 되기를 바랍니다. 믿지 않는다면 이해할 수도 없으리라는 것을 믿기 때문입니다.

_안셀무스(Anselmus) 1033-1109, 철학자, 캔터베리 대주교

흥겨운 잔치

춤추시며 노래하시는 아버지,
저의 눈을 뜨게 하시어
아버지의 춤을 보고
저의 귀를 열어 주시어
아버지의 노래를 듣게 하소서.

잔치의 주인이신 아버지,
저를 깨우치시어
천하에 베풀어 놓으신 잔치를 보게 하소서.
그 잔치에 참여하여
아버지와 함께 노래하고 춤추게 하소서.

_김영봉 목사

청원을 지도하소서

오 하늘 아버지시여,
저희에게는 구할 것이 참 많습니다.
그래서 겸손히 기도합니다.

아버지의 성령을 충만히 주시어
저희의 기도를 가르치소서.
그리하여
간절한 저희의 청원이
아버지의 거룩한 뜻에 일치되게 하소서.

_존 녹스(John Knox) 1513-1572, 스코틀랜드의 종교개혁자

야성을 잃지 않도록

오, 하나님이여!
제 영혼에 복을 내리시어
야성을 잃지 않게 하소서.
또한 까마귀들이
사냥꾼의 총에 맞지 않게 하소서.

_헨리 데이비드 소로우(Henry David Thoreau)
  1817-1867, 미국의 자연주의자, 작가

힘과 용기를

평탄한 길을 가게 해 달라고 기도하지 않겠습니다.
쉬운 짐을 지겠다고 기도하지도 않겠습니다.
대신, 자갈이 널려 있는 경사길을 오를 수 있는
힘과 용기를 달라고 기도하겠습니다.

제게 그러한 용기를 주시어
모든 걸림돌을 디딤돌로 삼아 밟고 올라가
정상에 서게 하소서.

_작자 미상(외국)

마음을 고치소서

아버지,
겸손히 마음을 엽니다.
들어오시어
제 마음을 바꿔 주소서.
약해지기 싫어하고
물러서기 원치 않으며
섬기기를 즐기지 않는 마음을
당신의 영으로 고쳐 주소서.

오 아버지,
제 마음을 당신의 영으로 점령하시어
기꺼이 약해지고
물러서며
섬기게 하소서.

_김영봉 목사

하나님의 대답

저는 구했습니다.
"초원을 걷게 하소서."
당신은 대답하셨습니다.
"아니다, 도심을 걸어라."

저는 말했습니다.
"도심에는 꽃이 없습니다."
당신은 대답하셨습니다.
"꽃은 없지만 면류관은 있다."

저는 말했습니다.
"그러나 그 곳 하늘은 회색 빛이고
소음으로 가득 차 있습니다."
당신은 대답하셨습니다.
"그것만이 아니다.
그 곳에는 죄도 있다."

_조지 맥도날드(George MacDonald)
1824-1905, 스코틀랜드의 소설가, 기독교 변증가

임종을 준비하는 기도

언젠가는 나의 주치의가 나의 뇌 기능이 정지했다고
단정할 때가 올 것입니다.
살아 있을 때의 나의 목적과 열정이 정지되었다고
선언할 것입니다.
그 때 나의 침상을 죽은 자의 것으로 만들지 말고
산 자의 것으로 만들어 주십시오.
나의 눈은
해 질 때 노을을,
천진난만한 어린이들의 얼굴과
여인의 눈동자 안에 감추인 사랑을
한 번도 본 일이 없는 사람에게 주십시오.
나의 심장은
끝없는 고통으로 신음하는 사람에게 주십시오.
나의 피는
자동차 사고로 죽음을 기다리는 청년에게 주어
그가 먼 훗날 손자의 재롱을 볼 수 있게 하여 주십시오.
나의 신장은
한 주일 혈액 정화기에 매달려 삶을 영위하는 형제에게 주시고
나의 뼈와 근육의 섬유와 신경은

다리를 절고 다니는 아이에게 주어 걷게 하십시오.
나의 뇌 세포를 도려내어
말 못하던 소년이 함성을 지르게 하고,
듣지 못하는 소녀가 그녀의 창문에 부딪히는 빗방울 소리를
듣게 하여 주십시오.
그 이외의 나머지는 다 태워서 재로 만들어
들꽃들이 무성히 자라도록 바람에 뿌려 주십시오.
당신이 뭔가를 매장해야 한다면
나의 실수들을,
나의 약함을,
나의 형제들에 대한 편견들을
매장해 주십시오.
나의 죄악들은 악마에게,
나의 영혼은 하나님께 돌려보내 주십시오.
우연한 기회에 나를 기억하고 싶다면,
당신들이 필요할 때
나의 친절한 행동과 말만을 기억해 주십시오.
내가 부탁한 이 모든 것들을 지켜 준다면
나는 영원히 살 것입니다.

_작자 미상(외국)

북한 동포를 생각하며

사랑의 주님!
오늘 북한의 많은 어린이들이 추위에 떨며
죽어간다는 뉴스를 들었습니다.
먹을 것이 없어 굶다가, 굶다가 죽어갑니다.
주의 형상을 닮은 인간이
굶어서 죽어갑니다.
인간의 몰골이 말라 뒤틀리다가
퀭한 눈으로 허공을 바라보다가 죽어갑니다.

우리는 지금 굶주려 죽어가는
북한의 형제를 위해 기도합니다.
그런데 주여!
왜 우리 기도가 이리도 공허합니까?

시몬느 베이유는 약한 몸으로 자신의 신념을 불태웠습니다.
그녀는 직접 노동자로 일하며
자신의 손으로 기계를 돌렸습니다.
그녀는 상해의 한 노동자가 사고로 죽은 사건을
신문의 작은 기사로 읽었습니다.

아, 그녀는 신문의 한 줄 기사에 온 몸을 떨었습니다.
그녀는 듣지도 만나지도 못한 먼 중국의 한 노동자의 죽음을
전 실존으로 슬퍼하며
며칠이나 격한 몸살을 앓다가
겨우 자리에서 일어났습니다.

주여!
왜 우리는 그렇게 기도하지 못할까요?
왜 우리의 기도가
한갓 이데올로기와 자기 신념을 지키는 자의 기도보다
나약합니까?

주여, 이 시간
먼저 우리의 전 실존을 던져 기도하지 못하는
우리 자신을 용서하소서.
북한에서 굶주리는 형제들의 어려움에
온몸으로 함께할 수 있는 우리가 되기를
기도합니다.

_김치영 1925-2000, 목사, 신학자

불을 주소서

거룩하신 하나님, 우리는 불법한 처사에 침묵하였고, 어둠의 세력에 합세하였으며, 예와 아니오가 분명치 않은 방관자였습니다. 양심의 갈등을 느끼면서 진리를 내어던졌고 진리를 변호하면서 세상과 짝하여 온 광대들이었습니다. 또한 절기의 행사와 그럴싸한 형식으로 위장하여 진실을 희석시켜 왔습니다.

주여, 성령의 불로 우리의 그 독선과 편견, 위선과 교만을 태워 주시옵소서. 이 떠밀리는 죽음의 행진 속에서 그 잃어버린 양심과 신의와 믿음을 회복시켜 주시어 우리 안에서 하나님의 입김, 하나님의 숨결, 하나님의 얼이 생동하게 하옵소서.

그리고 우리들의 신앙의 장인 교회가 꼭 우리가 바라는 축복의 장이요 위안의 장이 아니라, 저 모리아 산과 같은, 저 얍복 강 나루터와 같은, 갈멜 산 같은 곳이 되어 읊조리는 듯한 마음으로 드리는 봉헌의 장이요, 헌신의 장이요, 기도의 장임을 확인하게 하옵소서. 그리하여 우리의 잘못된 가치, 잘못된 판단, 또 부끄러운 삶에서 탈출하게 하옵소서.

_김성렬 목사

전쟁의 희생자들을 위한 기도

사랑의 하나님, 저희 발 밑에는 여러 민족의 시체가 놓여 있습니다. 이라크인, 쿠웨이트인, 쿠르드인, 크로아티아인, 슬라브인, 살바도르인, 미국인, 팔레스타인인, 이스라엘인, 유대인, 어린이, 그리스도인. 죽었습니다, 다 죽었습니다. 전쟁 때문에 죽은 이 모든 형제 자매들에게 자비를 베푸소서. 저희에게도 같은 자비를 구합니다. 저희의 실패로 인해 주님의 평화가 오도록, 전쟁이 종식되도록. 유일한 대안은 전쟁밖에 없다는 헛된 생각의 힘으로부터 저희를 구해 주소서. 저희 스스로는 평화의 길을 갈 수 없음을 압니다. 그랬다가는 결국 평화를 위해 전쟁을 하는 잘못에 빠져 버립니다. 주님의 사랑으로 저희를 몰아 주시어 저희가 주님의 평화가 되게 하시고 이 죽음의 세상에 생명을 가져오게 하소서.

_스탠리 하우어워스(Stanley Hauerwas) 신학자

나라를 위한 기도

사랑의 하나님,
고난의 역사를 걸머진 이 땅에 복음을 심어 주시어
한 많은 민족의 슬픔을 위로하시고
위기를 만날 때마다 붙들어 주시니
감사드립니다.

죄로 번민하는 자에게 용서의 은혜를 베푸시고
병으로 신음하는 자에게 건강의 축복을 허락하시고
힘겨워 쓰러지는 자에게 희망과 용기를 주시어
구원의 기쁨을 살게 하시오니 감사드립니다.

평화의 주님,
이 땅에서 핵전쟁의 공포를 없이하여 주시고
이 나라에 남북한의 긴장이 사라지게 하시사
전쟁이 없는 평화를 누리게 하옵소서.
가진 자와 못 가진 자가 나누며 위하며 함께 살고
다스리는 자가 백성을 겸손히 섬기며 서로 신뢰하는
평등과 정의의 샬롬을 이루게 하옵소서.

_도건일 목사

미국을 위한 기도
— 이라크 전쟁을 보며

은혜가 많으신 주님, 저희는 세상에서 가장 강한 나라에 살고 있습니다. 그 강력한 힘이 만들어 내는 교만과 스스로 의롭다는 생각은 그 무엇과도 비교할 수 없습니다. 저희를 겸손하게 할 만한 힘은 지구상에 존재하지 않습니다. 저희는 그 동안 배워 온 모든 독재자들보다 더 독한 독재자입니다. 저희는 테러리스트라고 이름 붙인 이 사람들을 폭격하고, 로켓을 쏘고, 죽입니다. 이유는 단 하나, 저희에게 그런 힘이 있기 때문에! 저희는 세상에서 가장 강한 백성입니다. 그 힘에 눈멀지 않는 것은 쉽지 않습니다. 그것은 마약과 같습니다. 이 힘으로부터 저희를 구하소서. 주님이 이 나라를 심판하시리라는 것, 이 나라를 낮추시리라는 것, 저희 교만 때문에 이 나라를 멸망시키시리라는 것을 알게 하시어 정신을 차리게 하소서. 주님이 하나님이시라는 것, 복수의 권한은 주님께만 있다는 것을 깨닫게 하소서. 주님의 뜻이라면 저희가 폭격한 이 백성을 주님의 심판의 도구로 만드소서. 최소한 '일상적인 살인'으로부터 저희를 구해 주소서.

_스탠리 하우어워스(Stanley Hauerwas) 신학자

제3부

가을

가을의 노래

잃을 줄 알게 하소서.
가짐보다도
더 소중한 것이
잃음인 것을,
이 가을에
뚝뚝 지는
낙과(落果)의 지혜로
은혜로이
베푸소서.

떠날 줄 알게 하소서.
머무름보다
더 빛나는 것이
떠남인 것을,
이 저문 들녘
철새들이 남겨 둔
보금자리가
약속의 훈장이
되게 하소서.

_유자효 시인, 언론인

직업에 대한 감사

오 하나님,
예수님이 목수였음을
베드로가 어부였음을
아브라함이 목자였음을
기억하게 하소서.

그리하여
정직하게 제 직업에 임하는 것에
시작한 일을 틀림없이 마무리하는 것에
손을 댄 이상 잘 하도록 힘쓰는 것에
자부심을 느끼게 하소서.

_리처드 웡(Richard Wong) 재미 중국인 목사

헌신의 기도

저는 과연 하나님 아들의 영광 이외에 다른 무슨 영화를 위하는 자가 되지 말게 하소서. 진심으로 오직 내 주님의 영화만을 위하여 제 것을 희생하는 자가 되게 하여 주소서.

저라는 인간 자체는 제 집을 위하여, 제가 사랑하는 교회를 위하여, 대한의 기독 교회를 위하여, 오직 하나님의 영광만을 위하여, 저 자체는 녹아지고, 썩어지고, 낮아지고, 죽어지는, 희생 자체가 되게 하소서.

저의 가족을 위하여 제 일신(一身)을 희생하는 사랑의 사람이 되고, 저의 교회를 위하여 저의 일신, 일가(一家)를 희생시키는 사랑의 사람이 되고, 저의 나라를 위하여 저의 일신, 일가, 일 교회를 희생시키는 사랑의 사람이 되고, 내 주를 위해 일신, 일가, 일 교회, 일 국가까지 희생하고, 우리 만국 만민의 하나님을 위하여는 모든 일체를 희생하는 사랑의 사람이 되고 싶나이다.

_손양원 1902-1950, 목사, 순교자

하나님의 사랑

하나님, 제가 생각하는 사랑은 매우 천박한, 할리우드 식의 사랑입니다. 사랑을 생각하면 노을이나 감미로운 음악이 연상됩니다. 하나님의 사랑은 그런 것이 아닙니다. 그것은 감정이 아니라 결단입니다. 예수 그리스도를 통해 하나님을 만나고 당신께 순종하도록 만드는 결단! 그것이 하나님의 사랑입니다. 제게 이 사랑을 가르쳐 주소서.

_유진 피터슨(Eugene Peterson) 미국의 신학자

제 마음에 머물러 주십시오

질그릇 같은 저희 안에 보물이 담겨 있습니다. 오! 거룩하신 성령이시여, 당신은 너무나 추한 곳에 계십니다. 거룩한 영이신 당신이 부정하고 더러운 곳에 계십니다. 지혜의 영이신 당신이 어리석은 사람 안에 계십니다. 진리의 영이신 당신이 거짓에 속아 넘어간 이 사람 안에 계십니다. 오! 거할 만한 곳을 찾아다니지 않는 분이시여, 제 마음에 계속 머물러 주소서. 창조자요 구속자이신 주님, 주님께 합당한 거처를 찾아보아도 한 곳도 발견하지 못할 것입니다. 오! 하오니 제 마음에 계속 머물러 계시옵소서. 그러면 언젠가 어리석고 속기 쉽고 순결하지 못한 제 마음속에 만드신 거처를 기뻐하실 날이 올 것입니다.

_쇠렌 키에르케고르(Søren Kierkegaard)
  1813-1855, 덴마크의 철학자, 신학자

깨끗이 씻어 주소서

오 주님, 주님의 사랑이 저희 마음에 담기면, 부끄럽고 악한 모든 잘못을 불처럼 태웁니다. 원하오니 주님의 완전한 의를 제게 입히시어 그 의가 제 것이 되게 하소서. 제 모든 허물을 지워 없애시고 저의 죄를 덮어 주소서. 과거의 잘못을 씻으시며 악한 버릇으로부터 해방시키시고 제 발걸음을 영생의 길로 인도하시는 주님의 손길을 느끼게 하소서. 오 하나님, 제 은밀한 죄와 싸우도록 도우소서. 정결한 열망의 요새로 저를 두르소서. 믿음을 통해 그리스도가 제 마음에 자리잡게 하소서.

_존 베일리(John Baillie) 1886-1960, 스코틀랜드의 신학자

용기를 주소서

아버지, 죄송합니다.
오늘 사람들을 만나 그냥 즐기고 왔습니다.
그들의 감정을 상하게 할 수 없어
모른 체하고, 복만 빌어 주고 왔습니다.
그래선 안 되는 줄 알지만 침묵하고 외면했습니다.

솔직히 모르겠습니다.
이게 아닌 줄은 알지만 어찌 말해야 할지 모르겠습니다.
그래서 침묵했습니다.

아니, 실은 그것은 핑계입니다. 용기가 없었습니다.
그들이 상처받는 것을 감당할 수 없었습니다.
그들이 계속 저를 좋아하게 하고 싶었습니다.
죄송합니다, 아버지!
부끄럽습니다, 아버지!
용기를 주소서. 지혜를 주소서.

_김영봉 목사

저희를 도구로 삼으소서

주여, 세계 곳곳에서 가난과 굶주림 가운데 살고 있거나 그로 인해 죽어가는 인류를 섬기는 데 합당하도록 저희를 만드소서. 저희의 손길을 통해 오늘의 일용할 양식을 그들에게 주시고, 저희의 이해 깊은 사랑을 통해 그들에게 평화와 기쁨을 주소서.

_**콜카타의 테레사**(Teresa of Calcutta) 1910-1997, 수녀

시간을 넘어, 시간 안에서

주님,
당신은 언제나 일하시며
언제나 쉬십니다.
주님이 보시고 일하시고 쉬시는 것은
시간 안에서 일어나는 일이 아닙니다.
하지만 주님의 행동은
시간 안에 변화를 일으키고
시간 자체를 만들어 내며
시간 밖에 있는 쉼을
시간 안에서 즐기도록 하십니다.

_아우구스티누스(Augustinus) 354-430, 철학자, 사상가

열망이 자라게 하소서

"여호와 우리 주여, 주의 이름이 온 땅에 어찌 그리 아름다운지요!" 묘성(昴星)과 오리온 자리 별들이 주님을 찬양합니다. 참새와 박새가 그 노래를 흉내냅니다. 모든 창조 세계가 대지휘자이신 주님을 따라 노래합니다. 저만 빼고.

왜 그렇습니까? 왜 저만 저 자신의 노래를 혼자 불러야 합니까? 저는 목이 곧은 피조물임에 분명합니다. 저를 용서하소서.

저는 더 충만히, 더 자주 주님의 지휘에 맞추어 노래하고 싶습니다. 지속적이고 변치 않는 사귐을 가지고 싶습니다. 지금은 매우 작고 희미해 보이는 이 열망이 자라게 하소서. 그리하여 언젠가 "시냇가에 심은 나무가 시절을 좇아 과실을 맺으며 그 잎사귀가 마르지 아니함 같으니 그 행사가 다 형통하리로다"라는 말씀이 제게 이루어지게 하소서.

_리처드 포스터(Richard Foster) 미국의 신학자

"네"라고 말하기가 두렵습니다

주여, 나는 "네" 하기가 두렵습니다.
주님은 나를 어디로 데려가시려는 겁니까?
나는 허탕칠까 두렵습니다.
나는 덮어 놓고 계약서에 도장을 찍기가 두렵습니다.
나는 한 번뿐 아니라 자꾸 "네" 해야 할 것이 두렵습니다.
그렇다 해서 마음이 편할 리 없습니다.
주여, 당신은 내가 어디를 가나 뒤쫓아 오시고 나를
　사로잡습니다.
나는 주님의 말소리를 듣지 않으려고 잡음을 불러들이지만
주님은 잠깐 조용해진 틈을 타 내 안으로 들어오십니다.
나는 주님을 멀리서 보았기 때문에 만나지 않으려고 길을 비켜
　갔지만 주님은 길목에서 나를 기다리고 계셨습니다.
그러니 나는 어디로 가야 숨을 수 있습니까?
어디를 가나 주님은 꼭 내 앞에 계시니
주님을 피한다는 것은 불가능한 모양입니다.

주여, 어떻든 "네" 하기가 두렵습니다.
나는 주님께 손을 내어 드리기가 두렵습니다.
주님의 손에 한 번 잡히면 놓여날 수가 없기 때문입니다.

✤ 사귐의 기도를 위한 기도선집

나는 주님의 눈과 마주치기가 두렵습니다. 말려들어가기
　때문입니다.
나는 주님의 요구에 응하기가 두렵습니다.
주님은 질투하시는 분이시기 때문입니다.
나는 길이 막혀서 올데 갈데 없어서 이대로 숨어 살고 있습니다.
나는 붙들리기가 싫어 반항합니다.
질 줄을 뻔히 알면서도 싸웁니다. 주여, 주님만큼 강한 분이 없기
　때문에
세상을 두루 얻으시고도 나에게는 숨기십니다.
내가 눈앞에 사물을 붙들려고 손을 뻗었을 때, 그것들은
　나에게서 이미 사라지고 맙니다.
주여, 나는 기분이 과히 좋지 않습니다.
내 마음대로 되는 것이 하나도 없기 때문입니다.
내가 꺾은 꽃은 내 손아귀에서 이내 시들고
나의 웃음도 입가에서 맴돌다 사라집니다.
내가 추는 춤도 내 마음을 슬픔으로 울먹이게 합니다.
모든 것이 허무해 보이고 모든 것이 속절없어 보입니다.
주님은 내 주위에 사막을 만드셔서
나는 배고픕니다, 나는 목마릅니다.
그렇지만 이 세상은 나를 먹여 주고 만족시킬 수는 없습니다.

_미셸 끄와(Michel Quoist) 프랑스의 신부, 작가

일으키소서

주여, 우리를 불러일으키소서.
우리는 나사로와 같이 무덤 속에 있나이다.
생각도 눈물도 피도 없는 송장입니다.
수의를 입히고 줄로 꽁꽁 묶어 놓았으니
움직일 수가 없습니다.

주여, 우리를 불러일으켜 세워 주소서.
그리고 걸어서 나오게 하여 주소서.
죄악이 우리의 심령을 덮어 싸고 있습니다.
마귀의 사슬에 우리는 얽매여 있습니다.
주여, 다 풀어 주셔서
자유롭게 움직이는 몸이 되게 하여 주옵소서.

_이용도 1901-1933, 부흥사

소명의 길에 의연히 서서

전능하신 하나님, 저희는 너무도 겁이 많아 당신께서 부르시는 곳으로 갈 준비가 되어 있지 않습니다. 당신의 종 요나의 모범을 통해 철저하게 순종하도록 자신을 준비시키는 법을 배우게 하소서. 사탄과 온 세상이 우리에게 두려움을 안겨 준다 해도 당신이 약속하신 능력과 보호에 의지함으로 힘을 얻게 하시고, 소명의 길에 견고히 서서 좌로나 우로 치우치지 않고 세상의 모든 장애와 싸워 이김으로 영광스러운 하늘나라에 이르게 하소서. 그 곳에서 저희는 하나님과 우리의 힘이요 구원이신 독생자 그리스도를 만나 기쁨을 누릴 것입니다. 하오니 하나님, 당신의 성령으로 저희를 깨우시고 저희의 모든 기능을 강하게 하시어 순종하게 하시고 마침내 당신의 이름이 저희 안에서 높임받게 하소서. 그리고 마침내 우리 주 그리스도를 통해 초청해 주신 그 영광에 참여하게 하소서.

_장 칼뱅(Jean Calvin) 1509-1564, 프랑스의 신학자, 종교개혁자

시험을 당하여

나사렛 예수여, 온갖 시험을 이기고 승리하셨다는 사실로 인해 주님께 감사드립니다. 주님이 저처럼 시험받으신 것을 알고 위로를 얻습니다. 주님은 모든 일에서 저처럼 시험을 받으셨습니다. 그래서 주님은 저의 약함을 잘 아십니다. 주님 자신이 악마와 싸워 보셨기 때문에 악마의 힘이 얼마나 강한지 잘 아십니다.

저는 몇 번이고 악마의 속임수에 넘어가, 책략을 강구하고 명성을 구했습니다. 주님을 섬기려 했지만 결국 악마를 섬겼습니다.

주님의 지혜를 저에게 주소서. 주님처럼 하나님의 음성과 악마의 음성을 가려낼 수 있게 하시고 밝은 눈으로 주님의 길을 걸어가 오른편으로도, 왼편으로도 치우치는 일 없이 주님의 힘으로 모든 시험을 이기고 천국을 건설하여 주님의 영광을 입게 하소서.

_우찌무라 간조 1861-1930, 일본의 기독교 지도자

창을 여시는 주님

때때로 내 삶을 쓸쓸하게 하시는 주님
허전하게 하시며
아프게 하시는 주님
햇빛을 거두어 그늘을 드리우고
비와 바람으로 흩으시는 주님
꽃 대신 잎이 돋게 하시고
잎을 낙엽으로 떨구시는 주님

때를 따라 주님은
내 삶에 새로운 창을 내십니다.
몰랐던 길 하나
그렇게 여십니다.

_한희철 목사, 저술가

참된 행복

오 주님, 철학자가 알듯 당신을 아는 것,
당신의 본성과 속성과 섭리에 대해 탁월한 사상을 펼치는 것,
자연의 활동을 통해 당신의 존재를 증명해 내는 것,
당신의 실존이나 활동에 대해
최고로 고상하고 바르게 강의하는 것,
이런 것들이 좋은 것이기는 하지만,
주님을 체험적으로 알지 않고는,
그리고 저희 마음이 당신을 최고의 선으로,
유일한 행복으로 인식하고 알지 않고는
저희에게 별로 도움이 되지 않는다는 사실을
저는 이제야 깨닫습니다.

저는 압니다. 저희 영혼은 주님을 사랑하고 사랑받음으로써,
자기 존재의 중심이며, 행복의 원천이며, 모든 덕과 선의 샘이며
빛이며 생명이며 힘이며, 이 세상에서 바라고 원하는 모든 것이며
한마디로 참된 주님이며 하나님이신 당신,
그 안에 안식할 때 비로소
참된 안식과 평안과 기쁨을 얻게 된다는 것을!

_수산나 웨슬리(Susanna Wesley) 1669-1742, 존 웨슬리의 모친

전심으로 사랑하게 하소서

오 하나님,
제가 만일
제 마음을 다하고
뜻을 다하고
목숨을 다하고
힘을 다하여
당신을 사랑하지 않으면,
저는 제 마음과 뜻과 목숨과 힘을 다하여
다른 것을 사랑하게 될 것입니다.
제가 사랑하는 모든 것 가운데
주님을 가장 우선하게 하시어
덜 사랑하고 덜 충성해야 하는 것들로부터
저를 해방시키시고,
주님을 첫 사랑으로
저의 가장 소중한 재산으로
그리고 저의 최후의 기쁨으로
받아들이게 하소서.

_조지 애플턴(George Appleton) 1902-?, 영국 성공회 목사, 저술가

진실하도록

자비와 긍휼의 하나님, 아버지께서는 저희 본성을 아시고 은밀한 생각까지도 다 읽으십니다. 당신께는 아무것도 감출 수 없습니다.

그러므로 저희가 쓰고 있던 모든 가면을 벗어 놓고 참된 모습으로 돌아감으로 안식과 평화를 찾게 하소서. 모든 가식과 기만을 벗도록 힘 주셔서 자유롭고 신실한 삶을 살게 하소서.

정직하게 사는 것은 흔히 생각하듯 그렇게 위험하지 않습니다. 저희 각자에게 최선을 다해 스스로에게 진실하게 하시고 할 수 있는 대로 최선에 이르게 하소서. 우리 모두를 위해 죽으신 주님을 위해 기도합니다.

_피터 마샬(Peter Marshall) 1902-1949, 미국의 목사

평화를 주소서

오 주님, 이 마음의 파도를 잔잔케 하소서. 이 폭풍을 진압하소서. 오, 내 영혼아! 하나님께서 네 안에 역사하도록 잠잠하라. 오, 내 영혼아! 하나님께서 네 안에 쉬시도록 그분의 평화가 너를 덮도록 잠잠하라. 하늘에 계신 아버지, 세상이 이 평화를 줄 수 없음을 자주 깨닫습니다. 진정한 평화는 하나님께만 있음을 저희로 알게 하소서. 세상 전부가 힘을 합쳐도 이 평화를 앗아갈 수 없으리라는 하나님의 약속이 진실임을 알게 하소서.

_쇠렌 키에르케고르(Søren Kierkegaard)
 1813-1855, 덴마크의 철학자, 신학자

말씀으로 사는 삶

하나님 아버지!
나는 지금까지
하나님을 위해 말씀대로 살아 드린다고 생각해 왔습니다.
그래서 하나님의 말씀은 언제나 무거운 짐이었고,
말씀대로 사는 기쁨이 없었습니다.
그러나 그것이 커다란 착각이었음을
깨닫게 해주셔서 감사합니다.

한 줌의 흙으로 끝나 버릴 나를 사랑하셔서
하나님의 영원하신 말씀을 내려 주심을 감사합니다.
말씀이신 주님께서 이 땅에 직접 오시어
나를 위해 죽으시고 부활하시므로
오직 말씀만이 영원함을 친히 보여 주신 것을
진심으로 감사합니다.

이제부터 말씀을 위한 투자의 사람이 되기를 간구합니다.
약속의 사람이 되기를 원합니다.
반복의 사람이 되기를 소망합니다.
말씀의 사람으로 살아가기 위해

중단 없는 가치 혁신을 이루어 갈 것을 결단합니다.

이 시간 이후로
말씀 안에서 나를 스쳐 지나가는 1초 1초를
영원으로 건져 올리는
영원의 낚시꾼이 되게 하여 주십시오.
그리하여 주님의 말씀대로 산 나의 삶 전체가
하나님께 들고 갈 가장 향기로운 제물,
가장 보배로운 소유가 되게 해주십시오.

_이재철 목사, 저술가

두 가지 시야

은혜로운 하나님,
저를 도우셔서
널리 보고 말하되
행동은 구체적으로 하도록,
인류 전체를 생각하되
한 사람이라도 참되게 사랑하도록,
이웃 사랑에 대해 말하되
옆집 사람에게 다가가도록,
관대함에 대해 말하되
동전 몇 푼이라도 줄 수 있도록 하소서.
큰 생각은 쉽지만
구체적인 행동은 어렵기 때문입니다.

_리처드 웡(Richard Wong) 재미 중국인 목사

사랑의 씨앗

주님,
주님은 얼마나 좋은 친구인지요!
저희가 아무리 늦게 주님께 돌아가더라도
그 큰 인내심으로 끝까지 기다리십니다.
저희가 주님을 사랑할 때 기뻐하시는 것은 물론이지만,
저희가 주님을 무시하고 살 때도
주님은 저희를 거절하지 않으십니다.
주님의 참으심은 제 상상을 초월합니다.
기도할 때조차도
제 마음은 세속적인 관심사와 헛된 공상으로 뒤범벅이 됩니다.
하지만 주님은 단 1초의 정직한 기도라도 기뻐 받으시고
그 기도를 사랑의 씨앗으로 만드십니다.

오 주님,
저는 주님과의 우정을 이렇게 즐거워하는데
어째서 주님을 지속적으로 생각하는 것이 불가능한지요?

_아빌라의 테레사(Teresa of Avila) 1515-1582, 카르멜수녀회 창시자

불을 내려 주소서

주여, 이 죄인에게 당신의 거룩한 불을 내리셔서 통회하는 나의 마음에 일체의 부정한 것을 태워 버리시고, 성결과 사랑으로만 채우시고, 당신만이 임재해 주소서.

주여, 저들이 주장하는 진리 위에 당신의 불을 내리셔서 사람의 헛된 고집은 녹여 버리시고 오직 당신의 정체만을 바라보게 하소서. 저들이 탐하는 신비 위에 당신의 불을 내리셔서 악령의 오묘는 깨뜨리시고 오직 당신만을 알게 하소서.

주여, 우리가 계승받았다 하여 정통이라고 존중하는 교리와 신조 위에 당신의 불을 내리셔서 우리가 안고 있는 옛 신자의 해골을 태우시고 당신의 생명에만 불붙게 하소서. 우리가 의지하는 바가 옛 위인의 썩은 막대기뿐이므로, 이것도 꺾어 버리시고 오직 당신만 의지하게 하소서. 모세의 비석도 묻어 버리고, 아론의 지팡이도 꺾어 버리신 주님, 우리는 오직 당신의 영에만 불붙게 하소서.

주여, 저희들이 공(功)을 다투어 떠드는 사업 위에 하늘의 불을 내리셔서 검불과 짚으로 지은 것은 재가 되게 하시고 금과 은의 아름다운 건축만 남게 하소서. 우리들이 조직하여 놓은 모든 모임 위에도 하늘의 불을 내리시어 저희들의 시기와 공론(空論)의 일체 안건을 불사르고 위선자의 모임을 해산하시고 예루살렘 다

락방의 기도회를 소집하소서. 우리들이 제정하여 놓은 헌장에 하늘의 불을 내리셔서 약자에게는 칼날이 되고 강자에게는 칼자루 되는 것을 살라 버리시고 만인 평등의 당신의 정의만이 서게 하소서.

주여, 우리들이 건축하여 놓은 저 마천루(摩天樓) 예배당에도 당신의 불은 내려야 하겠습니다. 가난한 교인의 한숨 소리 그치지 아니하고 의인의 눈물이 소리칩니다. 하늘의 불이여, 내리시라! 땅이여, 진동하라! 돈의 높은 자리도 타 버리고 바리새의 강한 자도 무너지라!

오 주여, 우리의 제물은 오직 통회하는 심령뿐이고, 사랑뿐입니다. 세리와 죄인이 당신의 전에서 자유로 기도하게 하시고 부자와 걸인이 한 상에서 당신의 잔을 마시게 하시며 원수와 원수가 칼을 던지고 당신의 제단 앞에서 서로 화목하게 하소서.

오 주여, 예루살렘 다락방에 내리시던 불을 오늘 우리에게도 내려 주소서.

_김인서 1894-1964, 목사, 신학자

축복하소서

오 하나님, 당신은 저희를 왕 같은 제사장으로 삼으시어 모든 사람들을 위해 기도하게 하셨습니다. 하오니 저희 기도를 들으소서.

숲속에서 혹은 논밭에서, 광산에서 혹은 공장에서, 들판에서 혹은 바다에서 땀 흘려 일하는 모든 사람들이 자신들의 노동의 열매를 맛보게 하시며 수고에 대한 합당한 보수를 받게 하소서. 저희로 하여금 얼마나 많이 그들의 덕을 입고 있는지 알게 하시고 저희의 삶의 편의를 위해 제공되는 모든 봉사들을 감사함으로 기억하게 하소서.

지도자와 행정가로서 책임을 져야 하는 사람들이 자신들의 권력과 힘을 자신을 위해 이기적으로 사용하거나, 자신이 속한 당을 위해 파당적으로 사용하거나, 자신이 속한 계층을 위해 사용하지 않게 하소서. 그들로 하여금 자신들이 국민의 종임을 기억하게 하시어, 정의를 행하고 자비를 사랑하며 겸손하게 행동하도록 도우소서.

삶의 전쟁터에서 다른 사람의 비인간적인 처사 때문에, 자신들의 한계 때문에, 혹은 모든 사람을 에워싸고 있는 악조건 때문에 고통당하는 사람들을 위해 기도합니다. 불의를 대면하되 앙심을 품지 않게 하시고, 부지런히 노력하여 자신의 약점을 극복하게 하시며, 변화시킬 수 없는 일은 참고 견딜 수 있게 하소서.

✤ 사귐이 기도를 위한 기도선집

나라를 다스리는 사람들이 지혜로우면서도 교만하지 않게 행동하게 하시고, 언제나 평화를 추구하며 저희의 일상 생활 가운데 정의를 세우도록 하소서.

_라인홀드 니버(Reinhold Niebuhr) 1892-1971, 미국의 신학자

순종

사랑의 주님,
넓은 마음을 제게 주소서.
주님의 위엄에 합당한 섬김을 가르치소서.
제 것을 드릴 때 값을 계산하지 않게 하시고
싸우되 다치는 것을 두려워하지 않게 하시고
일하되 쉬기를 구하지 않게 하시며
섬기되 보상을 기대하지 않게 하소서.
오직 주님의 뜻을 이루는 데에만
전념하게 하소서.

_로욜라의 이그나티우스(Ignatius of Loyola) 1491-1556, 예수회 창시자

헌신의 기도

주님, 제 이성을 바칩니다.
당신을, 당신의 완전함을,
당신의 역사를, 당신의 뜻을 아는 일에만 사용하소서.

제 의지를 바칩니다.
제 자신의 뜻이 제겐 없게 하소서.
주님이 원하시는 것, 오직 그 뜻만을 품게 하소서.
당신처럼 모든 일에서 하나님의 영광만을 위하게 하시고
그것이 제 모든 행동의 목적이 되게 하소서.

제 감정을 바칩니다.
그 모두를 다스리소서.
당신만이 제 사랑, 제 두려움, 제 기쁨이 되소서.
주님을 경외하고 주님을 위하는 것 외에
아무것도 있지 않게 하소서.

주님이 사랑하시는 것을 사랑하게 하소서.
주님이 미워하는 것을 미워하게 하소서.
주님이 저에게 원하시는 만큼

그 감정을 풍성하게 하소서.

제 몸을 드립니다.
제 몸으로 주께 영광 돌리게 하시고
오 하나님, 몸을 거룩하게,
당신이 거하시기에 합당하게 잘 지키게 하소서.
육신에 탐닉하게도 마시고
몸을 위한 노력이 도를 넘지 않게 하소서.
주께서 부르신 소명을 다 이루기에 적합할 만큼만
건강하고 활력 있고 민첩하게
잘 관리하게 하소서.

제 모든 소유를 드립니다.
당신만을 위해 그것을 소유하고 사용하게 하소서.
주께서 제게 맡기신 모든 것 중에서
제 삶에 필요한 만큼만 사용하게 하시고
나머지는 당신이 원하시면 언제든지 기꺼이
돌려 드리게 하소서.

제 신용과 명성을 바칩니다.
그것을 귀하게 여기지 않게 하시고

주님을 위해 사용하게 하소서.
그것을 지키기 위해 힘쓰지 않게 하시고
주님의 사역과 영광을 위해 사용하게 하소서.

저 자신, 제 모든 것을 바칩니다.
저 자신이 아무것도 아님을 알게 하시고
주님 없이는 아무것도 가진 것이 없음을 알게 하소서.
오직 주님만이
저 자신과 제가 가진 모든 것을 사용하고 다스리소서.
주님만이 제 분깃이며 저의 모든 것입니다.

오 나의 하나님, 나의 전부시여, 이제 이후로
이 엄숙한 서약을 깨려는 유혹을 만날 때
세상을 따르라는 압력을 받을 때
저를 둘러싼 사람들과 관습들이 압박해 올 때
제가 이렇게 대답하게 하소서.
"나는 나 자신이 아니다. 나는 나 자신을 위해서도,
세상을 위해서도 존재하지 않는다. 오직 하나님을 위해 존재한다.
나는 하나님께 속한 것을 하나님께 드릴 것이다."
하나님, 죄인인 저를 불쌍히 여기소서.

_존 웨슬리(John Wesley) 1703-1791, 영국의 목사, 감리교 창시자

나를 없애소서

나는 날마다 깨지게 하소서.
깨져서 깨어나게 하소서.
내가 아무것도 아닌 것을
알게 하소서.
내가 지금 없어져도
하늘 땅 사이에
일없음을 알게 하소서.

나를 버리면 자유롭고
나를 놓으면 편안하고
나를 비우면 넉넉한 것을 알았습니다.
나만 벗어 버리면
모든 일이 물처럼 쉽게
바람처럼 시원하게 되어 갈 것입니다.
하나님, 내 생각과 감정과 행동 속에서
나를 빼어 주소서.

_박재순 신학자

몸의 소리를 듣도록

저의 여린 한숨까지도 다 들으시는 아버지,
저를 도우시어
제 몸의 소리를 듣게 하소서.
그 동안 몸에 대해 무신경하게 살았던 것을 회개합니다.
아버지의 귀한 선물인 이 몸을 사랑하게 하시고
몸이 내는 작은 소리까지도 듣게 하시고
정성껏 섬기게 하소서.
그리하면
늘 생명력이 충만하여
아버지 뜻을 받드는 데 힘쓸 수 있을 것입니다.
그리하면
다른 몸들을 섬기는 일에
더 유익해질 것입니다.
그러니
제 귀를 열어
몸의 소리를 항상 듣게 하소서.

_김영봉 목사

참회의 기도

나사렛 예수여, 주님의 가르침을 받고 보니 저희 마음속의 어두움이 부끄러워 견딜 수 없습니다.

저희는 살인자입니다. 저희는 간음을 했습니다. 저희가 무죄하다고 말하는 것은 이 세상의 불완전한 법에 비추어 보았기 때문입니다. 저희가 성낸 것이 몇 번이며, 형제를 원망한 일도 얼마나 많았는지요. 친구를 미련한 놈이라고 부르고, 바보라고 욕하며 오히려 통쾌함을 느꼈습니다. 이성을 보고 음욕을 품었던 적도 많았고 음담패설은 자주 저희 입술을 더럽혔습니다.

아, 거룩하신 주님, 저희를 엄하게 심판하지 마소서. 저희는 죄의 자식입니다. 주님의 자비로 용서하소서. 주님의 피로 깨끗하게 하소서.

눈을 빼서 죄를 씻을 수 있다면 그렇게 하겠습니다. 하지만 죄는 눈이나 손이 아니라 저희의 본성에 있습니다. 마음이 더러워져 있으므로 온몸으로 주님의 가르침을 범합니다. 그래서 주님의 은혜가 더욱 필요합니다. 주님의 은혜로 저희 온 성품이 깨끗해지기 원합니다. 주님은 저희 몸에 이 기적을 행하실 수 있습니다.

아, 저희는 주님 앞에 변명을 늘어놓고 저희가 의롭다고 주장하지 않겠습니다. 죄인으로서, 살인자로서, 간음을 행한 사람으로서 오직 주님의 용서만을 빕니다. 그렇습니다. 저희는 가인입니다. 헤롯입니다. 저희는 다른 사람의 악을 거론함으로 자신의 의로움을 내세우지 않겠습니다. 다만, 저희의 죄를 참회하오니 받아 주소서.

주님의 은혜를 받아 저희가 이 세상의 소금과 빛이 되어 이생에서는 방부제와 빛의 역할을 하고 장차 올 주님의 나라에서는 주님의 이름을 영원히 찬양하게 하소서.

_우찌무라 간조 1861-1930, 일본의 기독교 지도자

당신을 주소서

제가 선물을 구하면
그분은 그것을 주시겠지요.
받은 저는 그 선물을 가지고
그분을 떠나야 할 것입니다.

저는 그분을 떠나고 싶지 않습니다.
하오니,
제게 그 어떤 선물도 주지 마십시오.
다만, 주님 자신을 주십시오.
오 내 사랑하는 이여,
당신과 늘 함께 있고 싶습니다.

_작자 미상(외국)

'예수쟁이'가 되렵니다

방황하던 나는 이제야 나의 길을 찾았나이다. 이제는 온 마음을 다해 그 길로 달음질할 따름입니다. 나의 기쁨은 거기에 있을 것입니다. 소망은 거기 있어요. 그 길이란 찾기 어렵다면 어렵고 쉽다면 쉬운 것인데 공연히 일생의 반절을 길가에서 낭비하고 있었던 것입니다.

그러나 늦게 지금이나마 찾은 것을 감사할 따름이지요. 그 길이란 곧 예수님이 밟으신 길입니다. 나는 그냥 믿고 그 길로만 따라 나가렵니다. 남이야 나를 가리켜 '시대에 뒤떨어진 자'라고 하든지 '케케묵었다'고 하든지 못난이라고 하든지 나는 이제 탓하지 않으려고 합니다. 나는 도리어 그런 소리를 듣는 것을 지극한 영광으로 알겠습니다. 왜냐하면, 그것도 주님을 따르느라고 받는 욕이니까요.

나는 지금까지 너무나 남의 세상에 살아왔습니다. 너무나 남의 눈을 두려워했던 것입니다. 나는 이제부터 아주 '예수쟁이'가 되렵니다. 미치도록 믿으려 합니다. 이렇게 되도록 노력하는 것이 곧 나의 생활이 되겠지요. 세상에서 똑똑하다는 칭찬을 받으면서 속으로는 무기력한 생활만 하다니! 차마 못 견딜 노릇인 줄 압니다. 나는 힘 있게 살려고 합니다. 주만 믿으면서… 오! 주여, 어느 지경에 이르게 되든지 주만 따라가게 하옵소서.

_이용도 1901-1933, 부흥사

자비를 구하는 기도

사랑의 주 하나님, 제가 당신 앞에 죄인이라는 사실은 제가 잉태되고 태어나 생각하고 말하고 행동하고 있다는 사실만큼이나 분명한 사실입니다. 저의 존재 전체가 죄로 물들어 있습니다. 저는 썩은 나무와 같이 본성적으로 죄와 진노의 자식입니다. 이 본성이 우리에게 남아 있는 이상 저희는 죄인이며 "저희 죄를 용서하여 주소서"라는 기도를 반복해야 합니다. 하여, 당신이 명령하신 대로 제가 고백합니다. 심판하실 때 당신은 의로우십니다. 주님, 저는 악을 행한 사람이며 당신의 거룩한 계명을 범한 죄인입니다. 저를 도우소서. 저는 속수무책입니다.

_마르틴 루터(Martin Luther) 1483-1546, 종교개혁자

웃음이게 하소서

언제라도
웃음이게 하소서.
비가 오는 날에도
어두울 때에도
허전하게 돌아설 때에도
마음 깊이 웃음이게 하소서.

끝내
웃음이게 하소서.
슬픔으로 마음이 무너지고
맥없이 길이 끊겨도
끝내는
웃음이게 하소서.

웃음으로 열리는 길을
웃음으로 걷게 하소서.

_한희철 목사, 저술가

마음과 생각을 높이도록

전능하신 하나님, 당신께서는 말씀으로써 항상 저희를 깨우치시고 많은 본보기를 통해 가르치셨습니다. 이로써 저희는 이 세상에는 영원한 것이 없으며, 견고해 보이는 것도 당신의 입김 한 번이면 흔들리고 넘어지고 사라져 버린다는 사실을 알게 되었습니다. 하오니, 저희로 하여금 낮아지고 겸손해짐으로 이 땅의 것들을 의지하지 말고, 마음과 생각을 하늘로 들어올려 희망의 닻을 그 곳에 두게 하소서. 마침내 이 땅의 인생을 마치고 당신의 독생자의 보혈로써 저희를 위해 마련해 두신 하늘 나라에 이를 때까지 저희의 모든 생각이 하늘에 있게 하소서.

_장 칼뱅(Jean Calvin) 1509-1564, 프랑스의 신학자, 종교개혁자

참된 사랑

주님,
하나님을 사랑한다고 하면서
가장 가까운 내 아내, 남편과 자녀, 부모와 형제들을
냉대하며 무시하고 있지는 않은지요?
하나님의 뜻대로 순종한다고 하면서
이웃의 괴로움과 고통을 외면하고 조롱하고 있지는 않은지요?
나를 용서해 주시고
깨우쳐 주소서.

_김지철 신학자, 목사

숨어 계신 하나님

숨어 계신 하나님!
아버지처럼 저도 숨어 살게 하소서.
찬란히 드러날 때를 기다리며 잠시 동안 숨어 사는 것이 아니라
끝까지 숨어 살게 하소서.

아니 계신 곳이 없으면서
또한 어디에서도 자신을 드러내지 않으시는 아버지!
저로 하여금 더욱 널리, 더욱 깊이 들어가
일하게 하시되 숨겨져 있게 하소서.

숨겨져 있는 사람이 실은 진실로 알려진 사람이요
잊혀져 있는 사람이 실은 진실로 기억된 사람이요
무명한 사람이 실은 진실로 유명한 사람입니다.

저로 하여금
아버지처럼 숨어 있게 하시고, 숨어 일하게 하소서.
숨어 있는 것이 저의 영광이 되게 하소서.

_김영봉 목사

눈을 뜨게 하소서

주님, 당신이 어디에나 계시다는 것을 저희가 알고 또한 느낍니다. 하지만 저희 눈에 어떤 베일이 씌워진 것 같습니다. 하오니, 주님의 얼굴빛 전부를 저희에게 비춰 주소서. 주님의 깊은 광채가 저희를 둘러싸고 있는 이 거대한 어둠의 중심을 비추게 하소서. 그러기 위해 저희에게 당신의 영을 보내소서. 거룩한 영의 이글거리는 능력만이 모든 내적 완성을 마무리짓는 위대한 변화를 발생시키고 완성할 수 있습니다. 바로 그것이 당신의 피조 세계가 열망하는 바입니다.

_테이야르 드 샤르댕(Teilhard de Chardin)
 1881-1955, 프랑스의 과학자, 예수회 신부

본받게 하소서

예수님의 마지막 기도 중에서
"나는 세상을 이겼다" 하시는 그리스도의 모습,
그리고
"인간은 모두 하나님 아버지의 것입니다" 하시며
모든 인간을 하나님의 아들딸로 보시는 주님의 그 눈길,
"저들 마음속에 하나님의 사랑을 주옵소서" 하시는 그 모습,
기도하시는 주님의 태도,
저희들도 본받게 하옵소서.

_이호빈 1898-1989, 목사, 강남대학교 설립자

겸손한 삶

크고 거룩하신 하나님, 다른 누구보다도 저는
하나님 앞에서 자신을 낮추어야 함을 고백합니다.
날마다 생각과 말과 행동으로 당신의 거룩하신 위엄을 거스른
그 큰 죄, 그 많은 죄를 생각하면 저는 낮아져야 합니다.

제 생각은 항상 변덕이 심하고
한 시간 동안에도 수많은 헛되고 부정한 생각들이
제 마음에 드나든다는 사실을 고백합니다.

저의 이 감춰진 허물로부터 정결케 하소서.
마음에 가득한 것들이 입으로 나옵니다.
매일같이 헛되고 불필요한 말을 수없이 내뱉을 뿐 아니라
제게 맡겨진 사람들에게 도움 될 말을 할 수 있는 많은 기회를
헛되이 지나쳐 버립니다.
제 생각뿐 아니라 말에도 허물이 많습니다.

_수산나 웨슬리(Susanna Wesley) 1669-1742, 존 웨슬리의 모친

죽음을 눈앞에 두고

나는 이렇게 왔다가
이렇게 가네요.
서운하지 않은 건 아니지만
그거야 주름투성이 당신 얼굴의
잔주름살 하나도 안 되는 걸요.
이제 이 몸 허물어져 당신께 돌아가
영원이 되는 건데요.

이봐 가긴 어디로 가.
끝도 없는 이 누리
나의 앞뜰이요 뒷뜰인데.
풀꽃 보드라운 목숨
그 아름다움이 나의 숨결인데.
뼈를 갈아 내는 이 역사의 굽이굽이에서
이 주름진 얼굴 한 순간도 돌릴 수 없는데.
이 찢겨진 밤
헐벗고 굶주린 사람들 옆을
한 걸음도 물러설 수 없는데.

✤ 사랑의 기도를 위한 기도선집

예 알겠습니다.
당신께 돌아가
당신이 사랑하는 세상에
더 가까워지는 거군요.
몸과 마음 눈물로 풀어져
땅속으로 풀잎 속으로 사람들의 살 속으로
아픈 역사 속으로 스며드는 거군요.

작은 축복에서 큰 축복으로
작은 사랑에서 큰 사랑으로
커 가는 거군요.
당신만큼!
감사하고 또 감사합니다.
기쁜 마음으로
당신의 무한한 사랑에 뛰어들렵니다.

_문익환 1918-1994, 목사, 신학자, 통일 운동가

오 주님, 당신을 뵈었습니다

주님, 주님의 얼굴을 어떻게 묘사할 수 있나요? 그 아름다움을 어떻게 설명할 수 있나요? 우주도 담지 못하는 주님을 언어로 어떻게 담아낼 수 있나요? 인류에 대한 주님의 사랑이 얼마나 큰지를 누가 감히 표현할 수 있나요? 최근에 저는 편안히 앉아 가물거리는 촛불 옆에서 성경을 읽고 있었습니다. 촛불이 저를 끌어안으려는 느낌을 받는 순간, 그것이 주님이라는 사실을 깨달았습니다. 주님이 저를 끌어안으셨습니다. 주님의 빛과 따뜻한 기운이 방을 가득 채웠고 주님의 팔이 저를 감싸 안았습니다. 땅에 있던 제 방은 천국이 되었고 제 집은 천국의 대궐로 변했습니다. 저도 모르게 마음 깊은 곳에서부터 소리쳤습니다. "주님, 저를 긍휼히 여기소서. 제게 자비를 베푸소서. 제가 주님을 진실하게 섬기지 못했습니다." 이렇게 소리치며 울 때 저는 주님의 자비를 느꼈습니다. 주님은 제 영혼을 치료하시는 의사이십니다. 이제, 이 방문을 기억하며 땅에 엎드려 주님을 경배합니다. 이제 알겠습니다. 이 어둡고 죄 많은 세상에서 주님의 사랑의 빛은 가물거리는 촛불임을! 하지만 제 영혼 안에서 당신의 거룩한 빛은 환하게 빛나고 있습니다. 주님을 제게 드러내 주심에 감사드립니다. 오 주님, 저는 주님을 뵈었습니다. 오 주님, 주님을 뵙게 하소서.

_교사 시므온(Simeon the Theodidact)
 949-1022, 콘스탄티노플에서 활동했던 교회 지도자

기름기를 제거해 주소서

가난하고 소박하게 사셨던 주님, 제 삶에 기름기가 너무 많이 끼었음을 문득 깨닫습니다. 제 식탁에, 제 몸에, 제 살림살이에, 제 생각에, 제 말과 글에, 제 기도에, 제 찬양에 기름기가 너무 많습니다. 그래서 저의 몸과 살림살이와 사상과 기도가 동맥경화증에 걸려 버렸습니다. 이 기름기를 속히 걷어내지 않으면 저는 몸져 눕게 될 것입니다.

주님, 저를 도우소서. 이 기름기를 걷어내야 하겠습니다. 그것을 걷어내는 방법을 알려 주시고 실행할 수 있는 용기와 능력을 주소서. 그리하여 주님처럼 담백한 식탁, 가벼운 몸, 단출한 살림살이, 농축된 말, 명료한 생각, 맑은 영성, 소박한 몸짓을 얻게 하소서.

_김영봉 목사

처음 것을 드립니다

내 영혼의 영원하신 아버지시여,
오늘 저의 첫 생각이
당신 생각이 되게 하시고
저의 첫 바람이
당신을 찬양하는 것이 되게 하시며
제 입에서 나오는 첫 마디 말이
당신의 이름이 되게 하시고
저의 첫 행동이
당신 앞에 기도하고자 무릎 꿇는 것이 되게 하소서.

_존 베일리(John Baillie) 1886-1960, 스코틀랜드의 신학자

당신의 도(道)를 위하여

주여,
우리의 마음이
당신의 도를 위하여 불타게 하옵소서.

주여,
우리의 소유가
당신의 도를 위하여 성별되게 하옵소서.

주여,
우리가 받은 당신의 도를 위하여
달음질하게 하옵소서.

_김재준 1901-1987, 신학자

내가 사는 이유

주님께서 제게 여신 길은 제 자신의 의지를 따라가는 어려운 길에 비해 쉬운 길입니다. 제 자신의 의지를 따른다면 다시금 애굽으로 돌아가 지푸라기도 없이 벽돌을 만들어야 할 것입니다. 사람들이 저를 찬양하도록 주께서 허락하신다면 저는 걱정하지 않을 것입니다. 그들이 저를 비난하도록 허락하신다면 더더욱 걱정하지 않을 것입니다. 제게 일을 주신다면 기쁨으로 그것을 받을 것입니다. 그 일은 제게 안식을 줄 것입니다. 주님의 뜻을 따르는 것이기 때문입니다. 주께서 안식을 주신다면 저는 주님 안에서 쉴 것입니다. 제가 간구하는 것은 단 하나입니다. 저를 제 자신으로부터 구해 주소서. 모든 것을 바꾸려는, 이유 없이 행동하려는, 목적 없이 움직이려는, 주님이 정해 놓으신 모든 것을 흔들어 놓으려는 이 사적이고 해악한 충동으로부터 저를 구하소서. 제가 주님의 뜻 안에 쉬고 침묵하게 하소서. 그러면 주님의 기쁨의 빛이 제 인생을 따뜻하게 할 것입니다. 그 기쁨의 불이 제 마음에서 타올라 주님의 영광을 위해 빛을 발할 것입니다. 이것이 제가 살아가는 목적입니다.

_토마스 머튼(Thomas Merton) 1915-1968, 미국의 수도사, 사회운동가

일사각오(一死覺悟)를 빕니다

오, 주여!
이 목숨을 아끼어 주님께 욕되지 않게 하시옵소서.
이 몸이 부서져 가루가 되어도 주님의 계명을 지키게 하옵소서.

주님은 저를 위하여 십자가에 달리셨습니다.
머리에 가시관, 두 손과 두 발이 쇠못에 찢어져
최후의 피 한 방울까지 쏟으셨습니다.
주님은 저를 위해 죽으셨거늘,
내 어찌 죽음이 무서워 주님을 모르는 채하오리까?
다만 일사각오가 있을 뿐입니다.

십자가에 죽으시고 사흘 만에 무덤 속에서 부활하신 주님,
사망의 권세를 이기신 예수여!
저도 부활을 믿고 사망의 권세를 제 발 아래애 밟게 하시옵소서.
"죽음아, 네 쏘는 것이 어디 있느냐?"
나는 부활하신 예수를 믿고 나도 부활하리로다.

_주기철 1897-1940, 목사, 순교자

참된 집

오 주 우리 하나님, 당신의 날개 아래 저희의 희망을 둡니다. 저희를 보호하시고 길러 주소서. 어릴 때부터 노인이 될 때까지 저희를 길러 주실 분은 오직 주님뿐입니다. 주님이 저희의 든든한 보호자가 되실 때 진정으로 안전할 수 있습니다. 자신의 힘으로 보호하려 할 때 저희는 안전할 수 없습니다. 저희의 목적은 영원히 주님과 사는 것입니다. 그렇게 살지 않기 때문에 저희가 이렇게 잘못되어 있습니다. 이제 주님께 돌아가 다시는 넘어지지 않게 하소서. 저희에게 가장 좋은 것은 주님과 함께 사는 것입니다. 그러면 저희는 아무 부족도 느끼지 못할 것입니다. 주님이 좋은 것의 원천이시기 때문입니다. 이 땅에 돌아갈 집이 없어도 걱정하지 않겠습니다. 참으로 돌아갈 집이 있기 때문입니다. 저희가 그 집을 떠나 있는 동안에도 그 집은 허물어지지 않았습니다. 그 집은 주님의 영원한 나라입니다.

_아우구스티누스(Augustinus) 354-430, 철학자, 사상가

식사를 위한 기도

아버지,
저의 생명을 위해서 희생된 생명들을 보십시오.
이 식탁에 오르기 위해
아버지께서 허락하신 생명의 길이를
다 채우지 못했을 이 생명들,
그들에게 경의와 감사의 마음을 가지게 하소서.

그 희생에 대한 감사와 존경의 표시로써
이 음식들을 정성스럽게 먹게 하시고,
섭취된 그 생명들로써 제 생명을 강건케 해주소서.
저를 위해 희생한 그 많은 생명들을 기억하고
저 또한 제 생명을 나누게 하소서.

생명은 죽음로써만 나누어 줄 수 있는 것이 아님을 깨닫고
살아서부터 생명을 나누게 하소서.
이로써 생명을 주신 아버지께 감사할 수 있고
이로써 저를 위해 희생당한 생명들에게
보답할 수 있기 때문입니다.

_심영봉 목사

헌신의 기도

오 예수 그리스도시여,
저는 당신께 살아 있습니다.
저는 또한 당신께 죽어 있습니다.
살든지 죽든지
저는 주님 것입니다.

_마르틴 루터(Martin Luther) 1483-1546, 종교개혁자

우리의 참된 집

앞에 계신 하나님이요 뒤에 계신 하나님, 우리를 위하시는 하나님이자 당신 자신을 위하시는 하나님, 하늘과 땅을 만드신 분, 바다와 하늘을 지으신 분, 낮과 밤을 다스리시는 분.

저희에게 주신 삶의 질서를 감사히 여깁니다. 반복되는 리듬을, 지속되는 균형을, 저희 근심을 해소시키는 안정성을.

주님 주신 보물입니다, 일할 수 있는 낮과 쉴 수 있는 밤은. 주님 주신 귀중한 선물입니다, 다스릴 수 있는 낮과 맡길 수 있는 밤은. 주님 주신 감미로운 선물입니다, 계획할 수 있는 낮과 꿈꿀 수 있는 밤은.

저희 낮과 밤이 되어 주시고 하늘과 땅이 되어 주시며 바다와 하늘이 되어 주소서. 그리고 마침내 저희 참된 집이 되어 주소서.

_월터 브루그만(Walter Brueggemann) 미국의 신학자

아버지 앞에 서니

"내가 어찌하면 이를 알까 하여 생각한즉 그것이 내게 심한 고통이 되었더니 하나님의 성소에 들어갈 때에야 그들의 종말을 깨달았나이다"(시 73:16-17).

그렇습니다, 아버지.
엊저녁 TV에서 본 한 정치인의 연설과
그가 받은 열광적 갈채가
이 아침에 아버지 앞에 앉아 생각하니
찰나의 헛된 꿈인 것을 알겠습니다.
제 마음을 사로잡았던 일들이, 아버지 앞에서 보니
부끄럽고 위험한 유혹이었음을 깨닫습니다.
아버지 앞에 서니 모든 것의 실상이 보입니다.
아버지 앞에 서니 제 생각에 방향이 잡힙니다.
아, 감사합니다, 아버지.
기도할 때만이 아니라 눈을 뜨고 활동할 때에도
늘 아버지와 동행하여
바로 보고 바로 생각하도록 인도하소서.

_김영봉 목사

일어설 때와 죽을 때

제가 일어설 때
새처럼 기쁨으로 일어서게 하소서.

제가 죽을 때
낙엽처럼 후회 없이 떨어지게 하소서.

_작자 미상

주님과 하나 되게

오 자비로우신 예수님, 저에게 은혜를 주시어 늘 은혜 안에 살며 그 안에서 일하고 죽을 때까지 그 안에 살게 하소서.

저에게 은혜를 주시어 주님 보시기에 가장 받으실 만하고 가장 즐거워할 만한 것들을 바라고 추구하게 하소서. 주님의 뜻이 제 뜻이 되게 하시고 제 뜻이 영원히 주님의 뜻과 일치하여 그 뜻을 이루게 하소서.

주님과 저 사이에는 오직 하나의 의지 즉 주께서 사랑하시는 것을 사랑하고 주께서 미워하시는 것을 멀리하려는 의지만이 있게 하소서. 저로 하여금 주께서 뜻하지 않으신 것은 그 무엇도 할 수 없게 하시고 주께서 원하시는 것은 그 무엇이라도 싫어하지 않게 하소서.

_토마스 아 켐피스(Thomas à Kempis)
1379-1471, 네덜란드의 신학자, 「그리스도를 본받아」의 저자

축복보다는 진리를

주여,
우리의 우매함을 성령으로 깨우쳐 주시어
기독교 신앙은
축복보다 더욱 진리를
기적보다 더욱 말씀을
방언보다 더욱 분별력을
공적보다 더욱 은총을
형식보다 더욱 내용을
충실히 하는 데 있음을
깨닫고 실천하게 하옵소서.

_김성렬 목사

선택을 위한 기도

오 하나님,
어려운 결정을 해 가면서
제가 성숙하게 하소서.
쉬운 일이 아니라 옳은 일을,
사람들이 좋아할 일이 아니라 참된 일을,
빛나는 일이 아니라 영원한 일을 택하게 하소서.
저희가 택하는 모든 것이
결국 저희 자신을 만들기 때문입니다.

_리처드 웡(Richard Wong) 재미 중국인 목사

당신의 현존 앞에서

오 주님, 저는 무엇을 구해야 할지 모릅니다. 오직 주님만이 진정으로 제게 필요한 것이 무엇인지 아십니다. 주님은 제가 자신을 사랑하는 것보다 훨씬 더 저를 사랑하십니다. 하오니, 진정으로 제게 필요하지만 저 자신은 알지 못하는 그것들을 알게 하소서.

감히 제가 십자가나 위로를 구하겠습니까? 그저 주님을 의지하고 기다릴 뿐입니다. 제 마음은 주님을 향해 열려 있습니다. 크신 은혜를 베푸시어 저를 도우소서.

때리기도 하시고 싸매기도 하소서. 넘어뜨리기도 하시고 일으키기도 하소서. 저는 잠잠히 주님의 거룩하신 뜻과 이해할 수 없는 섭리를 찬미합니다. 제 생명을 제물로 드립니다. 오직 주님만 의지합니다. 주님의 뜻을 이루는 것 외에는 달리 원하는 것이 없습니다. 어떻게 기도해야 하는지 가르치소서. 바라오니 친히 제 안에 머물러 주소서.

_작자 미상(외국)

승리하소서

하나님, 제가 무엇을 두려워하겠습니까?
저는 다만 아버지께서 승리하시기만을 바랍니다.
제가 승리하는 것이 아니라
아버지께서 제 안에서 승리하시는 것을 바랍니다.
저는 다만
아버지께서 하시는 것을 곁에서 보고 있기만 하면 됩니다.

오오, 아버지께서 승리해 주소서.
제 손을 통해, 또는 제 마음을 통해.
그렇지 않으면 제가 아닌 제 원수를 통해서라도 승리해 주소서.

저는 오늘까지 몇 번이고 제 힘의 부족함을 탄식해 왔습니다.
그러나 이제 깨닫습니다.
대부분의 실패는 제 힘이 넘쳐났기 때문이었습니다.
저는 번번이 이기려 하다가 지고 말았습니다.
요즘에 와서야 비로소 승리의 비결을 조금씩 알게 되었습니다.
그 비결은 저의 힘을 물리치고
아버지께서 저 대신 승리하도록 맡기는 것입니다.

_우찌무라 간조 1861-1930, 일본의 기독교 지도자

✢ 사귐의 기도를 위한 기도선집

하늘을 보도록

전능하신 하나님, 저희는 하나님의 진노를 일으키는 일을 매일 멈추지 않고 있습니다. 저희 육신의 강퍅함과 완고함이 너무 커서 죄를 짓지 않을 수가 없습니다. 오 하나님, 당신의 견책을 인내로 견디게 하시고 슬픔 가운데 당신의 자비로 피하게 하소서. 하나님이 약속하셨고 그리스도 안에서 저희에게 영단번에 보여주신 그 자비하심에 대한 소망 안에서 인내하게 하소서. 그리하여 썩어 버릴 이생의 복을 의지하지 않고 말씀에만 의지하여 부르심의 길을 가게 하소서. 마침내 그리스도 우리 주님을 통해 저희를 위해 하늘에 마련해 두신 그 복된 안식에 들어가기까지 그대로 진행하게 하소서.

_장 칼뱅(Jean Calvin) 1509-1564, 프랑스의 신학자, 종교개혁자

믿음을 주소서

오, 주님이시여!
제게 있는 부모나 형제나 처자나 의식주나
기타 모든 것을 다 빼앗아 가실지라도
오직 당신을 믿고 의뢰하는 신앙만은
남겨 주십시오.
모든 것은 다 잃어버릴지라도 신앙만 남아 있으면
모든 것을 다 가진 자보다 부자입니다.
모든 것을 다 넉넉히 가진 내가 되었을지라도
신앙의 마음이 없다면
저는 벌써 패망한 자가 된 것입니다.

_손양원 1902-1950, 목사, 순교자

참된 갈망

하늘 아버지, 저희 생각을 아버지께 향합니다. 이 시간 다시금 주님을 찾습니다. 길 잃은 나그네의 휘청거리는 걸음이 아니라, 둥지로 향하는 새의 날개짓으로! 기도하오니, 아버지께 대한 저희 확신이 스쳐 가는 생각이나 순간적인 충동이나 마음과 육신을 위로하는 거짓 위안이 되지 않게 하소서. 주님 나라에 대한 저희의 열망과 주님의 영광에 대한 소망이, 유산(流産)의 진통이 되지 않게 하시고 비를 내릴 수 없는 구름이 되지 않게 하소서. 오히려, 마음 전체로 당신께 들어 올려지고 주님께서 들으심으로 아침 이슬처럼 저희 갈증을 잠재우게 하시고 하늘의 만나처럼 허기를 채우게 하소서.

_쇠렌 키에르케고르(Søren Kierkegaard)
1813-1855, 덴마크의 철학자, 신학자

저희를 받으소서

"이 곳은 빈 들이요 때도 이미 저물었으니 무리를 보내어 마을에 들어가 먹을 것을 사 먹게 하소서. 예수께서 가라사대, 갈 것 없다. 너희가 먹을 것을 주어라"(마 14:15-16).

주여,
다른 나라에 비하면
우리는 광야에 모인 오합지중(烏合之衆)이외다.
이 곳은 진실로 빈 들이외다.
그리고 또 때는 황혼이외다.

그러면 어찌하오리까?
우리의 굶은 창자를 움켜쥐고
각기 주님을 떠나 저의 집, 저의 마을로 돌아가오리까?
이제 우리가 배고프다고 해서
주님을 떠나 세속의 마을로 돌아가리까?
먹고서 다시 주님을 찾아오리까?
옳습니다.
돈 벌어 가지고 주님께 다시 오면 그만이 아닙니까?

그러나 주여,

당신은 이것을 원하지 않습니다.

주께서는 우리를 배고픈 채

그대로 보내시는 주님이 아니십니다.

그리고, 주님은 도(道) 자신이시오니

우리가 어찌 잠시인들 주를 떠나오리까?

도는 불가 수예리(道不可須臾離)라!

주께서 영생이시오니

우리가 주를 떠나 어디로 가오리까?

우리로 하여금

우리의 물질 생활에 있어서도 주를 믿고 나가게 합소서.

그리고 우리의 적은 소유라도 주님께 바치면

주께서 축복하사 기적을 보여 주실 것이오니

주여, 우리로 하여금

우리가 가진 것을 주께 바치게 하옵시며

주의 축복이 우리를 통하여

대중에게 미치게 하옵소서.

_김재준 1901-1987, 신학자

무슨 일을 하십니까?

주님,
주님이 지금 무슨 일을 하고 계신지 보십시오.
저의 악함이 얼마나 큰지 잊지 마십시오.
저를 용서하기 위해
제가 지은 모든 죄를 깨끗이 제거하신 것 같군요.
하지만 그 죄들을 잊지 말아 달라고 간청합니다.
그래야 분에 넘치는 은혜를 제게 붓지 않으실 겁니다.

깨진 병에 그 귀한 포도주를 부으시다니요!
제가 얼마나 자주 그 포도주를 쏟아 버리고 허비했는지
아시지 않습니까?
그 귀한 보물을 쓰레기 더미에 두시다니요!
제가 얼마나 자주 그 보물을 잊고 살았는지
아시지 않습니까?
주님의 성문 열쇠를
첫 번 공격에 겁먹고 문을 따 줄 만큼
비겁한 사람에게 맡기시다니요!
그 귀한 진주를 저처럼 비열한 사람에게 주시다니요!

그렇습니다.
저는 주님의 사랑의 잔을
마지막 한 방울까지 마시고 싶습니다.
주님의 영광이 얼마나 크신지 알고 싶습니다.
주님의 진리를 지키고 싶습니다.
주님의 아름다움을 만끽하고 싶습니다.
하지만 제 영혼이 너무 마비되어
아무것도 할 능력이 없습니다.
저의 영적 능력은 감추어져 있을 뿐 아니라
가장 더러운 흙 속에 파묻혀 있습니다.

하지만
주님이 주시는 가장 작은 복을 얻기 위해서라면
제가 가진 가장 귀한 소유물이라도
기꺼이 그리고 즐거이 내놓을 것입니다.

_아빌라의 테레사(Teresa of Avila) 1515-1582, 카르멜수녀회 창시자

주님께서 무엇이 되시건

주님께서 무엇이 되시건
저는 실망하지 않습니다.
주님이 어떻게 되어야만
혹은 무엇을 하여야만 한다는
편견어린 욕심이 제겐 없습니다.
주님의 모습을 미리 헤아려 보고픈 바람도
제겐 없습니다.
그저 주님 모습 그대로 발견하기를 바랄 뿐!
주님께서 저를 실망시킬 리 없는 까닭입니다.

_칼릴 지브란(Khalil Gibran) 1883-1931, 작가

십자가를 지도록

예수 믿는다는 사람들 가운데
복 받고 잘 먹고 잘 살겠다는 사람은 많은데
예수 따라서 십자가 지고 죽겠다는 사람은 없습니다.
탐욕과 명예욕으로 가득 찬 사람들에게서
복음의 힘이 나올 수 있겠습니까?
제 자랑과 제 변명만 늘어놓는 사람들이
어떻게 하나님의 은총을 드러낼 수 있겠습니까?
십자가를 지는 사람만이
십자가의 힘과 생명을 드러낼 수 있습니다.
하나님,
십자가를 지게 하옵소서.

_박재순 신학자

저를 씻어 주십시오

오 예수님, 제 발은 더럽습니다. 종으로 오셔서 대야에 물을 부으시고 제 발을 씻어 주소서. 이런 청을 드리는 것이 염치없는 것임을 압니다. 그러나 "내가 너희의 발을 씻기지 않는다면 너희와 아무런 상관이 없다"는 말씀이 무엇을 의미하는지 압니다. 그것이 얼마나 두려운 일인지 압니다. 그러니 제 발을 씻어 주소서. 주님과 함께 지내기 원합니다.

아, 그러나 제가 구할 것은 또 있습니다. 베드로가 주님께 발을 내민 것은 마땅한 일이었습니다. 그는 몸 전체가 깨끗한 사람이었으므로 발만 씻어도 충분했습니다. 그러나 저는 다릅니다. 비록 주께서 저를 씻기셨지만 제게는 또 다른 씻음이 필요합니다. 주께서 "내가 받아야 할 세례가 있다"고 말씀하실 때 약속하셨던 그 씻음입니다.

_오리게네스(Origenes) 185-254, 알렉산드리아 학파의 대표적 신학자

자신을 잃어버릴 때

제가 주님을 찾을 때
저는 어디에 있었나요?
주님은 바로 제 앞에 계셨습니다만
제가 저 자신으로부터 떠나 있었습니다.
주님을 찾는 것은 고사하고
저는
저 자신도 찾지 못했었습니다.

_아우구스티누스(Augustinus) 354-430, 철학자, 사상가

당신의 눈에 부딪칠 때

아무데서나
당신의 눈에 부딪칠 때
타올라 미쳐 뛰는
내 안의 마음이
잔잔하고 푸른 강으로
가라앉게 하소서.

아무데서나
당신의 눈에 부딪칠 때
노루처럼 비겁한
내 안의 결단이
칼날진 발톱
사자처럼 용맹히 덮칠 수 있게 하소서.

아무데서나
당신의 눈에 부딪칠 때
사막처럼 곽팍한
내 마음 메마름에
뜨거운 눈물

연민의 폭포강이 출렁이게 하소서.

아무데서나
당신의 눈에 부딪칠 때
아직도 못다 울린
새 깃발을 위하여
피 흘려 넘어져도
달려가게 하소서.

_박두진 1916-1998, 시인

행함의 겸손

나는 모든 직업이 고귀한 것임을 믿는다. 예수님은 30년 동안 목수였고 요셉은 평생 동안 그렇게 살았다. 이 모범에 따라 나는 모든 직업을 고귀한 특권으로 여길 것이다. 나는 겸손해질 수 있는 모든 기회, 예수님의 겸손을 내 안에 키워 줄 모든 낮아짐의 기회를 즐거이 그리고 민첩하게 받아들이리라. 만일 내 죄가 사람들에게 알려지면 그것만큼 나를 나쁘게 보이게 만들 것이 없을 것이므로 모든 높은 직업과 고귀한 신분을 피하리라. 예수님이 낮아지셨고 천대받으시지 않았는가. 하나님께 순종함으로 얻어지는 것이 아닌 한 그리고 하나님의 뜻에 따라 받아야 할 의무가 아닌 한 그 어떤 모양의 높임도 받지 않으리라.

_샤를 드 푸코(Charles de Foucauld) 1858-1916, 프랑스의 수도사

쉬게 해주십시오

오 주님,
오직 주님 안에만 있는 것을 주님 밖에서 찾지 않도록 도우소서.
평화와 안식, 기쁨과 축복,
이것은 주님의 영원한 기쁨 안에서만 찾을 수 있습니다.

스스로를 괴롭히는 많은 생각들을 넘어
주님의 영원하신 현존에 이르도록 저희 영혼을 일으켜 주소서.
저희 마음이 주님의 현존에 이르러
그 맑고 밝은 평안을 얻게 하소서.
그 때 저희는 마음껏 숨쉬고, 주님의 사랑 안에 쉼을 얻고
저희를 지치게 하는 모든 것들과 저희 자신들로부터 벗어나
참된 안식을 얻을 것입니다.

그렇게 되면, 주님의 평화로써 힘을 얻고 돌아온 저는
주님을 기쁘시게 하는 일이면 무엇이든
해 낼 수 있고 참아 낼 수 있을 것입니다,
오, 복되신 주님이시여!

_푸시(E. B. Pusey) 1800-1882, 신학자, 목사

참된 제자

아버지, 제가 십자가를 언제 졌던가요? 이미 오래 전에 벗어 놓고는 아직도 그것이 제 어깨에 있는 줄 알고 스스로 자격 있는 제자라고 생각했었군요.

십자가를 지는 일이라고 생각하며 행한 일이, 이제 와서 보니 제 자랑을 위한 일이었고, 돈 몇 푼, 시간 몇 시간 내어 주고는 그것을 십자가로 미화했군요.

십자가를 걸고 자랑하기는 즐겼지만 십자가를 지고 모욕당하기는 거부했습니다. 그러면서도 자신을 좋은 제자라고, 진리의 사람이라고, 기도의 사람이라고 만족해 있었습니다.

자비를 베푸소서. 제가 당신을 속이려 했습니다. '제자'라는 거룩한 이름을 더럽혔습니다. 나를 속이고 이웃을 속여 자격 없는 영광을 즐겼습니다. 용서하소서. 긍휼을 베푸소서.

주님의 영을 제 마음뿐 아니라 제 손과 발에도 부어 주소서. 주님의 영으로 제 십자가를 제 등에 결박해 주소서. 언제나 제 사는 것이 십자가를 진 사람의 삶, 바로 주님의 삶이 되게 하소서.

_김영봉 목사

머물러 있도록

내 주, 내 하나님, 듣는 일은 제게 힘겹습니다. 힘겹다는 말이 정확히 맞는 말은 아닙니다. 듣는 일은 힘써 노력할 일이 아니라 자신을 열고 받아들이는 일이기 때문입니다. 제 말씀은, 제가 너무 활동 중심적이고 너무 결과에 집착하기 때문에 뭔가 하는 것이 그냥 있는 것보다 제게 훨씬 쉽다는 것입니다. 제가 잠잠히 듣기 위해서는 주님의 도움이 필요합니다. 그렇게 하고 싶습니다. 주님의 임재의 빛 가운데 깊이 잠기는 법을 배워 그렇게 머물러 있는 것을 편안하게 느낄 때까지 연습하고 싶습니다. 그렇게 하도록 지금 도와주소서. 감사합니다.

_리처드 포스터(Richard Foster) 미국의 신학자

언제나 당신의 뜻만

주여, 언제든지
주께서 원하시는 대로만
나를 인도하여 주소서.
내가 혹 앙탈을 부린다고 해도
주여, 그것이 이루어지지 않도록
나를 이끌어 주소서.
내게서 주님은 강하게 되고
나는 약하게 되어야 하겠나이다.
곧 주는 흥하여야 하겠고
나는 망하여야 되겠나이다.
주께서 주인이 되시고
나는 종이 되어야겠나이다.

_이용도 1901-1933, 부흥사

주의 자비를

주님,
제 얼굴에 겸손을
제 처신에 진지함을
제 말에 신중함을
제 생각에 거룩함을
제 행동에 의로움을 주소서.
주의 자비로 저의 죄를 씻으시고
주의 은혜가 저를 통해
영생의 열매를 맺게 하소서.

_존 쿠생(John Cosin) 1594-1672, 영국의 목사

정결한 마음을 주소서

주여, 저를 인도하시고 도우소서. 믿을 수 있는 힘과 은사를 주소서. 다윗처럼 저도 "제 속에 정한 마음을 창조하시고 정직한 영을 새롭게 하소서"라고 기도합니다. 저는 새롭고 정한 마음을 창조하지 못합니다. 당신만이 하실 수 있습니다. 제가 태양과 달을 만들어 공중에서 밝게 비추도록 할 수 없는 것처럼, 저는 마음을 깨끗하게 할 수도 없고 정직한 영을 만들 수도 없습니다. 결코 굽히거나 흔들리지 않으며 당신의 말씀을 의심하거나 불신하지 않는 강하고 굳은 마음을 만들지 못합니다. 하루하루 믿음 안에서 자라도록 도우소서. 세상은 저희를 까부르고 넘어뜨리기 위해 음모를 꾸밀 것입니다. 사탄은 모든 피조물을 멸망시키려고 힘쓸 것입니다. 하오니, 저를 도우시어 넘어지지 않게 하소서. 주님의 거룩한 도움으로 복음 안에 머물도록 이끄소서.

_마르틴 루터(Martin Luther) 1483-1546, 종교개혁자

회개의 기도

저희가 생각했어야 마땅하지만
생각하지 않았던 모든 것,
말했어야 했으나
말하지 않았던 모든 것,
했어야만 했으나
하지 않았던 모든 것.

생각하지 말았어야 했으나
생각했던 모든 것,
말하지 말았어야 했으나
말했던 모든 것,
하지 말았어야 했으나
했던 모든 것.

이 모든 생각과 말과 행실을
오 하나님,
용서하소서.

_작자 미상(외국)

부족한 자

아버지,
저희 자신의 부족함을 발견하게 하옵소서.
형제를 향해서도 나는 부족한 자요
국민으로도 부족한 국민이요
신자로도 부족한 신자요
더군다나
하나님 앞에서는 누구보다도 부족한 자임을
알게 하시옵소서.

_이호빈 1898-1989, 목사, 강남대학교 설립자

바다 같은 하나님

영원한 삼위 하나님,
주님은 깊은 바다와 같아서
아무리 찾아도 다 찾을 수 없고
찾을수록 더 찾고 싶은 마음이 커집니다.
주님께서 제 영혼을 채워 주시지만
완전한 만족이란 없습니다.
제 영혼은 끊임없이 주님을 목말라 하고
바라고 찾으며
모든 빛의 근원이신 주님을 보기 원합니다.

_제노아의 캐더린(Catherine of Genoa) 1447-1510, 가톨릭 사제, 빈민 사역자

하루의 노동을 위해

우리 아버지,
우리가 오늘 하루 노동할 때
부끄러움을 느끼지 않을 만큼
정성을 다하게 하소서.
진리를 탐구할 때
부지런함과 정직한 탐구심을 주소서.
동료들을 대할 때
사랑으로 하게 하소서.
주어진 과제와 책임을 수행할 때
즐거움과 용기와 평정을 주소서.

_라인홀드 니버(Reinhold Niebuhr) 1892-1971, 미국의 신학자

빛과 색채

주여! 오늘 저의 눈은 아나톨리아 호수의 남색 빛을 보았습니다. 아나톨리아 호수의 남색 빛은 아테네 상공에서 바라본 에게 해의 청색과는 달랐습니다. 알프스의 봉우리는 자신만의 색채를 가졌고 몽블랑의 백색 테두리는 눈부신 반사로 저의 눈을 현란케 했습니다.

주여! 당신이 만든 피조 세계를 보고 느낄 수 있게 해주셔서 감사합니다. 당신이 "빛이 있으라"고 하신 이후 우리는 빛과 어둠의 교차를 통해 비춰진 당신의 세계를 경탄으로 바라보았습니다.

렘브란트는 색채의 대조를 통해, 터너는 대기 중에 흩어진 빛의 산란을 통해 당신의 피조 세계를 바라보는 또 다른 통로를 열어 보였습니다. 주여! 하지만 이 모든 것, 피조의 세계도 또한 그것을 볼 수 있고 깨닫는 것도 당신의 은총 속에서만 가능한 것임을 알게 하셔서 감사합니다.

주여! 한 번 당신의 은총을 맛본 자는 다시금 아나톨리아의 호수나 에게 해의 바다를 보아야 하는 것은 아닙니다. 이제 풀 한 포기, 흩날리는 바람, 희미한 노을빛 속에서도 당신의 손길을 경이로서 만납니다.

주여! 당신의 은총은 저에게도 작은 것에도 감사하게 만들었습니다. 저의 전 실존이 감사로 응답하며 살기를 원합니다.

_김지녕 1925-2000, 목사, 신학자

독이 든 가시

저는 얼마나 완고하고 고집이 센지요!
제 고집을 극복하기가
어찌 이렇게 어려운지요!
그런데도 기도로써 도움을 청할 때면
주님은 아무런 응답을 주시지 않는 것 같습니다.
의도적으로 모른 체하시나요?
제 스스로 죄의 가시를 뽑아내기까지
기다리시나요?
그렇습니다.
제 몸에 독이 퍼져
더 이상 손쓸 수 없을 지경이 되기 전에
저는 이 독가시를 파내야만 합니다.
그렇지만 주님의 도움이 없이는
이 일을 할 수 없습니다.

_빙엔의 힐데가르트(Hildegard of Bingen) 1098-1179, 수도사

주님께는 관심이 없고

주님,
당신은 당신의 표적과 기사보다 더 큰 분이니이다.
그러나 주님을 만나면서도 주님께는 관심이 없고,
당신이 내게 무슨 일을 하실 것인가에만 매달려 있는
어리석음을 용서하소서.
당신의 말씀을 들으면서도
내 생각을 만족시키는 말만 원하는 이기적인 욕심과
당신의 능력을 보면서도
내 눈에 흡족한 표적만 구하는 완악함이
내게 있나이다.

_김지철 신학자, 목사

자신이라는 감옥

경험의 한계가 믿음의 한계일 때가 있고
성격의 한계가 믿음의 한계일 때가 있습니다.
우리를 불쌍히 여기소서.
자신이라는 감옥에 갇혀 있는 우리를 꺼내 주소서.

_한희철 목사, 저술가

꼭 한 가지 소원

옳은 이를 뵙자고, 참을 찾자고
반백 년 동안 목이 말랐었습니다.
누리를 하나 되게 하실 이가 과연 누구일까요?
옳으신 그 어른이리니!

우리 님이시여,
꼭 한 가지만 이루어 주시옵소서.
저의 이 마음을,
이 만물보다 거짓된 저의 마음을
뿌리째 뽑아 버려 주옵소서.
그리하면 그 뿌리 뽑힌 속의 속에서
용솟음쳐 나오는 생수가 강이 되어 흐를 줄로 믿겠나이다.

이것(나)은 죄요, 저것(세상)은 악인데
가운데 한 길이 있으니 의(義)이니, 예수이니
세상을 이기고 위로 솟아나려는 사람만이 갈 길입니다.
아멘, 옳습니다.

_류영모 1890-1981, 종교사상가

오염되지 않도록

아버지,
참된 삶을 살게 하소서.

저의 설교가, 저의 글이,
저의 사상이 오염되지 않도록
참되게 살게 하소서.
진실하게 섬기고
마음 다해 사랑하게 하소서.

아버지,
참된 삶으로 인도하소서.
삶 없는 사상으로
사람들을 오도하지 않도록
손과 발을 인도하소서.

저의 글과 말이
제 몸에서 나오게 하소서.

_김영봉 목사

시간이 없습니다

주여, 나는 일을 마치고 밖으로 나왔습니다.
다른 사람들도 밖으로 나왔습니다.
그들은 여기저기 다니면서
걷기도 하고, 뛰기도 하고 모두 바쁜 것 같았습니다.

자전거도 달리고, 자동차도 달리고
트럭도 달리고, 길도 달리고
도시 전체도 달리고 모든 사람이 다 달렸습니다.
시간을 허비하지 않으려고, 시간을 뒤쫓아 가느라고
잃은 시간을 되찾느라고, 시간을 아끼느라고 모두 그저
 달렸습니다.
안녕, 미안해요, 저는 시간이 없어서요.
또 올게요, 더 기다릴 수가 없어요, 시간이 없어서요.
시간이 없어서, 여기서 이만 편지를 줄입니다.
시간이 없어서, 마음은 있지만 도와드리질 못합니다.
시간이 없어서, 받아들일 수가 없습니다.
시간이 없어서, 생각하고 읽을 겨를이 없고 바빠서 죽을
 지경입니다.
시간이 없어서, 하고픈 기도도 못합니다.

주여, 그들이 시간이 없다는 것을 아십니까?
아이들은 노느라고 지금은 시간이 없습니다.
아이들은 숙제를 하느라고 지금은 시간이 없습니다.
대학생들은 강의를 듣고, 학습거리가 너무 많아서 지금은 시간이 없습니다.
청년들은 운동을 하느라고 지금은 시간이 없습니다.
갓 결혼한 신랑은 집을 꾸미느라고 지금은 시간이 없습니다.
아버지는 아이들이 있으니까 지금은 시간이 없습니다.
할아버지, 할머니는 손자들이 있으니까 지금은 시간이 없습니다.
그들은 병들었으니 치료를 받아야겠는데 지금은 시간이 없습니다.
그들은 죽어 가니까 시간이…
이제는 너무 늦었습니다, 시간이 없습니다!

주여, 이처럼 모든 사람이 시간을 쫓고 있습니다.
그들은 이 세상을 급해서 서로 떠밀고 밀려가면서
짐을 너무 많이 싣고
미치광이처럼 뛰면서 지나가고 있습니다.
그래도 목적지까지 도달하지 못합니다.
시간이 없기 때문입니다.
별별 노력을 다해도 시간이 없습니다.

정말 시간이 모자랍니다.
주여, 혹시 시간을 잘못 계산한 게 아닙니까?
어딘가 크게 잘못된 것이 있는 게 아닙니까?
한 시간이 너무 짧고 하루가 너무 짧고
일생이 너무 짧은 게 아닙니까?

시간을 초월해 계시는 주여,
주님은 사람들이 시간과 다투고 있는 것을 보시고 웃음이 나실 겁니다.
그러나 주님은 당신이 하신 일을 알고 계시기에
시간을 사람들에게 배정하시는 그 일을 잘못하실 리 없고
주님의 안배대로 시간을 넉넉히 주십니다.
그러므로 사람들은 시간을 잃지 말고
시간을 낭비하지 말고 시간을 죽이지 말아야 합니다.
시간은 주님이 주시는 은총이기 때문입니다.
그러나 은총이긴 하여도 쉽사리 없어지고
보존하기가 어려운 그런 은총입니다.

_미셸 끄와(Michel Quoist) 프랑스의 신부, 작가

주여 오시옵소서

주여, 나를 떠나지 마십시오.
내가 주를 의지합니다.
주님이 계시니
말 없이 서 있는 청산(靑山)이나
하늘에 반짝이는 작은 별도 내게 의미가 있었으나,
주님이 계시지 아니하시면
낮의 해와 밤의 달도 내게 의미가 없었습니다.

주님이 계시므로 나의 노고도 즐거움이 되었으나,
주님이 계시지 아니하면 나의 일, 나의 생명도 헛된 것입니다.
천지만물도 헛되고 인간만사도 헛됩니다.

주님이 계시니
천하가 나를 대적해도 두려울 것이 없었으나,
주님이 나를 떠나시면
풀 아래의 벌레도 나를 놀라게 하고,
수풀에 지나는 바람소리도 나를 슬프게 합니다.
하오니, 오 주여, 오시옵소서!

_김인서 1894-1964, 목사, 신학자

감옥에서 드리는 아침 기도

— 1943년 성탄절

하나님, 이른 아침에 당신을 향하여 호소합니다.
원컨대 나를 도우사 기도드리게 하옵시고
저의 생각을 당신께 모으게 하옵소서.
저 혼자는 그것을 할 수가 없습니다.

제게는 어두움이 있습니다. 그러나 당신께는 빛이 있습니다.
저는 고독합니다. 그러나 당신께는 도움이 있습니다.
저는 불안합니다. 그러나 당신께는 평화가 있습니다.
제게는 쓰라림이 있습니다. 그러나 당신께는 인내가 있습니다.
나는 당신의 길을 이해하지 못하옵니다. 그러나
당신께서는 저를 위한 길을 알고 계십니다.

하늘에 계신 아버지,
밤의 쉼을 위하여 당신께 찬미와 감사를 드립니다.
새 날을 위하여 당신께 찬미와 감사를 드립니다.
나의 지난날의 생에 보여 주신 당신의 모든 은사와 진실에 대하여
 당신께 찬미와 감사를 드립니다.
당신께서는 저에게 온갖 은사를 보여 주셨습니다.

저로 하여금 이 무거운 짐 역시 당신의 손에서부터 받은 것으로
하게 하옵소서.
제가 감당하지 못하는 짐이라면 당신께서는 주지 않으십니다.
당신은 당신의 자녀들에게 있어서는 모든 것이 최선에 이르게
하시옵니다.

주 예수 그리스도여,
당신은 나와 같이 가난하고 가엾고 사로잡혀 버림받으셨습니다.
당신은 인간의 모든 곤궁을 아십니다.
비록 한 사람의 인간도 내 옆에 있지 않을지라도,
당신은 내 옆에 머물러 계십니다.
당신은 잊지 않고 저를 찾으십니다.
당신은 제가 당신을 알고 당신께 돌아갈 것을 원하십니다.
주여, 당신의 부르심을 듣고 당신을 따르오니.
나를 도우소서.

거룩한 성령이여,
절망과 망령됨과 사악에서 저를 건지시는 믿음을 제게 주옵소서.
온갖 미움과 악의를 근절하는 하나님과 인간에 대한 사랑을
제게 주옵소서.
두려움과 낙망에서부터 **해방**하는 희망을 제게 주옵소서.

✢ 사귐의 기도를 위한 기도선집

나의 창조주와 구세주가 되시고, 심판자와 구원자가 되시는
거룩하고 자비로우신 하나님,
당신은 나와 내가 한 일을 모두 알고 계십니다.
당신은 사람의 겉을 보시지 않고,
이 세상과 저 세상에서 악을 미워하시고 이를 벌하십니다.

죄 사함을 성실하게 구하는 자의 죄를 사하여 주십니다.
당신은 선을 사랑하시고,
이 세상에서는 위로함을 받은 양심을 가지고 선에 보답하시고,
내세에서는 의의 면류관을 가지고 보답하십니다.

당신 앞에서 나의 모든 가족들과
함께 옥중에 있는 사람들과
이 옥중에서 고역에 시달리고 있는 사람들을 생각합니다.
주여! 자비를 베푸시옵소서!
내게 다시 자유를 주옵시고,
지금 이 때, 당신 앞과 사람 앞에서 대답할 수 있는 생활을 하게
  하옵소서.
오늘의 하루가 무엇을 가져오든,
주여, 당신의 이름은 찬양을 받으옵소서.

_디트리히 본회퍼(Dietrich Bonhoeffer) 1906-1945, 독일의 신학자

하나님의 정직한 백성

여호와 하나님,
우리가 기도할 때마다
하나님 앞에서 정직한 백성으로 살아가는 법을 배우게 하시고
모든 소유를 부단히 포기해 가는 법을 배우게 해주시옵소서.
나아가 내 자신까지 포기해 가는 법을
배울 수 있게 해주시옵소서.
하나님의 뜻에 위배되는 모든 불의와 악과
자리를 같이하지 아니하고
언제나 배격하고
거기에 대해서 분노를 느낄 줄 아는
우리가 될 수 있게 해주시옵소서.

_임영수 목사

분주한 일상

나의 하나님, 당신과 함께 머물러 있을 짬을 찾기 어려울 만큼
제 일상이 정신없이 돌아가니, 이래도 되나요?
하루 종일 사람들은 저와 대화하기 위해 기다리고 있고
음식을 먹을 때조차도 말하지 않으면 안 됩니다.
잠을 청할 때도 저를 둘러싸고 있는 수많은 문제들에 대해
   생각하고 꿈을 꿉니다.
이 모든 일을 제 자신이 아니라 하나님을 위해 해 왔습니다.
지금의 생활 방식은 제게 고역입니다.
저는 다만 하나님께서 제 고생을
사랑 때문에 당하는 희생으로 여겨 주실 것을 바랄 뿐입니다.
저는 하나님께서 항상 제 곁에 계신 줄 믿습니다만
저는 자주 하나님을 잊습니다.
아버지, 만일 제가 계속 이렇게 살기 원하신다면
바쁜 일정 중에서라도 계속하여 당신을 생각하고 사랑하도록
   강제로라도 만들어 주소서.
이렇게 사는 것이 하나님 뜻이 아니라면 저를 여기서 풀어
   주시고
제 일을 다른 사람들이 맡을 수 있게 하소서.

_아빌라의 테레사(Teresa of Avila) 1515-1582, 카르멜수녀회 창시자

참 사람으로

하나님, 생각해 보건대
저희는 이름만 사람이었지
사람처럼 살지 못했습니다.
그럼에도 불구하고
주님께서는 저희들을 버리지 아니하시고,
참 사람의 모습으로 오시고,
사람답지 못하게 살았던 저희들의 모든 허물을
주님 안에서 용서해 주시고,
주님 안에서 사람으로 다시 설 수 있도록
성령으로 도와주심을
진심으로 감사드립니다.

주님 앞에 머리를 숙이오니
은총을 베푸시사
성령님의 조명 속에서
이 시간부터 사람으로 회복될 수 있도록 도와주시옵소서.
'무엇이 될 것인가'라는 명제에 대한 해답은
언제나 사람이 되는 것임을 잊지 말게 도와주시고,
참 사람이 있는 곳에 참 하나님의 역사가 있음을

잊지 말게 도와주시옵소서.

아직 우리 나라는 여러모로 어려운 가운데 있습니다.
정치계에서, 경제계에서, 문화계에서, 교육계에서
정말 사람을 필요로 합니다.
이 땅의 그리스도인들이
그 일을 감당하게 도와주시옵소서.
우리로 인하여 대한민국 역사의 한 부분이
새로워질 수 있도록 도와주시고
세계 도처에서 텅 비어 가는 하나님의 교회가
우리로 인하여 생명으로 다시 세워지는
구원의 역사가 일어나게 도와주시옵소서.

_이재철 목사, 저술가

당신을 잊었습니다

오, 주님
제 영혼이 바짝 야위었습니다.
당신을 먹지 않았기 때문에!

_십자가의 요한(John of the Cross) 1542-1591, 카르멜 수도사, 시인

제 마음을 지켜 주십시오

부해진다 해도, 가난해진다 해도
주님을 잊는 일이 없게 하소서.
희망이나 두려움, 기쁨이나 고통,
외적으로 겪는 사고나 내적으로 겪는 아픔도
제가 마땅히 해야 할 의무를 회피하게 하거나 방해하거나,
당신의 뜻에서 벗어나게 만들지 않게 하소서.

오, 성령이 제 안에 영원히 거하게 하시어
제 영혼을 바르고 자비롭게, 정직하고 경건하게,
거룩한 뜻을 위해 결연하고 한결같게,
악에 대해서는 굽힘 없게 하소서.
겸손하고 순종하게 하시며,
평화를 위해 일하며 경건하게 하소서.
다른 사람들의 장점을 시기하지 않게 하시고
무시당해 마땅하도록 행동하지 않게 하소서.
만일 그런 잘못을 범하거든 온유와 사랑으로 참아 내도록
저를 가르치소서.

_제레미 테일러(Jeremy Taylor) 1613-1667, 영국의 작가, 성공회 신부

주님을 의지하도록

주님,
따지지 않고 순종하도록,
가식 없이 겸손하도록,
인내하되 불평하지 않도록,
부패하지 않고 순수하도록,
즐거워하되 경박하지 않도록,
슬퍼하되 의심을 품지 않도록,
침착하되 무감각해지지 않도록,
이중성 없이 진실하도록,
주님을 두려워하되 겁에 질리지 않도록,
그리고
주님을 신뢰하되 무례해지지 않도록
저를 도우소서.

_존 쿠생(John Cosin) 1594-1672, 영국의 목사

다 주고 가렵니다

제가 만일 주께 은총을 입었거든
제 생명이 다할 때에
벌거벗은 몸으로 지하에 돌아가게 하시고,
저의 소유라고는 살아 생전에
다 주님을 위하여 무(無)가 되게 하여 주시기를 바랍니다.
주께서 저를 위하여 무(無)가 되었사오니
저도 주를 위하여 무(無)가 되는 것이 마땅합니다.
주께서는 세상을 떠날 때에 속옷까지 원수에게 주셨는데,
그리고 벌거벗은 몸으로 십자가 위에서 운명하셨는데,
제가 어찌 감히 수의를 입고 세상을 떠나겠나이까?

_이용도 1901-1933, 부흥사

당신께 '웬만큼'은 없습니다

주님의 신실한 백성이 되겠습니다 — 어느 정도까지만.
마음을 다해 주님을 사랑하겠습니다 — 할 수 있는 만큼만.
이웃을 저희 자신처럼 사랑하겠습니다 — 가능하다면.

주님께서는 결코
'어느 정도까지만'
'할 수 있는 만큼만' 혹은
'가능하다면'이라고 말씀하지 않으셨습니다.
이것이 얼마나 감사한지요!
주님은 '그럴 수도 있고, 안 그럴 수도 있다'고
말하지 않으십니다.
언제나 '그렇다'고 말하십니다.
명쾌하고 직설적이며 분명하고 믿을 만한 대답만 하십니다.

육신을 입고 오신 주님의 '예스'(yes)로 인해
감사드립니다.

_월터 브루그만(Walter Brueggemann) 미국의 신학자

✤ 사귐의 기도를 위한 기도선집

왜입니까?

주여, 나는 괴롭습니다.
그 고통을 본 내 마음은 찢어질 것만 같았습니다.
왜 그런 고통이 세상에 있는지 알 수 없습니다.
주여, 어째서입니까?
왜 이 죄 없는 아이가 큰 화상을 입어 한 주일 전부터 신음해야
　합니까?
왜 이 남자는 자기 어머니 이름을 계속 부르며 사흘 동안 꼬박
　사경을 헤매고 있어야만 합니까?
왜 이 부인은 암에 걸려 한 달 사이에 거의 몰라보도록 늙어야만
　합니까?
왜 이 일꾼은 공사장 발판에서 떨어져 부서진 아이들의
　장난감처럼 되어야만 합니까?
왜 이 낯선 불쌍한 여행객은 종기투성이의 몸으로 신음해야
　합니까?
왜 이 여인은 깁스를 한 채 30년씩이나 판자 위에 누워 있어야만
　합니까?
주여, 왜 그렇습니까?
나는 도무지 알 수가 없습니다.
왜 이 세상의 고통은 우리를 고립시키고

우리를 배반하고 우리를 꼼짝 못하게 합니까?
왜 이 흉악하고 괴물 같은 고통이 아무 까닭 없이 무차별하게 우리를 덮어 누르는 것입니까?
왜 악인들은 내버려 두고, 하필이면 선인들만이 이 같은 고통 중에 있어야만 합니까?
왜 고통이 과학의 힘으로 퇴치당한 것 같다가도 다른 모습으로 되돌아와
더 강하게, 더 미묘하게 사람을 괴롭힙니까?
정말 나는 알 수 없습니다.
고통이란 정말 지겹고 무섭습니다.
주여, 왜 이 사람들만이 고통을 당하고 다른 사람은 그렇지 않습니까?

아들아, 고통이 생긴 것은 너의 하나님인 나 때문이 아니고
너희 인간들 탓이다.
사람들이 스스로 이 세상에 죄와 함께 고통을 가지고 온 거다.
죄는 혼란을 부르고, 혼란은 아픔을 일으킨다.
전에는 이 세상 어디에서나 고통이 다르게 마련이고
또 죄가 많을수록 고통도 많아진다.
그러나 나는 이 세상에 와서 너희 죄와 함께
너희 고통도 다 짊어졌다.

너희보다 먼저 고통을 받았고

그것을 바꾸어 보화로 만들었다.

그래도 고통은 악이라고 하는 사실에는 변함이 없다.

그러나 쓸모 있는 악이다.

그것은 너희 고통을 통하여

내가 죄를 용서해 주기 때문이다.

_미셸 끄와(Michel Quoist) 프랑스의 신부, 작가

나를 이기소서

더 많이 아파
아픈 이 받고

더 많이 잊혀져
잊혀진 이 받고

더 많이 없어
없는 이 받고

더 많이 쓰러져
쓰러진 이 받도록

나를 이기십시오, 주님.
일어서는 나를
거꾸러뜨리소서.

_**한희철** 목사, 저술가

주님 뜻대로

오 하나님,

주님 뜻대로 제게 행하소서.

주님 뜻대로 저를 만드소서.

주님 뜻대로 저를 바꾸소서.

주님 뜻대로 저를 쓰소서.

지금도

그리고 내생에서도.

_존 베일리(John Baillie) 1886-1960, 스코틀랜드의 신학자

당신을 만나지 않았다면

주여,
당신을 만나지 않았다면
저의 삶이 얼마나 보잘것없었겠습니까?

잠깐 있다가 없어질 것을 얻으려고,
그것을 내 것으로 소유하려고
거칠게 숨쉬며 싸우는
짐승과도 같은 삶의 현장 속에서
저희를 깨우쳐 주셔서
저희가 싸울 것은 그런 것들이 아님을 가르쳐 주신
십자가의 주님이시여!

당신을 주님으로 고백하고
하나님의 아들로 고백하는 저희의 마음속에
이제부터 영원까지 당신과 더불어 살고자 하는
뜨거운 열망이 솟구치게 하여 주옵소서.

_박정오 목사

감사기도

사랑의 주님, 주님의 여러 가지 은혜와 사랑은 제 마음에 감사와 찬미로 넘칩니다. 그러나 마음과 입술의 찬미만으로 어찌 이를 갚을 수 있겠습니까? 저의 전 생애를 바쳐 주님께 헌신하기까지는 만족할 수 없습니다. 이 가치 없는 종을 죽음에서 건져내어 생명 가운데 있게 하시고 주님과의 교제와 사랑의 희열로 이끌어 주시니 감사와 찬미를 드립니다.

저는 제게 꼭 필요한 것이 무엇인지 모릅니다. 그러나 주님은 모든 창조물과 그들의 모든 필요를 아십니다. 뿐만 아니라 주님은 제가 제 자신을 사랑하는 것과는 비교할 수도 없는 큰 사랑으로 저를 사랑하십니다. 제 자신을 진정으로 사랑하는 길은 한없는 사랑으로써 저에게 생명을 부여하신 주님을 마음과 영으로 사랑하는 것입니다. 그러므로 주님, 제 마음을 하나로 묶어 주시어 오로지 한 마음으로 주님을 섬기게 하소서.

_선다 싱(Sundar Singh) 1889-1929, 인도의 기독교 지도자

다른 사람을 위해

은혜로우신 성령이시여, 제 생활의 너무 많은 활동들이 제 이익과 안녕에 집중되는 것 같습니다. 하루만이라도 제가 하는 모든 행동이 제가 아니라 다른 사람에게 이롭도록 살아 봤으면 좋겠습니다. 아마도 다른 사람을 위해 기도하는 것이 첫 번째 할 일이겠지요. 저를 도우시어 칭찬이나 보상을 기대하지 말고 그렇게 살아갈 수 있게 하소서.

_리처드 포스터(Richard Foster) 미국의 신학자

하나님의 뜻

하나님의 뜻대로 되어 감을 믿는 것이 저의 생명이요
하나님의 뜻대로만 순종케 됨이 저의 생활입니다.

그러므로
저의 뜻대로 부하고 귀한 사람이 되기보다는
하나님의 뜻이라면 패망자가 되기를
저는 기뻐하나이다.

이렇게
저는 저의 생활관을 진리로 해결한 자가 되어
죽으나 사나 주의 것이 되어
자족한 생활자가 되었나이다.

_손양원 1902-1950, 목사, 순교자

예수님을 닮도록

진리의 영이시여, 저희로 예수님의 생애를 보게 하시어 저희 삶을 향한 당신의 뜻을 알게 하소서. 그분처럼 저희도 선한 법의 교사가 되게 하소서. 그분처럼 저희도 기적적인 치유를 행하게 하소서. 그분처럼 저희도 하나님 나라를 설교하게 하소서. 그분처럼 저희도 가난한 사람들과 버려진 사람들과 아이들을 사랑하게 하소서. 그분처럼 저희도 세상이 그들 방식대로 대응하도록 유혹할 때 침묵하게 하소서. 그분처럼 저희도 기꺼이 당하게 하소서. 예수님은 저희와 같지 않은 하나님의 아들이시니 저희가 그분과 온전히 같아질 수 없음은 당연합니다. 저희로 하여금 그 다름을 귀하게 여겨 그 부활의 능력으로 그분을 닮아 가게 하소서.

_스탠리 하우어워스(Stanley Hauerwas) 신학자

주님을 열망하게

오 우리 주 하나님,
저희에게 은혜를 내리시어
마음을 모두 모아 당신을 열망하여
당신을 발견하게 하소서.
발견하거든
또한 사랑하게 하소서.
사랑하거든
주님께서 제거하신 그 죄를
저희 또한 미워하게 하소서.

_안셀무스(Anselmus) 1033-1109, 철학자, 캔터베리 대주교

참된 소망

주님,
당신을 위해 살기로 마음먹고도
실은 당신의 수난에 동참하기를 원하지 않는
어리석음을 용서하소서.
수난 없이 당신의 영광만을 차지하기를 원하는
이기적인 욕심이 내게 있나이다.
십자가를 넘어서 부활이,
고난의 자리를 넘어서 영광이 있다는 것을 알게 하시고
당신의 뒤를 따라가게 하소서.

_김지철 신학자, 목사

증거가 필요 없는 사랑

오 하나님, 귀한 선물을 제게 풍성히 주신 때가 있었지요? 그 때 주님을 생각했습니다. 참 행복했습니다. 그러나 모든 것이 변했습니다. 저는 아무 일에도 성공하지 못했고 재앙은 꼬리를 물고 찾아오는 것 같았습니다. 그 때 또 주님을 생각했습니다. "주님은 사랑이라"는 진리를 생각했습니다. 그랬더니 지난번보다 더 큰 행복감을 느꼈습니다. 하나님의 사랑은 행동으로 증명해야 하는 인간의 사랑과 같지 않다는 것을 알았기 때문입니다. 그렇습니다. 주님의 사랑은 모든 증거를 초월합니다. 저희에게 무슨 일을 행하시든 그것은 한없는 사랑에서 나옵니다. 주님이 한없는 사랑이라는 사실을 느낄 때처럼 위대한 진리를 느낄 때가 또 없습니다. 그렇습니다. 증거를 볼 때가 아니라 아무 증거 없이 그것이 진리임을 느낄 때! 언제나 증명이 필요한 교리가 아니라 어떤 설명도 필요 없는 진리로 느껴질 때! 그렇습니다. 하지만 제 영혼이 피곤해질 때 주님은 증거 없이 저를 버려 두지 않으십니다.

_쇠렌 키에르케고르(Søren Kierkegaard)
 1813-1855, 덴마크의 철학자, 신학자

주님을 닮도록

나의 하나님, 주님을 가난 속에서 본다고 하는 사람들이 자원하여 부를 누릴 수 있는지요! 주님이라고, 사랑하는 분이라고 부르면서 그분보다 자신을 더 크게 생각하고, 모든 점에서, 특히 겸손에 있어서 주님을 닮으려는 마음이 없다면, 저는 납득할 수 없습니다. 나의 하나님, 그 사람들이 당신을 사랑한다는 사실을 저는 의심하지 않습니다. 하지만 그들의 사랑에 뭔가 빠져 있습니다. 적어도 저에게는 사랑하시는 주님을 닮고 모방하려는 열망, 특별히 그분이 당하셨던 모든 아픔과 환난과 짐을 나눠 지려는 열망, 그 간절한 열망이 없는 사랑은 상상할 수 없습니다.

주님은 가난하고 헐벗은 채 무거운 노동의 짐 아래에서 비참하게 살고 계신데 나는 부자가 되어 많은 재물로 안락한 삶을 살 수는 없습니다. 오 하나님, 저는 그럴 수 없습니다. 그렇게는 살 수 없습니다. "종이 주인보다 크지 못하다"고 말씀하지 않으셨나요? 마찬가지로 신랑은 가난한데, 자원하여 가난해지고 온전해졌는데 그 신부가 부하게 살 수 있나요? 테레사는 아빌라 수도원에서 봉사에 대한 급료를 받으라는 압력에 지쳐, 그 돈을 거의 받을 뻔했지요. 그 때 테레사는 기도실로 돌아와 주님의 십자가를 보고는 그 아래 주저앉아 십자가에 벌거벗은 채 달려 계신 주님께 빌었습니다. 급료를 절대로 받지 않고 주님처럼 가난하게 살 수 있는 은총을 달라고! 오 하나님, 저는 지금 누구를 판단하는 것이 아닙니다. 그 사람들도 주님의 종들이요 제 형제들입니다. 저는 그들을 사랑하고 잘해 주고 그들을 위해 기도할 따름입니다. 다만, 제 자신을 두고 생각할 때 주님을 닮으려는 열정이 따르지 않고 십자가를 질 필요성을 느끼지 못하는 사랑을 도대체 이해할 수 없다는 것입니다.

_샤를 드 푸코(Charles de Foucauld) 1858-1916, 프랑스의 수도사

하나님을 보는 법

높으신 하나님은
높아질수록 더 보이지 않습니다.
내려갈수록 더 잘 보입니다.

부하신 하나님은
부해질수록 더 멀어집니다.
가난해져야 친해집니다.

영광의 하나님은
명예를 얻을수록 더 흐려집니다.
낮아질수록 더 분명해집니다.

능력의 하나님은
힘이 생길수록,
그 힘을 의지할수록 더 멀어집니다.
약해질수록 더 가까이 오십니다.

아버지,
저를 낮게 하소서.

✣ 사귐의 기도를 위한 기도선집

아버지의 높으심을 힘입도록!
저를 가난하게 하소서.
아버지의 부하심을 힘입도록!
저를 비천하게 하소서.
아버지의 영광을 힘입도록!
저를 약하게 하소서.
아버지의 능력을 힘입도록!

아버지의 높으심과 부하심,
아버지의 영광과 능력만이
참되기 때문입니다.

_김영봉 목사

하나님

하나님 부를 때마다
하나 되게 하소서.
찢긴 영혼이 치유되고
깨진 공동체가 회복되게 하소서.

하나님 부를 때마다
내 영혼이 하늘 위로 솟아오르게 하소서.
서로 마음이 열려
하늘나라 열리게 하소서.

하나님을 내 몸과 마음에 모시어
밝고 환한 삶 되게 하소서.

_박재순 신학자

저는 당신으로 족합니다

나의 하나님,
당신을 사랑합니다.
천국을 바라서가 아닙니다.
영생을 잃어버릴까 하는 두려움 때문도 아닙니다.
어떤 것을 바라서도 아니고
보상을 기대해서도 아닙니다.

오, 영원히 사랑하시는 주여!
주께서 저를 사랑하시기 때문입니다.
저는 지금 주님을 사랑하고 있고
앞으로도 계속 사랑하고 찬양하며 노래할 것입니다.
당신이 저의 하나님이시고
저의 영원한 왕이시기 때문입니다.

_작자 미상, 17세기 라틴 기도문

당신의 마음을 주십시오

주여,
세리와 강도를 구속하시던 당신의 피로 저에게 임하시고,
병자와 가난한 사람을 불쌍히 여기시고
또 죄인과 원수를 사랑하시던 그 마음을 저에게 주십시오.
제가 구하는 것은 금은 보석이 아니고
천하도 아닙니다.
다만 구하는 바는 당신의 보혈입니다.

제가 원하는 바는
경천동지(驚天動地)의 큰 기적도 아니며
역사와 전통의 대 사업도 아닙니다.
다만 원하는 바는 당신의 마음입니다.

그리하여 제 피가 돌 때
당신의 행동을 나타내게 하시고,
제 마음이 움직일 때
당신의 사랑을 품게 해주십시오.

_김인서 1894-1964, 목사, 신학자

온전히 바쳐지도록

전능하신 하나님, 저희는 본성적으로 너무도 쉽게 미신에 빠지오니 당신을 섬기는 바르고 참된 길이 무엇인지 늘 주의 깊게 생각하게 하소서. 당신께서는 저희에게, 자신을 당신께 바치되 그리스도 외에 다른 제단을 찾지 말고 그리스도 외에 다른 제사장을 의지하지도 말라고 하십니다. 오직 그리스도를 통해 받아들여지고 헌신되기를 원하십니다. 그분께 임했던 성령으로 저희를 적시소서. 그리하여 저희가 진심으로 헌신하고 부르신 길을 참고 걸어가며 마음을 높이 들어 올려 아직은 감추어진 영광을 소망하며 살아가게 하소서. 마침내 그분의 때가 이르러 독생자께서 천사들과 함께 나타나 저희의 구속을 완성할 그 날까지!

_장 칼뱅(Jean Calvin) 1509-1564, 프랑스의 신학자, 종교개혁자

깨어나게 하소서

오 주님, 당신께서 죄를 따지신다면, 오 주님, 당신 앞에 설 사람은 하나도 없습니다. 종들을 심판하지 마소서. 주님의 기준으로는 의인을 하나도 찾을 수 없을 것입니다. 오 주님, 저희를 불쌍히 여기소서. 드러내 놓고 혹은 은밀히 주님의 뜻을 거부했던 모든 잘못을 용서하소서.

저희의 은밀한 죄를 씻어 주소서. 무엇보다도 일이 잘 풀릴 때 교만과 허영으로 치우쳤던 것을 고백합니다. 주님께서 받으시는 유일한 제물은 상한 심령과 통회하는 마음이라는 사실을 모든 사람으로 알게 하소서. 오 주님, 참된 회개의 은혜를 허락하소서. 최근의 역사를 살펴보면서 주님의 심판을 분별하게 하시고, 그 심판이 승자와 패자 모두에게 주어졌음도 알게 하소서. 한 사람 한 사람이, 또한 각 나라가 새롭게 되도록 도우소서. 그리하여 당신의 무서운 징계 아래 소멸되는 것이 아니라 주님의 자비의 은총으로 새로운 생명과 큰 사랑으로 자라나게 하소서.

_라인홀드 니버(Rienhold Niebuhr) 1892-1971, 미국의 신학자

믿음의 선물

하나님, 믿음을 통해서 세상이 어떻게 생겨난 것을 알게 되었고 우리를 지으신 분이 누구임을 알게 되었고 우리가 누구를 의지하고 누구에게 순종하며 누구에게 우리의 운명을 맡기고 살아가야 될지를 알게 되었습니다. 또한 우리의 주인이 누구이며 누구의 명령을 따라서 살아가야 될지를 알게 되었습니다. 이 모든 것들이 하나님이 주신 믿음을 통해서 우리에게 주어진 값진 선물입니다.

하나님, 그러나 아직도 우리는 우리가 알고 있는 전능하신 하나님의 뜻을 따라 살지 못하고, 옛 주인의, 옛 생활의 습성을 따라 살며, 지식과 행함이 분리된 상태에서 살아갈 때가 많습니다.

저희 약함을 도와주시고 성령께서 우리를 강건하게 해주시옵소서. 새 주인이신 하나님의 뜻을 받들어서 온전히 그 명령에 복종해 가는 저희들이 되게 도와주시옵소서.

_임영수 목사

새로운 열망

오 하나님, 저의 소원이 아니라 하나님의 소원을 이루소서. 하나님을 이용해 제 욕심을 이루려는 모든 유혹으로부터 저를 지키소서. 제가 가장 원하는 것은 새로운 열망 즉 의를 향한 열망을 가지는 것입니다. 그 열망은 오직 아버지의 말씀으로만 채워질 것입니다.

_유진 피터슨(Eugene Peterson) 미국의 신학자

당신은 나의 희망

나의 주여, 오직 당신의 십자가에만 저의 희망이 있습니다. 당신은 스스로를 낮추시어 고난받고 죽으심으로 모든 헛된 희망에서 저를 구하셨습니다. 당신 안에서 이생의 모든 허영을 죽이시고 모든 영원한 것들을 제게 주셨습니다. 저의 희망은 눈으로 볼 수 없는 것에 있습니다. 하오니 눈에 보이는 보상을 바라지 않게 해주소서. 저의 희망은 인간의 마음으로는 느낄 수 없는 것에 있습니다. 하오니 마음의 느낌을 믿지 않게 해주소서. 저의 희망은 손으로 만질 수 없는 것에 있습니다. 하오니 손안에 쥘 수 있는 것을 믿지 않게 해주소서. 그것을 쥐더라도 죽음은 그 손을 풀어 놓을 것이며 그 때 저의 모든 헛된 희망은 사라져 버릴 것입니다. 제가 저 자신이 아니라 주님을 믿게 해주소서. 저의 희망이 건강이나 힘이나 능력이나 인간적인 자원이 아니라 오직 당신의 사랑에 있게 해주소서. 제가 주님을 믿으면 다른 모든 것이 저에게 힘과 건강과 도움이 될 것입니다. 모든 것이 저를 하늘로 데려갈 것입니다. 제가 당신을 믿지 않으면 모든 것이 저를 파멸로 이끌 것입니다.

_토마스 머튼(Thomas Merton) 1915-1968, 미국의 수도사, 사회운동가

제가 원하는 것

하나님, 아버지의 축복을 받은 저는 이제 아무것도 바라지 않습니다. 돈도 바라지 않습니다. 명예에도 탐내지 않습니다. 명망도 바라지 않습니다. 학문도, 기술도, 재능도, 예능도 탐내지 않습니다.

저는 지금 다만 아버지의 성령만이 소원입니다. 성령만 받으면 아버지의 깊은 심정을 알게 되고 인생의 의미를 알게 되고 죽음이 무섭지 않게 되고 내세가 뚜렷해지고 선이 절로 마음속에 솟아나고 아름다움이 절로 몸에서 뿜어 나올 것입니다.

제가 소원하는 것은 다만 이것뿐입니다. 곧 아버지의 성령입니다. 성령만 받으면 저는 족합니다. 성령이 없으면 저는 가장 불쌍한 사람입니다.

하오니 하나님의 성령을 제게 주소서. 제가 사랑하는 이에게도 성령을 주소서. 저의 친구에게도 성령을 주소서. 다른 것은 아니 주시더라도 성령만은 허락하소서. 성령은 인생이 가장 먼저 구할 것입니다. 성령을 얻으면 다른 모든 것을 희생해도 아깝지 않습니다.

_우찌무라 간조 1861-1930, 일본의 기독교 지도자

고쳐 주소서

나의 주님 예수 그리스도시여, 이웃들이 근거 없는 말로 제게 상처를 주고 명예를 더럽힙니다. 제 권리를 손상시킵니다. 저는 참을 수가 없습니다. 그들을 대면하고 싶지 않습니다. 오 하나님, 저의 기도를 들으소서. 마음으로는 이웃들에게 기꺼이 친절을 베풀기 원하지만 실제로는 그러지 못합니다. 저는 얼마나 냉정하고 마음이 굳어 있는지요! 오 주님, 저는 무력하고 고독합니다. 주께서 저를 바꾸시면 제가 진실해질 것입니다. 오 사랑의 하나님, 당신의 은혜로 저를 고쳐 주십시오. 그렇지 않으면 이 상태로 살아가야 합니다.

_마르틴 루터(Martin Luther) 1483-1546, 종교개혁자

저희를 다시 살려 주시옵소서

아버지,
온 인류를 형제로 대할 수 있는 마음,
그러면서 내 자신이 그렇게 살 수 있는 삶,
남의 의사를 무시하지 아니하고
남의 의사를 귀중히 여길 줄 아는 마음,
그리고 모든 불행의 책임을 자신이 질 줄 아는 각오,
이것으로
저희의 생명을 다시 살려 주시옵소서.

_이호빈 1898-1989, 목사, 강남대학교 설립자

결혼을 위한 기도

아버지는 사랑의 원천이십니다. 저희가 서로에게 지는 사랑은 저희에게 주신 아버지의 선물입니다. 아버지 눈에도 귀하고 저희 눈에도 귀합니다. 앞으로 살아가면서 이 선물을 결코 가벼이 여기지 않게 하소서.

저희가 지금 시작하려는 관계는 달빛과 장밋빛만 있는 것이 아님을 압니다. 사랑의 노래를 부르고 애정의 서약을 속삭이는 것이 전부가 아님을 압니다. 아버지께서는 저희 결혼을 영원한 결합으로 보고 계심을 압니다.

이것은 손을 꼭 잡는 것이며 삶을 결합시키는 것이며 마음을 합치는 것입니다. 그리하여 인생의 언덕을 함께 걸어 새벽을 맞이하고 인생의 짐을 함께 지고 의무를 다하며 기쁨과 슬픔을 함께 나누는 것입니다.

저희 결혼이 지속되는 것은 결혼 예식 때문도, 결혼 증서 때문도 아닙니다. 하나님께서 저희에게 주신 사랑의 힘 때문이며 상대방에 대한 그리고 주님께 대한 믿음의 인내 때문입니다.

이제 오직 주님 앞에서 서약합니다. 주님의 도움에 힘입어 약속합니다. 서로에게 그리고 주님께 신실하고 진실하기로! 주님은 주님께 대한 사랑과 믿음을 주심으로써 저희에게 모든 것을 주셨습니다.

주님의 복이 저희가 가는 길에 그리고 저희가 세우려는 가정에 빛으로 항상 함께할 것을 알고 감사드립니다. 저희 가정이 들어오는 모든 사람들에게 힘과 사랑의 낙원이 되게 하소서.

_피터 마샬(Peter Marshall) 1902-1949, 미국의 목사

그분 때문에

아버지여, 들어주소서. 저의 뜨거운 신앙 때문이 아니라, 저의 선행 때문이 아니라, 저의 순결 때문이 아니라 예수님을 인해 제 기도를 들어주소서. 그분이 흘린 피를 기억하시고, 그분이 십자가 위에서 말씀하신 "엘리 엘리 라마 사박다니"라는 절규를 기억하여 제 기도를 들어 주소서.

저는 그분의 간구 덕분에 아버지 보좌에 담대히 나아갑니다. 아버지여, 십자가에 달리신 주님을 기억하시고 저의 부르짖는 소리에 귀를 기울이소서. 제 기도가 아버지께 즐거이 받아들여질 이유가 제게는 하나도 없습니다. 다만, 그분의 이름으로 구하여, 죽임당하신 어린양의 이름으로 구하여 저는 아버지께 무엇이든 얻을 수 있습니다.

사람들은 저에게 아버지께 구할 수 있는 자격을 만들라고 권합니다. 죄를 씻으라고 합니다. 세례를 받으라고 합니다. 하지만 아버지여, 저는 압니다. 제 몸을 불에 던져 사를지라도 그것 때문에 아버지께 받아들여지지 않는다는 것을. 혹시 제 기도가 받아들여질 만한 것이 있다면 그것은 회개한, 상한 제 마음뿐입니다.

아버지여, 그렇습니다. 저는 아버지 앞에 설 자격이 전혀 없습니다. 아버지의 아들 예수님에게만 아버지께 용납될 수 있는 저의 자격이 있습니다. 그 자격으로 아버지 앞에 섭니다. 그 이름으로 구합니다.

아아, 아버지시여, 들어주소서. 그분을 위해서 들어 주소서. 그분의 완전무결한 자격에 합당한 은혜로써 제게 은혜를 베푸소서. 아아, 아버지시여, 아버지시여. 그분을 위해서! 그렇습니다. 그분을 인해서!

_우찌무라 간조 1861-1930, 일본의 기독교 지도자

종교개혁주일

용기를 주소서
— 종교개혁을 시작한 얼마 후: 1521년 4월 18일 보름스에서

전능하고 영원하신 하나님, 제가 싸우는 이 싸움이 얼마나 이상한지요! 사람들이 이것에 대해 얼마나 말이 많은지요! 당신께 대한 그들의 믿음이 얼마나 작고 희미한지요! 우리의 육신은 약한데 사탄은 얼마나 강력하며 활동적인지요! 사탄은 악한 영과 세상의 지혜자들을 모두 동원하여 저를 맞섭니다. 이 세상은 얼마나 빨리 지원을 중단하고 등을 돌리는지요! 그러고는 쉬운 길을 찾고 죄인들이 속한 지옥에 이르는 넓은 길로 재촉해 가는지요! 세상이 찾는 것은 오직 빛나고 강하고 크고 높아 보이는 것뿐! 제가 그것에 눈을 돌린다면 망해 버렸을 것입니다.

  오 하나님, 오 하나님, 오 나의 하나님, 오 나의 하나님, 이 세상의 모든 지혜와 논리에 맞서 제 편에 서 주소서. 그래 주소서. 당신만이 그래 주셔야 합니다. 사실, 이 싸움은 제 문제가 아닙니다.당신의 문제입니다. 저 자신만 따진다면 세상 권세 잡은 자들과 맞설 아무 이유가 없습니다. 저도 편안하고 조용한 나날을 지내고 싶습니다. 이 싸움은 당신의 싸움입니다. 의롭고 영원한 것을 위한 싸움입니다. 하오니 제 곁에 서 주소서. 오 참되고 영원

하신 하나님, 저는 사람들의 충고를 따르지 않으렵니다. 모두 헛되기 때문입니다. 세상의 지혜는 믿을 것이 못 됩니다.

오 하나님, 오 하나님, 나의 하나님, 제 말씀을 듣고 계십니까? 돌아가신 것은 아니지요? 아닙니다, 하나님은 죽으실 수 없습니다. 숨어 계시겠지요. 저를 이 곳으로 부르신 분이 당신입니까? 의심해서가 아니라 확인하고 싶어서 묻는 것입니다. 하나님, 허락하소서. 이 막강한 통치자들과 맞서리라고 꿈에도 생각해 본 적도 없고 이런 일을 해 본 적도 없습니다.

오 하나님, 당신이 사랑하시는 아들 예수 그리스도의 이름으로 저를 지켜 주소서. 그분은 저의 보호자요 변호자가 될 것이며 당신의 성령의 능력으로써 저의 든든한 요새가 되실 것입니다.

주님, 어디 계십니까? 제게 오소서. 제게 오소서. 저는 희생양처럼 이 의로운 일을 위해 생명을 바칠 준비가 되어 있습니다. 이 싸움은 당신의 의로운 뜻을 위한 것입니다. 저는 영원히 당신에게서 떠나지 않겠습니다. 비록 지금보다 더 많은 마귀들이 대적하더라도, 비록 당신이 지어 주신 제 몸이 소멸하더라도, 세상의 압력에 밀려 제 양심에 반하는 행동을 하지 않도록 당신의 이름으로 허락하소서. 당신의 말씀과 영이 제 육신을 구원하소서. 제 영혼은 주님 것입니다. 그것은 주님께 속했으며 영원히 주님과 함께 있을 것입니다. 그렇습니다. 하오니 저를 도우소서. 아멘.

_마르틴 루터(Martin Luther) 1483-1546, 종교개혁자

종교개혁주일

영적 교회를 위해

전능하고 영원하신 하나님, 당신의 사랑하는 아들 우리 주 예수 그리스도의 이름으로 기도합니다. 무엇보다도 먼저 영적인 나라 즉 교회를 허락하시고, 복된 복음의 사역을 허락하소서. 당신의 거룩한 말씀의 보화를 진실하고 분명하게 전할 수 있는 경건하고 신실한 설교자들을 보내 주소서. 모든 분열과 이단 사상으로부터 저희를 보호해 주소서. 저희의 감사하지 않는 마음을 용서하소서. 그것을 생각한다면 벌써 오래 전에 당신의 말씀을 거둬 가셨어야 마땅합니다. 우리가 받을 만한 벌로 심판하지 마소서. 다시 한 번 감사하는 마음을 구하오니, 그것으로써 당신의 거룩한 말씀을 사랑하고 가장 귀하게 여기며 존경하도록 허락하소서. 저희 삶이 그 말씀에 합당하도록 성숙하게 하소서. 말씀을 옳게 이해할 뿐 아니라 말씀의 요청을 행동으로 따르게 하소서. 말씀에 맞게 살게 하시고 날마다 선행에서 자라게 하소서. 그렇게 하여 당신의 이름이 거룩하게 되고 당신의 나라가 이루어지며 당신의 뜻이 이루어지게 하소서.

_마르틴 루터(Martin Luther) 1483-1546, 종교개혁자

감사절

감사 기도

주님, 감사절 아침에
자연을 생각하며 감사드립니다.
어머니 같은 대지와 아버지 같은 하늘,
가뭄과 수해와 병충해의 위험 속에서도
오곡백과를 가득히 안겨 주시니 감사합니다.

주님, 건강을 주시니 감사드립니다.
떠오르는 태양과 사랑하는 사람을 볼 수 있고,
시원한 공기를 호흡하며 찬송을 부를 수 있고,
주어진 일을 땀흘려 감당할 수 있는
온 몸의 건강을 감사합니다.

주님, 병과 실패도 감사드립니다.
아프기에 의지할 수 있었던 주님의 능력,
실패했기에 깨달을 수 있었던 삶의 지혜,
곤고하기에 도움을 입었던 이웃의 사랑,

감사절

역경도 은혜임을 깨닫고 감사합니다.

주님, 좋은 이웃을 인하여 감사드립니다.
부모님의 사랑과 스승의 고마움,
자녀의 사랑스러움과 제자의 자랑스러움,
의지하고 협력하는 형제와 교우들,
모든 이웃의 고마움을 느끼며 감사합니다.

주님, 구속의 은혜와 구원받은 삶을 감사드립니다.
지난날의 잘못을 용서하시고 새 삶을 주시며,
하나님의 일을 할 수 있는 보람찬 오늘과
새 하늘과 새 땅에 대한 빛나는 희망을 주신
구주 예수님께 감사와 영광을 드립니다.

_도건일 목사

기억하게 하소서

주여,
세상의 찬사의 길이
때때로 하나님을 슬프게 하는 길임을,
세상에서 명예를 얻고
세상에서 높아지는 길이
당신의 얼굴을 돌리게 하는
슬픈 일일 수도 있음을
깨달을 수 있게 하소서.

남보다 많이 거두었기 때문에
많이 감사하는 것이 아니라,
당신의 사랑을 많이 받았기 때문에
더욱 감사하게 하시옵소서.
이 세상에서 얻은
우리의 기쁨과 수확을 인하여 감사를 드릴 때
이 지구상에 수많은 사람들이
뜻하지 않은 재난으로 눈물짓고 있음을
기억하게 해주옵소서.

_박정오 목사

제4부

겨울

겨울의 기도

주님,
나무들은 모두 옷을 벗어 놓고
생명의 기운을 더 깊이 안으로 숨기고
죽은 듯이 서서 겨울 맞을 준비를 합니다.
겉으로는 죽은 것처럼,
아무 일도 하지 않는 것처럼 보이지만
나무들은 이 겨울 내내 그 어느 계절보다
더 싱싱하게 살아 있어야 하고 더 열심히 일해야 합니다.

주님,
저도 저 나무들처럼 지혜롭게 하소서.
계절의 변화에 민감하게 하시고
기민하고 지혜롭게 준비하게 하소서.
겨울을 기다리며 저도 벗을 것을 벗게 하시고
저 깊은 내면의 방으로 들어가
생명의 불을 뜨겁게 지피게 하소서.
더 참되게 살아 있게 하시고 더 진실하게 일하게 하소서.

_김영봉 목사

주님의 발을 씻도록

예수님,
제가 당신의 발을 씻도록 허락해 주소서.
더러운 제 마음 안을 다니시느라
주님 발이 더러워졌기 때문입니다.

당신의 발에서 더러운 것들을 씻어 내도록
저를 허락하소서.
저의 못된 행실 때문에
주님의 발이 더럽혀졌기 때문입니다.

그런데, 발 씻는 데 필요한 물을
어디서 구하나요?
물이 없다면
저의 눈물이라도 써야지요.

주님,
저의 눈물로써 당신 발을 씻도록 허락하소서.
그럴 때 제 자신도 씻겨질 것입니다.

_암브로시우스(Ambrosius) 339-397, 초대교회 교부

회개의 기도

오 주님, 나의 하나님이요 구세주이신 예수 그리스도시여, 회개의 은혜를 제게 주소서. 밤낮으로 제가 구하는 것은 한 가지입니다. 제게 자비를 베푸시어 제 안에서 당신의 현존을 느끼게 하소서! 저로 참된 회개에 이르게, 정직하고 겸손한 기도에 이르게, 자연스럽게 흘러나오는 관대함에 이르게 인도하소서. 저는 가야 할 길을 너무도 분명히 압니다! 그러기 위해 어떤 희생이 필요한지도 잘 압니다. 저는 당신 안에서 사는 방법에 대해 청산유수로 말할 수도 있습니다. 하지만 제 마음은 망설입니다. 내면 깊이 자리잡은 자아는 아직도 뒷걸음질하며 "압니다, 하지만…" 하면서 거래하려 합니다.…

오 주님, 주님께서 저를 사랑하신다는 것을, 두 팔을 열고 저를 기다리신다는 것을 제가 계속 잊고 있나요? 주님은 눈물 가득한 눈으로 당신의 아들이 당신이 주신 바로 그 생명을 파괴시키는 모습을 보고 계십니다. 하지만 아버지이신 주님은 또한 아십니다. 당신께 돌아가도록 저를 강제할 수 없음을. 제 스스로 돌아갈 때, 제 스스로 거짓된 염려와 문제를 털어버리고 제 잘못된 삶의 방법을 스스로 시인하고 제 스스로 자비를 구할 때, 바로 그 때 주님은 즐거이, 기꺼이 제게 사랑을 주십니다.

오 주님, 제 기도를 들으소서. 당신께 돌아가려는 제 소원을 들으소서. 이 싸움에 저 홀로 버려 두지 마소서. 영원한 저주에서 저를 구하시고 아름다운 당신 얼굴을 제게 보이소서. 오소서, 주 예수여, 오소서.

_**헨리 나우웬**(Henri Nouwen) 1932-1996, 가톨릭 신부

고난 중에 드리는 기도

주여, 당신을 뵈올 때에
절망과 비관의 재료는
도리어 확신과 환희의 재료가 되옵니다.
환난이 많음은
우리의 안에 당신을 아는 부(富)를 더하고자 하심입니다.
환난의 때가 길음은 우리에게
더 충분한 연단을 가하고자 하심입니다.
큰 일은 더디게 완성되기 마련입니다.
당신이 우리를 궁핍과 환난 중에 두심은
당신이 우리에게 큰 일을 약속하신다는
무엇보다도 확실한 증거가 되옵니다.

그러면 당신의 하는 일에
우리는 불평을 말아야 하겠습니다.
당신의 눈으로 보아 합당하신 대로
당신은 우리를 취급하시옵소서.

아, 깎으실 대로 깎으시옵소서.
아, 줄이실 대로 줄이시옵소서.

우리는 더 깎이고 줄여져서
되도록 적은 자 되어야
당신의 말씀을 보다 빠르게 감당할 수 있습니다.

아, 우리는 환난을 참겠습니다.
아, 우리는 원수의 조롱을 개의치 않겠습니다.
당신의 고난이 우리에게 더 많이 내려옴은
우리가 당신의 더욱 사랑하는 자들이라는 뜻임을
우리는 깊이 믿습니다.

_**최태용** 1897-1950, 신학자, 복음교회 창설자, 순교자

진실하게 하소서

사랑의 하나님, 저희는 자주 저희 삶에 침입하시어 저희 자신조차 알지 못하는 마음의 비밀들을 측량해 달라고 기도드립니다. 하지만 실은 그것은 빈말입니다. 저희가 정말 부르짖고 싶은 말은 이것입니다. "저희가 누구인지 폭로하지 마소서!" 저희 자신에게라도 이렇게 외치고 싶어합니다. 아버지께서 저희의 환상을 그냥 두시면 저희는 다른 사람들보다 나은 사람인 양 생각합니다. 그렇습니다. 환상에 묶인 삶을 부르는 또 다른 말을 저희는 압니다. 지옥! 이 지옥에 갇혀 사는 사람들이 주변에 수없이 많습니다. 거짓말을 하지 못할 정도로 철저한 자기 기만 속에 사는 영적 파산자들! 사랑하는 하나님, 사로잡힌 모든 사람들에게 자비를 베푸소서. 혹시 저희도 그들 중 하나가 아닙니까? 그런 삶의 고독은 공포스럽습니다. 저희 생각을 깨우시고 강권하소서. 고통스러울지라도 진실하도록! 진리 없이는, 하나님 없이는 저희는 죽기 때문입니다. 야망의 또 다른 이름인 쾌활함으로부터 저희를 구원하소서. 모두가 들을 필요 있는 말이 아니라 다른 사람이 듣고 싶어하는 말을 하려는 유혹으로부터 저희를 구원하소서. 하나님의 진리를 살아가는 것은 어렵지만 진실한 사랑이 아닌 모든 사랑은 심판에 직면한다는 사실을 기억하게 해줍니다. 사랑으로 포장된 거짓은 폭력의 또 다른 이름입니다. 하나님을 위해 이 세상을 위해 진실하게 말할 수 있는 용기와 사랑을 주소서. 그리하여 다른 사람들과도 하나님과도 평화에 이르게 하소서. 아멘.

_스탠리 하우어워스(Stanley Hauerwas) 신학자

저희의 지병이 되소서

저희의 지병(持病)이 되시어
당신의 정의로 저희를 감염시키소서.
한밤중에 찾아오는 손님이 되시어
당신의 평화로 저희를 추적하소서.
갉아먹는 좀벌레가 되시어
저희의 부자유를 먹어 치우소서.
저희의 지병이 되시고
한밤중의 방문자가 되시며, 좀벌레가 되시어
감염시키시고, 추적하시고, 먹어 치우소서….
저희가 당신을 향하고, 당신과 함께 있고, 당신을 위할 때까지.
저희 자신의 부정의를 버리고, 반평화를 버리고, 부자유를 버릴 때까지.
더 당신과 같아지고, 당신께 대한 저항이 줄어들 때까지.
당신과 가장 닮았고, 가장 가까이 있으며,
가장 당신을 위하시는 분… 곧 예수님의 이름으로 아멘.

_월터 브루그만(Walter Brueggemann) 미국의 신학자

말에 대해

주여, 그토록 말을 잘못한 것을 용서해 주소서.
아무것도 아닌 것을 가지고 한 말을 용서해 주소서.
내가 공허한 말로
거짓말로
비겁한 말로
주님을 나타내지 않는 말로
내 입술을 더럽힌 나날을 용서하소서.
주여, 내가 어떤 모임에서 논의하고 형제와 서로 이야기할 때는
나를 부축해 주소서.
내 말이 좋은 씨가 되고
내 말을 받아들이는 사람은
누구나 풍성한 결실을 얻도록 해주십시오.

_미셸 끄와(Michel Quoist) 프랑스의 신부, 작가

자리를 지키도록

햇볕이 내리쬐면 햇볕을
비가 내리면 비를
눈이 내리면 눈을 맞으며
자리를 지키게 하소서.

온몸에 금이 가고
퍼런 이끼 멍처럼 돋아나도
몸에 새긴 글씨
마지막 사랑으로 지켜내게 하소서.

폭풍이 지나갈 때 흔들리지 않게 하시고
외발로 선 시간 막막하지 않게 하소서.

바라보는 이 많지 않아도 좋습니다.
내 모습 초라해도 좋습니다.
갈림길 끝
끝내 가리킬 곳 가리키는
낡은 표지판이게 하소서.

_한희철 목사, 저술가

존경이 아니라 뒤따름

오 주 예수 그리스도여, 주님은 섬김을 받으러 세상에 오신 것이 아닙니다. 존경받고 경배받기 위해 오신 것은 더더욱 아닙니다. 주님은 길이요 진리이셨습니다. 그러므로 주님에게 필요한 것은 진리의 길을 따라가는 제자들이었습니다. 저희를 깨우소서. 저희가 잘못 가고 있는지 모릅니다. 주님을 뒤따르며 본받으려 하지 않고 존경하기만 하려는 잘못으로부터 저희를 구원하소서.

_**최렌 키에르케고르**(Søren Kierkegaard)
1813-1855, 덴마크의 철학자, 신학자

젊은 날에 대한 회개

하나님, 젊은 날에 제가 누렸던 육체적 타락을 기억합니다. 그것을 기억해 내는 것은 제가 아직도 그것을 탐해서가 아니라 하나님을 더욱 사랑하기 위해서입니다. 그 부끄러운 기억을 다시 떠올리려는 것은 주님의 사랑에 대한 제 사랑 때문입니다. 그 기억은 저에게 쓰라린 아픔이 됩니다만, 그렇게 함으로 주님의 달콤한 은혜를 맛보기를 기대합니다. 그 달콤한 맛은 거짓이 아니며 참된 만족과 행복을 줍니다.

주님은 산산조각으로 흩어져 있던 저를 모아 주셨습니다. 주님 안에서 하나였던 저는 주님을 떠남으로 여러 조각으로 흩어졌었습니다. 청소년 시기에 한 번은 지옥불 같은 쾌락에 제 몸을 불사르기도 했고 성적 욕구를 위해 어둠의 숲을 헤매기도 했습니다. 자신을 즐겁게 하고 다른 사람들의 인정을 받기 위해 노력한 결과, 제 아름다운 빛이 변하여 썩은 듯하게 되었고 제 힘이 다 없어졌습니다.

_아우구스티누스(Augustinus) 354-430, 철학자, 사상가

친절하고 두려운 사랑

나무는 알지도 못하면서 당신을 사랑합니다. 당신의 현존을 의식하지도 못하지만 참나리와 수레국화는 당신을 사랑합니다. 아이들이 놀면서 자신들이 꾸는 꿈을 의식하지 못하듯 검은 구름은 하늘에서 유유히 흐르며 당신을 명상합니다.

그런데 저는 당신을 알고 있고 당신의 현존을 의식하고 있습니다. 저들이 모르고 하는 사랑을 저는 알며 송구스럽게도 당신 사랑이 제 안에도 있음을 압니다. 당신이 저를 사랑하지 않았더라면 제 안에 없었을, 오 친절하고 두려운 사랑이여! 저들은 당신을 결코 아프게 하지 않았는데 저는 당신을 아프게 했습니다. 그럼에도 당신은 저를 사랑하십니다. 당신은 이 곳에서 저를 찾으셨고 저의 허물을 잊으셨습니다.

_토마스 머튼(Thomas Merton) 1915-1968, 미국의 수도사, 사회운동가

용감히 싸우도록

전능하신 하나님, 수많은 적들이 사방에서 저희를 우겨싸고 있고 사탄은 쉬지 않고 사람들의 마음에 불을 질러 저희를 미워할 뿐 아니라 파괴시키고 소멸시키려 합니다. 오 하나님, 눈을 들어 하늘을 보도록 저희를 가르치소서. 하나님의 보호하심을 의지하고 인내로써 용감히 싸우게 하소서. 마침내 때가 다가와 선지자들이 예언한 것처럼 당신의 몽둥이와 망치로 저희를 대적하는 뿔들을 산산이 쪼개 없애는 날을 보게 하소서. 그리고 마침내 사탄의 모든 궤계를 이기고 당신의 독생자의 보혈로써 저희를 위해 마련해 두신 복된 안식에 이르게 하소서.

_장 칼뱅(Jean Calvin) 1509-1564, 프랑스의 신학자, 종교개혁자

영원을 누리는 자

사랑의 하나님!
이 시간, 지나온 내 인생의 여정을 되돌아보며
하나님의 본심을 깨닫습니다.
그 모든 여정이야말로
영원하신 하나님을 알게 하시려는
하나님의 기적이었음을 감사드립니다.
오직 하나님의 결단으로
그 영원한 구원의 기적을 베풀어 주셨음을
진심으로 감사드립니다.
이제부터 날마다 영원을 보는 자가 되겠습니다.
날마다 영원을 심는 자가 될 것을 결단합니다.
날마다 영원을 누리는 자,
자유와 평안 그리고 세월을 누리며 사는 자가 되기를 소망합니다.
이 모든 일이 가능하도록
성령님께서 빛으로 조명하여 주십시오.
그리하여 영원에 응답하며 사는 나의 삶을,
이 시대의 어둠을 몰아내는
진리의 밀알로 사용해 주십시오.

_이재철 목사, 저술가

나 없이 주님만이

오 주여,
나를 긍휼히 여기소서.
나의 자랑을 물리쳐 주옵소서.
아주 '나'라는 생각을 없애 주소서.
그리고 나의 속에는 오직 주님만이 살아 계시옵소서.
주가 움직이심으로
내가 움직이게 하여 주옵소서.

_이용도 1901-1933, 부흥사

기도를 핑계로 삼지 않도록

주님,
세상의 상처는 저희가 치유하기에 너무나 깊습니다.
몸과 마음이 병들고
영적으로 황폐해 있으며
탐욕과 부정에 의해 희생당하고
슬픔에 갇혀 있는 사람들을
기도로써 주님께 맡기고
주님의 도움을 청하지 않을 수 없습니다.

그러나 우리 아버지여,
기도를 했으니 할 일을 다 했다고
핑계하지 말게 하소서.
저희에게 맡기신 모든 것으로
그들을 도울 수 있도록
저희 마음을 너그럽게 하소서.
주님의 구원 사역이
저희 가운데,
저희 모두를 통해 이루어지게 하소서.

_작자 미상(외국)

용서하소서

거룩하신 하나님,
우리는 복음과 영생을 말하면서
아직도 의식과 권위와 전통에 얽매여
제물 없는 영역에서
오직 십자가 없는 예수와
예수 없는 십자가만을 전하였습니다.
회개 없는 회개와
희생 없는 희생만을 강요하였습니다.
말은 있는데 말씀이 없고
말씀은 있는데 삶이 없는
우리의 불신과 무지를 용서하시옵소서.

_김성렬 목사

철저한 순명

철저한 순명(順命),
완전한 순명,

나는 온전히 죽고
오직 하나님의 이끄심을 따라 사는,

나는 비워지고
하나님이 영이 가득 채워지는,

그리하여
오직 하나님의 뜻만 이루어지는
철저한 순명!

허락하소서, 주님!

_김영봉 목사

다 드리고 싶은데

사랑의 주님,
주님은 제게 너무도 많이 주시는데
저는 주님께 너무도 적게 드립니다.
주님이 모든 것을 책임져 주실 줄 믿고
주님을 위해 모든 것을 희생해야 마땅하나
저는 실패, 실패, 또 실패합니다.
실패라는 말을 천 번이고 반복해야 옳을 겁니다.
저는 모든 것을 희생하는 일에 번번이 실패합니다.
이 실패의 부끄러움 속에서 사는 것이 저는 싫습니다.
제 삶의 유일한 목적은
당신께서 주신 모든 것을 당신께 돌려 드리는 데 있음을
알기 때문입니다.
제 안에서 얼마나 많은 허물을 보는지요!
의식을 잃고 기절했으면 차라리 좋겠습니다.
그러면 제 악함을 기억하지 않게 되겠지요.

주님, 제 안에 주님의 은총을 쳐 넣으소서.
그러면 제가 진실로 좋아질 것입니다.

_아빌라의 테레사(Teresa of Avila) 1515-1582, 카르멜수녀회 창시자

팔복(I): 가난과 부를 모두 알게 하소서

심령이 가난한 자는 복이 있나니(마 5:1-3).
주님, 이 '팔복'이 얼마나 멋지게 들리는지요!
간구하오니 이 말씀을 제게 새겨 주소서.
자신이 가난하다는 사실을 아는 사람이 얼마나 복된지!
가난하다 할 것이 제겐 별로 없습니다.
때로 돈이 부족한 경우도 있지만
그래도 웬만큼은 가지고 있습니다.
게다가 주님께서 주신 재능과 능력이 제게 있습니다.
그것을 제 교육과 삶과 활동에 잘 투자하고 있지 않습니까?
그래서 제게는 가난하다 할 것이 별로 없습니다.
제가 가진 물건들이 나누기 위한 것임을 알게 하소서.
제가 가진 것들이 인생의 결정적인 것이 아님을 알게 하소서.
안정감과 마음의 평화를
재능, 업적, 지위로부터 얻으려 하지 말고,
제가 가진 모든 것이 주님 없이는 의미가 없음을 깨달음으로
  얻게 하소서.
주님, 이 사실을 아는 것이 가난과 부를 모두 아는 것입니다.

_렉스 채프만(Rex Chapman) 영국 성공회 목사

팔복(Ⅱ): 후회의 족쇄

애통하는 자는 복이 있나니(마 5:4).
슬퍼하는 사람이 얼마나 복된지!
왜 제가 그 말을 해야 했나요? 그럴 필요가 정말 없었습니다.
그 말은 생각 없이 내뱉은 스쳐 지나가는 말이었습니다.
그가 상처받았음에 분명합니다. 아무 목적도 없이!
제가 왜 그 말을 해야 했나요?
주님, 후회는 이미 지나간 과거를 지금 제게 살아나게 합니다.
후회는 우리로 하여금 과거를 다시 살도록 강제합니다.
말실수, 잘못 행동한 것, 할 일을 하지 않은 것에 대한 후회!
후회하는 한, 우리는 과거에 사로잡혀 살게 됩니다.
주님, 제게 후회가 많습니다.
지금의 제 모습이 마땅히 되었어야 할 모습만 못하다는 후회,
제 존재의 많은 부분을 지배하고 있는
안이한 평화, 안이한 안정감 그리고 냉담함이
결국 아무런 만족이 되지 못한다는 자각과 후회.
이 깊은 후회의 찌르는 가시를 제거할 분은
주님밖에 없습니다.
저희가 자신을 용서하고 받아들일 수 있도록
힘 주시는 분은 주님, 당신뿐입니다.

_렉스 채프만(Rex Chapman) 영국 성공회 목사

팔복(Ⅲ): 온유의 영을 주소서

온유한 사람은 복이 있나니(마 5:5).
부드러운 마음을 가진 사람이 얼마나 복된지!
주님, 정말 두려운 것은
생명을 질식시킬 것 같은 무기력, 그 '침착함', 그 온유함입니다.
주님이 원하시는 대로 행하는 척하지만,
그렇지 않다는 것을 저는 압니다.
마땅히 말해야 할 때 침묵하는 것은 제 비겁함 때문입니다.
진리를 따르는 대신 좋은 게 좋은 거라고 넘어가는 것은
저의 두려움 때문입니다.
당신의 영이 역사하지 못하게 하는 것은
모든 사람에게 좋게 하려는 지나친 열심 때문입니다.
생명을 붙잡지 못하는 것은 죽음의 영 때문입니다.
주님, 이 어리석음을 제거하소서.
주님이 보여 주셨던 그 온유한 영을 제게 허락하소서.
진리를 추구하기에 지치지 않는,
끝까지 참고 견디는,
모욕당할 때 평정을 잃지 않는,
다른 사람의 이익을 위해 자신을 부인할 수 있는,
내면에서 일어나는 감정을 건설적으로 사용할 수 있는
온유한 영을 제게 허락하소서.

_렉스 채프만(Rex Chapman) 영국 성공회 목사

팔복(Ⅳ): 때로 저도 그렇습니다

의에 주리고 목마른 자들은 복이 있나니(마 5:6).
때로 저도 그렇게 합니다. 하지만 하나님, 쉽지 않습니다.
주님이 너무 많은 것을 요구하시는 것 같습니다.
진짜 배고프고 목마른 것이 무엇인지 모르는 저는 주님이
  기대하시는 간절함의 정도가 어떤 것인지 상상할 수밖에
  없습니다.
주님, 무관심으로부터 저를 흔들어 깨우소서.
불완전한 의에 만족하는 제 마음을 흔들어 깨우소서.
생명이 있는 곳이면 어디나 의가 지배해야 한다는 것을
  전적으로 인정할 때까지 저를 흔들어 깨우소서.
하지만 더 중요한 것이 있습니다. 주님, 제가 무언가
  작은 일이라도 할 수 있는 이 곳에서 아무것도 할 일이 없는
  먼 곳으로 도망가지 않도록 도우소서.
제가 활동하고 있는 영역에서 그리고 제가 관여할 수 있는
  영역에서 의가 지배하도록 노력하는 일에 먼저 정성을 다하게
  하소서.

_렉스 채프만(Rex Chapman) 영국 성공회 목사

팔복(V): 참된 자비심을 주소서

긍휼히 여기는 자는 복이 있나니(마 5:7).
이 말이 얼마나 그럴듯하게 들리는지요!
「베니스의 상인」에 나오는 포셔가 그렇게 말했죠. "자비는
  억지로 끌어낼 수 있는 게 아니야. 하늘에서 떨어지는
  부드러운 빗방울처럼 오는 거야."
하지만 자비를 베푸는 것은 쉬운 일이 아닙니다.

문간에서 구걸하는 사람에게 동전 몇 푼 주고는 마음에 위로를
  얻고 문제를 해결하는 것,
자선 단체 위원회 몇 군데에 참여하여 봉사하는 것,
이 정도야 비교적 쉽습니다, 주님.
잃는다 해야 약간의 시간과 약간의 여가 그리고 돈 몇 푼이죠.

정말 어려운 것은 제 자신을 주는 것,
가시적인 결과를 기대할 수 없는 일에 노력을 다하는 것,
도움이 절실한 곳에서 함께 머물면서 실패의 아픔을 견디는 것,
사람들이 겪는 고난에 깊이, 온 몸으로 참여하는 것,
자비를 베푸는 것은 쉬운 일이 아닙니다.

주님, 다른 사람과 공감할 수 있는 통찰력을 주소서.
다른 사람의 입장에 설 수 있는 상상력을 허락하소서.
인간으로 사는 것이 무엇인지를 몸소 겪으신 주님의 자비는
 크십니다.
저도 주님 같은 자비를 느끼고 베풀게 하소서.

_렉스 채프만(Rex Chapman) 영국 성공회 목사

팔복(VI): 주님이 저를 찾으시고 아시듯

마음이 정결한 자들은 복이 있나니(마 5:8).

주님, 제 자신을 들여다봅니다.
제 마음의 동기들을 조사해 봅니다.
주님이 저를 보시듯 제 자신을 볼 수 있다면 얼마나 좋을까요.

제가 자신을 드러내기 위해 일하고 있나요?
제 마음속 가장 중요한 우선 순위는
제가 누릴 특권들이 아닌가요?
이 행동, 이 감정의 배후에 있는 것이 무엇인지요?

주님, 제 동기들이 이렇게 뒤섞여 있습니다.
제 내면이,
제 존재의 깊은 곳이,
제 존재의 중심이 어둡습니다.
주님이 나를 감찰하시고 아셨나이다.
주님은 아십니다.
주님은 제 안에서 일하시며
그리스도의 마음으로 제 내면을 빚고 계십니다.

저의 인격을 바르게 하소서.

저의 내면적인 탐구를 밝혀 주소서.

자기 중심적 태도에서 생겨나는 지나친 철저함으로부터
  구하소서.

저를 다시 살게 하소서.

_렉스 채프만(Rex Chapman) 영국 성공회 목사

팔복(Ⅶ): 값비싼 평화

평화를 위해 일하는 자들과 박해받는 자들은 복이 있나니 (마 5:9-12).

평화가 없는 곳에 평화를 심는 것이 얼마나 어려운지 압니다.

정말 벅찬 일입니다.

집에 물러나 있는 것,

친구들과 함께 지내는 것,

친척들과 같이 있는 것,

이런 일들은 참 좋고 편안하고 따뜻합니다.

하지만 세상에 나가,

장벽이 있는 곳에서

제가 싫어하는 사람들과 함께 있는 것,

그 삶은 좋지도, 편안하지도, 따뜻하지도 않습니다.

제가 왜 사랑해야 합니까?

제가 어쩌다가 한도 끝도 없이 사랑하셨던 그분의 제자가 되기로 결단했던가요?

주님, 저를 강하게 하시어 죄책감과 두려움, 근심과 분노 사이를 중재하는 이 위험천만한 과제를 직면하게 하소서.

주님, 인생의 모든 문제와 아픔들을 기쁨과 환희로 받아들일 수 있을 만큼 저를 성장시키소서.
나중에 천국에서 뽐내고 싶어서가 아니라
진실한 인간, 참된 인간이 되기 위해서는 다른 길이 없기 때문입니다.

_렉스 채프만(Rex Chapman) 영국 성공회 목사

넘치는 은혜

주 예수 그리스도여, 주님은 제게 의미와 목적을 주셨고 모든 아름다운 것과 좋은 것을 주셨습니다. 너무나 넘치도록! 제게는 부족한 것이 없습니다. 주님, 저를 가르치시어 탐욕에 사로잡혀 인생을 폐허로 만들지 말고 당신의 피조 세계 안에서 생명을 충만히 누리게 하소서.

_유진 피터슨(Eugene Peterson) 미국의 신학자

자비의 하나님

오 자비의 하나님,
마치 이 세상에 사랑할 사람이 저밖에 없는 것처럼
제게 사랑을 베푸시는 하나님.
저를 사랑하는 그 사랑으로
또한 모든 사람들을 사랑하시는 하나님.

_존 베일리(John Baillie) 1886-1960, 스코틀랜드의 신학자

주님처럼

주님,
당신이 어린아이를 영접하심은
나 같은 연약하고 무능한 사람도 영접하시기 위함이니이다.
당신처럼
어린아이와 같은 사람들,
즉 배고프고 목마르며
헐벗고 병들고
외로우며 고통당하는 사람들을
불쌍히 여기게 하시고
그들과 당신의 복음과 생명을
함께 나눌 수 있게 하소서.

_김지철 신학자, 목사

일하기에 앞서

사랑하는 주님,
순수한 마음과 지혜로운 정신을 주시어
주님 뜻대로 제 소임을 다하게 하소서.
거짓된 욕구로부터,
교만과 탐욕과 시기와 분노로부터
저를 구하소서.
주님께서 제게 주시는 것은 어떤 일이라도
기뻐 받게 하소서.
가난한 사람, 슬퍼하는 사람,
일할 수 없는 사람들을 섬기는 일에
적극적이게 하소서.
제가 감당할 수 있는 일을 정직하게 분별하게 하시고
할 수 없는 일은 기쁘고 겸손한 마음으로
다른 사람에게 맡길 수 있게 하소서.
언제나 잊지 말게 하소서.
주님께서 주시는 것 외에는 아무것도 소유할 수 없으며,
주님께서 하게 하시는 일 외에는 아무 일도 할 수 없음을.

_야콥 뵈메(Jacob Boehme) 1575-1624, 독일의 기독교 신비가

가난한 이들을 위해

힘있는 이들 더 사나워지고
가진 이들 더 욕심 부리고
힘없고 가진 것 없는 이들
더 외롭습니다.

외로움을 느끼는 이만이
하나님이 살아 계심을 느낄 수 있으니
가난하고 외로운 이들에게서
하나님의 사랑과 평화의 힘이
솟아나기를 기원합니다.

_박재순 신학자

당신 안에서 살게 하소서

사랑하는 주님,
저에게,
저 같은 자에게도
당신을 알게 하시고
사랑하게 하시고
주님 안에서 기뻐하게 하소서.
살아생전에 완전에 이를 수 없다 해도
매일 조금씩이라도
더 높은 단계로 나아갈 수 있게 하소서.
여기,
제 안에
주님을 아는 지식을 더하시어
마침내 완전하게 채우소서.
주님을 사랑하는 그 사랑이
날로 커지게 하시어
마침내 완전해지게 하소서.
저의 기쁨이 끊임없이 자라
주님 안에 넘치게 해주소서.

_아우구스티누스(Augustinus) 354-430, 철학자, 사상가

당신의 예술에 사로잡혀

오, 제 영혼을 인도하소서.
오, 이 깊은 수렁에서
제 영혼을 들어올리소서.
당신의 예술에 사로잡혀
강력한 화염처럼
위로 치솟게 하소서.

당신만이
지식을 가지고 계십니다.
당신만이
영감을 불러일으킬 수 있습니다.

_루드비히 반 베토벤(Ludwig van Beethoven) 1770-1827, 작곡가

당신의 눈

당신의 눈은 여전히 맑고 깊습니다.
삼킬 듯 달려드는 풍랑
미친 듯 넘실대는데
한 치 앞
당신의 눈은 흔들림이 없습니다.
흔들리는 것은
한없이 조용한 당신 앞
거친 물결뿐
당신은 웃고만 계십니다.

눈을 거둡니다.
풍랑에 빼앗겼던 눈을 거두어들입니다.
내 흔들린다면 당신에게 흔들리겠습니다.
내 진다면 당신에게 지겠습니다.
한 치 앞 풍랑 일렁거려도
차라리
당신의 눈 속으로 빠져
나를 잊겠습니다.

_한희철 목사, 저술가

오소서

주님이여 오소서.

저희를 흔드소서.

저희를 부르소서.

저희에게 불을 붙이시고

사로잡으소서.

저희의 불이 되시고

저희의 행복이 되소서.

저희로 사랑하게 하소서.

뛰게 하소서.

_아우구스티누스(Augustinus) 354-430, 철학자, 사상가

주님은 사랑이십니다

사랑의 주님 예수여, 주님은 사랑이십니다.
당신의 마음도 사랑이시요, 당신의 얼굴도 사랑이시니,
사랑을 통하여 주님을 알고, 사랑을 통하여 주님을 뵙니다.
인심은 악하고 세상은 더러웠으니 당신이 나타나지 아니하신 지 오래입니다.

오, 주님! 내 마음에 사랑의 보좌를 만드시고 임하십시오.
당신의 피도 사랑이시요, 당신의 자취도 사랑이었으니,
사랑을 통하여 십자가를 믿고 사랑을 통하여 당신의 자취를 따르리이다.

오, 주님! 주님의 십자가를 들어 내 죄를 사하시고
사랑의 신을 주셔서 당신의 자취를 따르게 하십시오.

주님은 사랑이십니다.
당신의 세계도 사랑이요 당신의 법도 사랑이었으니
사랑으로써 주님 나라에 들어가고 사랑으로써 주님의 법을 이룹니다.

✤ 사귐의 기도를 위한 기도선집

사랑의 세계는 넓습니다.

만국이 그 안에서 한 집안이요 만민이 그 안에서 형제입니다.

사랑의 법은 큽니다.

허다한 죄악을 사하시고, 많은 죄인을 용납하십니다.

사랑 아닌 것이 죄요 사랑 없는 곳이 지옥이오니,

사람의 세계는 좁고 악의 세계는 어둡습니다.

오, 사랑의 주여!

암흑을 폐하시고 사랑의 천국으로 임하소서.

주님은 사랑이시니

당신의 일도 사랑이요 당신의 노래도 사랑입니다.

사랑의 수고를 인하여 이 몸이 부서져도 좋으니

천 년의 봉사가 하루같이 지나가고

사랑의 새 곡조는 늘 즐거움이 있습니다.

오, 사랑은 영원합니다.

사랑은 무한합니다.

세상을 이처럼 사랑하사 인간 세상에 오셨던 주님,

하늘에서도 우리를 사랑하십니다. 사랑하는 백성을 위하여 어서
   오시옵소서.

_김인서 1894-1964, 목사, 신학자

주님을 섬기게 하소서

가장 귀하신 주님, 오늘 그리고 매일 앓는 이들에게서 주님을 보게 하시고 그들을 돌봄으로 주님을 섬기게 하소서. 짜증나게 하는 사람들, 힘들게 하는 사람들, 몰상식한 사람들처럼 매력 없는 모습으로 주님이 가장하고 오시더라도 제가 주님을 알아보고 "아픈 예수여, 주님을 섬기는 것이 얼마나 좋은지요!"라고 고백하게 하소서.

주님, 이 믿음의 눈을 주소서. 그러면 저는 무뎌지지 않을 것입니다. 가난으로 고통받는 이들의 헛된 바람을 들어주며 그들의 바람을 위해 일하는 것을 항상 즐거워할 수 있을 것입니다.

오 사랑하는 환자여, 그리스도를 몸으로 보여 주니 당신이 얼마나 귀한 분인지요! 당신을 섬기도록 허락된 것이 얼마나 큰 특권인지요!

내 가장 사랑하는 주님, 제게 맡겨진 이 소명과 책임이 얼마나 귀한지 깨닫게 하소서. 냉정해지고 불친절해지고 참을성 없이 행함으로 이 소명을 욕되게 하지 않게 하소서.

✤ 사귐의 기도를 위한 기도선집

오 하나님, 저의 환자로서 제 돌봄을 받으실 때 제 결점을 참아 주시고, 고통받는 사람들을 통해 주님을 사랑하고 섬기려는 저의 일념만을 보아 주소서. 주님, 제 믿음을 자라게 하소서. 저의 노력과 일에 복을 주소서. 이제와 그리고 영원히.

_**콜카타의 테레사**(Teresa of Calcutta) 1910-1997, 수녀

평화를 위한 기도
— 1962년 고난 주간 수요일에 미국 하원 회의에서 드린 기도

전능하시고 자비로우신 하나님, 모든 생명의 아버지, 우주의 창조자이며 통치자, 역사의 주님. 당신의 계획은 알 수 없고 당신의 영광은 흠이 없고 당신의 자비는 마르지 않습니다. 우리의 평화는 당신께 있습니다. 혼란과 절망이 가득한 이 세상, 당신을 잊은 이 세상, 당신의 이름 부르기를 잊은 이 세상, 당신의 법을 무시하는 이 세상, 당신의 현존을 외면하는 이 세상에서 올리는 이 기도를 자비로 들어주십시오. 저희가 당신을 모르기 때문에 평화를 모릅니다. 저희를 지배하려고 위협하는 무기들을 저희가 지배하도록, 과학 지식을 전쟁과 파괴가 아니라 평화와 번영을 위해 사용하도록, 저희 자손의 자손들에게 이롭게 핵을 사용하도록 저희를 도우소서. 믿을 수 없을 정도로, 참을 수 없을 정도로 커져 버린 저희의 이 모순을 고쳐 주소서. 그것은 고문인 동시에 복입니다. 주님께서 양심의 불빛을 저희에게 주시지 않았다면 저희는 그것을 견디지 않아도 되었을 것입니다. 고뇌와 불안 가운데 오래 참는 법을 가르치소서. 기다리고 의지하는 법도 가르치소서. 평화를 위해 일하는 모든 사람들에게 빛과 힘과 인내를 허락하소서.

_토마스 머튼(Thomas Merton) 1915-1968, 미국의 수도사, 사회운동가

당신을 알도록

오 우리 하나님,
하나님을 알도록,
하나님을 사랑하도록,
하나님 안에서 기뻐하도록
허락하소서.

이생에서 이 일을
완전하게 이루지 못할 거라면
적어도
이 모든 일에서
날마다 진보하도록
허락하소서.

_안셀무스(Anselmus) 1033-1109, 철학자, 캔터베리 대주교

참된 일

한 목수의 처형당한 아들을 통해 창조 세계를 다스리시고 저희를 하나님 나라의 일꾼으로 만드시는 이상하신 주님. 저희는 일하기 원합니다. 하지만 너무 자주 저희 일은 단지 분주함으로 끝나고 맙니다. 분주히 움직이기만 하면 주님께 유익해질 수 있다고 착각하고 있습니다. 분주히 살면 최소한 지루함은 없앨 수 있습니다. 하지만 저희는 압니다. 분주하게 움직이는 것은 주님의 뜻이 아님을. 주님은 기도라는 좋은 일을 저희에게 주셨음을. 하오니 분주한 일상 가운데서 기도하는 법을 배우게 하소서. 그리하여 저희의 모든 일이, 아니 저희의 삶 전체가 주님께 영광이 되게 하소서. 너무나 많은 사람들이 목적 없이 사는 이 세상에서, 저희에게 찬양이라는 좋은 일을 주심에 대해 주님을 찬양합니다.

_스탠리 하우어워스(Stanley Hauerwas) 신학자

나를 빚으소서

아버지, 제 마음이 불안합니다.
뭔가 잃을 것 같은, 뭔가 들킬 것 같은
불안감 때문입니다.
잃지 않으려는, 들키지 않으려는 집착이
저를 불안하게 합니다.

아버지, 알게 하소서. 믿게 하소서.
잃을 것 하나도 없음을.
들킬 것 하나도 없음을.
잃을 것을 잃는 것이 얻는 것임을.
들킬 것을 들키는 것이 지키는 것임을.
막는다고 막을 수 있는 것도 아니요
지킨다고 지킬 수 있는 것도 아님을.

믿게 하소서.
행하게 하소서.
오직 하나님의 빚어 주심을 기대하며
저 자신을 열고 이끄심에 이끌려 빚어지게 하소서.

_김영봉 목사

사랑에 사로잡힌 영혼의 기도

하늘은 제 것이요, 땅도 제 것입니다. 나라들도 제 것이요, 정의로운 자들과 죄인들이 다 제게 속해 있습니다. 천사들도 제 것이요, 주님의 어머니도 제 것이며, 만물이 다 제 것입니다. 하나님도 제게 속해 있고 모든 것이 저를 위해 존재합니다. 그리스도가 제 것이며 모든 것이 저를 위해 있기 때문입니다. 내 영혼아, 이 모든 것이 네 것이고 모든 것이 너를 위해 존재하는데 너는 무엇을 구하고 찾느냐? 너보다 못한 것을 위해 살지 말고 네 아버지의 식탁에서 떨어지는 부스러기에 신경 쓰지 말아라. 앞으로 나아가 네 영광 안에서 즐거워하라! 그 안에 너를 숨기고 기뻐하라. 그리하면 네 마음의 소원을 이루리라.

_**십자가의 요한**(John of the Cross) 1542-1591, 카르멜 수도사, 시인

님께 바칩니다

이 몸을 님께 바치리이다.
세포 하나 남기지 말고
털끝 하나 남기지 말고
내 것이라곤 하나 없이
나라고는 아무것도 없이
다 님께 바치리이다.

님께서
이 잘난 것이 필요해서가 아니라
내게는 둘 수가 없어서
두어 둘 터무니가 없어서
님께 바쳐 처분해 주시기를 비오니
나를 온전히 받으소서.

내가 님께 드린 다음에야
어떻게 하시든
상관하지 않으렵니다.
쓰실 테면 쓰시고
버리실 테면 버리시고

님 옆에 두시거나
그 걱정은 할 것 없이
그저 온전히 바치기만 원합니다.

이젠 다시 나란 생각 않겠습니다.
내 것이란 생각도 하지 않겠습니다.
나란 것이 있을 때에는
나도 죽고 세상도 죽었습니다.
내가 정욕을 품어서
세상도 나 보고 정욕을 일으켰습니다.
나 없고 님의 것만 드러내면
누가 보나 님께 영광 아니 돌리리이까?

_함석헌 1901-1989, 사상가

우울할 때의 기도

오 주님, 생기가 모두 빠져나간 것 같습니다. 몸은 긴장되어 있고 마음은 근심으로 가득합니다. 생의 의지도, 힘도 없습니다. 걱정을 진정시킬 수도 없고 사지를 편히하고 쉴 힘도 없습니다. 어두운 생각들은 끊임없이 제 마음을 점령하는데 맞서 싸울 능력도 없습니다.

참나무가 폭풍에 넘어지듯 우울한 생각이 제 영혼을 넘어지게 합니다. 풍랑이 배를 흔들듯 비참한 심정이 제 영혼을 흔듭니다. 집의 기초가 흔들리듯 제 인생 전체가 먼지로 흩어질 것 같습니다.

친구들은 더 이상 저를 찾아오지 않습니다. 주님은 제 신앙의 친구들을 쫓아내셨습니다. 교회도 저를 버렸습니다. 식물들은 더 이상 저를 위해 꽃을 피우지 않고 나무들은 더 이상 저를 위해 잎을 내지 않고 새들은 더 이상 제 창가에서 노래하지 않습니다.

제 신앙의 동료들은 나태한 죄인이라고 저를 정죄합니다. 주님, 제 영혼을 들어 올려주시고 제 몸을 회복시키소서.

_나지안주스의 그레고리우스(Gregorius of Nazianzus)
329-389, 초대교회 교부

나의 주여

오, 나의 주여,
주가 나를 사랑하시기 위하여 고난을 받으셨으니
내가 주를 사랑하기 위하여 고난을 받으며
거룩한 자취를 따라감이 당연합니다.
주는 사도 베드로에게 "나를 따르라"고 말씀하셨습니다.
그러나 슬픕니다.
내가 주를 위하여 참아 내는 일이
이같이 적기 때문입니다.
주를 위하여 고난을 받으며
주의 거룩한 자취를 따라가게 해주소서.
또 주를 위하여 견디는 일이
이같이 적은 상태를 벗어나게 하셔서
나의 비탄이 사라지게 해주소서.
나의 전 생애를 통하여
주께 영광돌림에 합당한 축복을 주소서.

_박재봉 1904-?, 목사, 부흥사

인내를 주소서

전능하신 하나님, 당신은 귀하신 아들을 통해 저희를 왕 같은 제사장으로 만드시어 매일같이 영적 제사를 드리게 하시고 몸과 영혼을 모두 바치게 하셨습니다. 오 하나님, 당신의 능력을 주셔서 사탄과 용감히 싸우게 하시고 때때로 어려움을 당하더라도 결국 당신이 승리하게 하실 것이라는 사실을 의심하지 않게 하소서. 세상이 퍼붓는 모욕 때문에 놀라거나 실망하지 않고 마침내 당신의 손을 뻗어 그 영광으로 저희를 높여 주실 때까지 모든 모욕을 참아 내게 하소서. 저희는 지금 그 영광의 완성을 우리 머리이신 주님에게서 보고 있습니다. 마침내 그리스도께서 보혈로 값을 치르고 마련해 주신 하늘 나라로 저희를 모으실 때, 모든 지체에게서 몸 전체에게서 그 영광의 완성을 보게 될 것입니다.

_장 칼뱅(Jean Calvin) 1509-1564, 프랑스의 신학자, 종교개혁자

고난에 동참하게

오, 성령 하나님이시여, 오늘날 너무나 많은 사람들이 상처를 입고 있습니다. 저로 하여금 그들의 고난에 동참할 수 있도록 도와주소서. 저는 이 일을 어떻게 해야 하는지 정말 모릅니다. 제 마음속에는 고난의 황무지를 그들과 함께 견디기보다는 차라리 잠시 기도해 주고 그들을 보내는 것이 더 나을 것이라는 유혹이 생깁니다. 저에게 그들의 고난에 동참할 수 있는 길을 가르쳐 주소서.

_리처드 포스터(Richard Foster) 미국의 신학자

느림을 위한 기도

오 하나님,
신속성이 이 시대 최고의 미덕입니다.
이런 시대에 저희를 가르치소서.
더디 화내도록,
더디 단죄하도록,
친구를 혹은 나를 필요로 하는 사람을
지나치지 않을 만큼
느리게 걷도록 인도하소서.

_리처드 웡(Richard Wong) 재미 중국인 목사

시험을 이기도록

전능하신 여호와 하나님 아버지여, 우리가 사는 이 모든 현실의 삶 속에서 우리는 늘 시험을 당하고 있습니다. 이 시험 속에서 헤어나오지 못하고 오히려 시험에 들어서 악의 구렁텅이에 빠져 버릴 때가 얼마나 많은지 모릅니다. 시험에 빠져서 우상을 섬기고 남을 미워하고 시기하고 질투하고 투기하면서 사탄의 노예가 되어 살아갈 때가 얼마나 많은지 모릅니다. 이것은 주님이 약하기 때문이 아니라 시험당할 즈음에 주님께로 나아가지 않기 때문입니다. 시험을 당할 때에 우리에게 시험을 감당할 능력을 주신다고 주님은 말씀하셨습니다.

하나님, 우리가 당하는 모든 시험에서 언제나 이길 수 있게 도와주시옵소서. 우리가 당하는 시험은 언제나 생명길로 인도하는 결과가 되게 하시고 우리가 당하는 시험이 더욱더 아버지의 영광을 드러내는 과정이 될 수 있게 도와주시옵기를 기도합니다.

_임영수 목사

안 계신 듯 느껴질 때

모든 능력과 존귀와 영광이 주님께!
주님… 때로는 숨어 계시고, 침묵하시며, 안 계신 것 같고,
   응답하시지도 않는 것 같은 주님.
그렇게 느낄 때가 많지 않은 것이 다행입니다.
   숨어 계시고, 침묵하시며, 안 계신 것 같고, 응답하시지도 않는
   것 같은 그런 때가.
그러나 그렇게 느끼는 이들이 있음을 저희는 압니다.
주님이 나타나시지 않는 곳이 어디인지도 압니다.
저희는 주님이 패배하셨고, 약하시며, 사로잡히셨다고
   상상합니다.
그래서 저희는 하루, 이틀, 사흘까지 기다립니다.
그런 다음, 매우 자주, 그런 다음,
꽤 확실하게, 그런 다음에
주님은 찬란한 영광 가운데 나타나십니다.
오늘 저희는 주님의 부재, 침묵, 그리고 감추어 계심과 싸우며
   기도합니다.
죽음이 지배하는 곳에 충만한 능력으로 오소서.
그러면 주님을 깊이 그리고 충만히 찬양할 것입니다.

_월터 브루그만(Walter Brueggemann) 미국의 신학자

십자가를 쳐다보게

주여,
저로 하여금 당신의 십자가를 쳐다보게 하옵소서.
십자가 의식이 없이는
저는 죽은 자입니다.
저는 세상과 하나가 되어 버렸습니다.
이 타락, 이 멸망을 어찌하겠습니까.
주여, 저를 용서하소서.

십자가 저편만이 저의 살 곳입니다.
십자가를 통한 저만이 참 생명입니다.
세상에 뺏긴 나!
오, 주여!
십자가로 저를 구원해 주옵소서.

주여!
당신의 목표는 십자가였습니다.
십자가에 못박히기 위하여
당신은 세상에 오시고 세상에 사셨습니다.
십자가를 질 때

당신의 쾌승(快勝)은 완성되었습니다.

주여,
저로 하여금 저의 생의 목표가 십자가가 되게 하소서.
주여,
저를 십자가로 둘러싸셔서
제가 가서 부딪치는 데가 모두 십자가이게 하소서.
그래서 저는 항상 세상에서는 죽게 하소서.
죽기 위하여 살게 하소서.
그리고 저는 항상 십자가 저편에서
생명을 얻게 하소서.

주여,
저로 하여금 당신의 십자가를 쳐다보게 하소서.
쉬지 말고 쳐다보게 하소서.
십자가의 의식 없이는
저는 죽은 자요
멸망한 자이기 때문입니다.

_**최태용** 1897-1950, 신학자, 복음교회 창설자, 순교자

사랑하게 해주소서

오 주 하나님, 제 영혼을 사랑하는 거룩하신 분이시여, 당신이 제 영혼으로 들어오실 때 제 안에 있는 모든 것이 기뻐하나이다. 당신은 제 영광이며 제 마음의 기쁨이십니다. 당신은 제 소망이며 환난 날에 피난처이십니다.

모든 악한 감정들로부터 저를 해방시키시고, 좋지 않은 감정으로부터 제 마음을 치유하소서. 저의 속사람이 치유함을 받고 정결케 되어 사랑하기에 적합한 자가 되게 하시고, 용감히 고난받게 하시며, 꾸준히 인내하게 하소서.

사랑보다 더 달콤한 것은 없으며, 사랑보다 더 용감한 것도 하늘과 땅을 통틀어 사랑보다 더 충만하고 좋은 것도 없습니다. 사랑은 하나님께로부터 나는 것이기 때문이며, 하나님 이외에 그 어느 피조물에도, 그 어느 곳에도 머물 수 없는 것이기 때문입니다.

저로 하여금 하나님을 저 자신보다 더 사랑하게 하시고 제가 아니라 오직 하나님만을 사랑하게 하소서. 사랑의 계명에 따라 하나님을 진정으로 사랑하는 모든 것을 하나님 안에서 사랑하게 하소서.

_토마스 아 켐피스(Thomas à Kempis)
1379-1471, 네덜란드의 신학자, 「그리스도를 본받아」의 저자

찾아주소서

예수님, 제가 당신께 확고하게 설 가망은 전혀 없는지요?
언제나 당신 얼굴을 바라보며 영원한 은혜를 누릴 가망은 영영
 없는지요?
오, 제 마음은 실낱 같은 바람에도 얼마나 쉽게 흔들리는지요!
오, 제 마음은 얼마나 빨리 살아 계신 하나님 곁을 떠나는지요!

저는 너무 쉽게 흔들립니다. 잠시도 머물러 서지 못합니다.
지금은 믿음이 강한 것 같다가도
다음 순간이면 모든 힘을 잃어버립니다.

찾아주소서, 오 주님, 저를 다시 찾아주소서.
제 영혼을 위로하사 회복시키시고 오셔서 다시는 저를 떠나지
 마소서.

_찰스 웨슬리(Charles Wesley) 1707-1788, 존 웨슬리의 동생, 작가

전도할 때

성령님, 주님의 진리와 선하심을 다른 사람에게 전할 때, 저의 무례한 행동으로 복음이 거부당하거나 저의 무지로 인해 복음이 무시당하지 않기를 원합니다. 제게 분별력과, 다른 사람의 요구에 민감하게 반응하는 은사를 더하소서.

_유진 피터슨(Eugene Peterson) 미국의 신학자

변화시켜 주소서

주여,
이 무디고 오만한 마음을
성령으로 변화시켜 주시어
우리의 행동마다 시편의 노래가 되고,
우리의 식사마다 성만찬의 식탁이 되오며,
우리의 방마다 성소로 화하며,
우리의 모든 생각이 기도로 변하게 해주시옵소서.

주여,
주님과 사귀며 사는
이 도(道)를 가르쳐 주시옵소서.

_김성렬 목사

전화

나는 수화기를 놓고 생각하였습니다. 그는 왜 나한테 전화를 걸었을까?
아, 그렇습니다. 주여, 알았습니다.
나는 나 혼자만 지껄이고 상대방의 이야기를 들으려 하지 않았습니다.

주여, 용서해 주십시오. 지금의 전화는 나의 혼잣말,
대화 없는 넋두리, 바로 그것이었습니다.
내 생각만을 잇달아 얘기했을 뿐, 그의 생각을 들으려 하지 않았습니다.
내가 들으려 하지 않았기 때문에 그로부터 아무것도 얻지 못하였습니다.
그에게도 아무것도 주지 못했습니다.
들으려 하지 않았기 때문에 마음이 통할 수 없었습니다.
주여, 용서해 주십시오.
모처럼 이루어진 통화였는데 그만 끊기고 말았습니다.

_미셀 끄와(Michel Quoist) 프랑스의 신부, 작가

나의 존재 — 피조물

나는 다시 나를 주께 드리나이다.

맡기나이다.

주께서 마음대로 주무르시옵소서.

나는 주무르시는 대로 빚어지는 점토와도 같습니다.

무엇을 만들든지 주의 뜻대로 만드시옵소서.

무엇이 되든지 내가 상관할 바 아닙니다.

주여, 나는 온전히 주의 피조물인 것뿐입니다.

주는 나의 창조주시며,

나는 주의 작품입니다.

나는 주의 영광을 위하여 존재하고,

주의 능력과 사랑과 큰 뜻을 증거하고 있는 조각품입니다.

_이용도 1901-1933, 부흥사

나의 활동 — 공

나는 주님이 놀리시는 대로 노는 공입니다.
나는 공을 봅니다.
줄을 매단 공.
아이가 줄을 당기면 오고, 늦추어 보내면 가는
그 공을 봅니다.
그 공은 나요, 그 주인은 주님이었습니다.

주여, 사랑의 줄로 나를 매시옵소서.
그리고 맘대로 주께서 놀리시옵소서.
나의 운동은 그것이 나의 운동이 아니라,
주의 팔이 운동하는 것이었습니다.
주의 팔을 움추려 끈을 당기시면
나는 주의 앞으로 따라 들어올 것이요,
팔을 펴서 끈을 풀으시면
나는 또 굴러 나갈 것입니다.
주의 팔이 움직이는 대로
들고, 나고, 구르고 노는 공입니다.
눈도 귀도 입도 팔다리도 다 없는,
그저 둥근 공입니다.

나의 눈도 버리고, 귀도 잘라 버리고, 수족도 버리고,

전체가 구르기 쉽게만 되어지게 하소서.

내가 그것들을 갖고 있으면

구르기에 거리낄 것이 아주 많을 것입니다.

주께서 내가 보는 것 대신 보아 주시고,

나 대신 들어 주시고,

내가 움직이는 대신 주께서 움직이실 것이니,

내 귀와 눈과 입과 코와 손과 발이

무슨 필요가 있겠습니까.

곧 주의 눈이 내 눈이요,

주의 귀가 내 귀입니다.

내 눈은 나에게 있지 않고 주님께 있습니다.

그러므로 나는 주를 통해서만 보고,

주를 통해서만 듣고,

주를 통해서만 걷고 움직이는 것입니다.

_이용도 1901-1933, 부흥사

나의 순종 — 연

나는 한 개의 연입니다.
줄을 매어서 주인이 놀리는 대로 노는
연입니다.
오르게 하면 올라가고,
내리면 내려가고,
왼쪽으로 당기면 왼쪽으로,
오른쪽으로 당기면 오른쪽으로,
줄을 풀면 나가고,
감으면 오는 연입니다.

연이라는 것은 항상
그 얼굴을 주인에게 향하게 하는 특징이 있습니다.
만일 뒤집혀서 등을 주인에게 보인다면,
그 연은 땅에 떨어지고 말 것입니다.
주여, 나로 하여금 언제든지 얼굴을 주님을 향하게 하고
주님의 말씀만을 듣게 하여 주옵소서.
말을 안 들으면 그 연은 땅에 떨어지고 맙니다.
오 주여! 나는 말을 잘 듣는 연입니다.
주님은 나의 산성, 나의 반석, 나의 구원의 뿔입니다.

내가 어디를 가 있든지
늘 따라다니며 지켜 주시는 산성입니다.
나는 그 안에서 적들이 쏘는 탄환을 피하여
안전하게 머뭅니다.

주님, 나를 얼싸안아 주시옵소서.
폭풍우로 인해 홍수가 들이닥치니,
주여, 나는 반석 위에 있어야겠습니다.
나는 이 세상의 어떤 시설물 위에도 있지 않으렵니다.
나는 오직 주님 위에서만 안전을 얻으렵니다.

주님은 나의 뿔이시니,
나는 달려가 그 뿔을 잡고 생명을 얻겠습니다.
원수가 나를 쫓아올 때,
여러 가지 근심 걱정이 몰려올 때에
나는 구원의 뿔을 잡고 생명을 얻습니다.
주님은 나의 산성, 나의 반석, 나의 구원의 뿔입니다.
나는 주님의 공이요, 연이요, 주님의 아이입니다.

_이용도 1901-1933, 부흥사

숨을 곳

오 주 예수 그리스도시여, 새에게는 제 둥지가 있고 여우에게도 제 굴이 있으나 당신께는 머리 둘 곳이 없었습니다. 주님은 이 땅에서 무숙자였으나 죄인이 피할 유일한 '숨을 곳'이었습니다. 지금도 주님은 여전히 '숨을 곳'입니다. 죄인이 당신께 피하면 주님 품 안에 숨겨 주소서. 그러면 그는 영원히 보호받을 것이며 '사랑'이 그 허다한 죄를 덮을 것입니다.

_쇠렌 키에르케고르(Søren Kierkegaard)
 1813-1855, 덴마크의 철학자, 신학자

참된 청원

은혜로우시고 거룩하신 아버지,
당신을 알 수 있는 지혜를 주시고
당신을 이해할 수 있는 지성을 주시며
당신을 찾는 데 필요한 부지런함을 주시고
당신을 기다리는 인내를 주시며
당신을 볼 수 있는 눈을 주시고
당신을 묵상할 수 있는 마음을 주시며
당신을 전할 수 있는 생명을 주소서.
우리 주님 예수 그리스도의 영의 능력으로써!

_베네딕투스(Benedictus) 480-547, 베네딕트회 창시자

산 제물로 드립니다

오 하나님, 땅과 하늘의 주인이신 당신께 제가 무엇을 바치리까? 제 마음과 영혼과 육체를 바치오니 거룩한 산 제물로 받아 주소서. 보잘것없지만 제가 지닌 모든 것입니다. 지금 받으시는 것이 저의 모든 것입니다.

나의 하나님, 당신은 이제 제 영혼을 가지셨습니다. 더 이상 저는 제 것이 아니라 당신의 것입니다. 당신의 것을 지키시고 크신 손으로 움켜잡으시어 희망으로 흥겹게 하시고 사랑으로 불타게 하소서. 당신께서 제 마음을 가지셨으니 끝날까지 하나님의 영광을 나타내 주소서.

하나님은 제 육체를 가지셨으니 당신의 거룩한 처소로 만드시고 뜻하시는 대로 사용하소서. 여기에 당신의 빛을 영원히 비추시고 이 집을 하나님으로 가득 채우소서. 오, 삶의 근원이시여! 이 몸 안에 사시고 이 몸 안에 움직이시어 마침내 저의 모든 삶이 그대로 사랑이게 하소서.

_존 웨슬리(John Wesley) 1703-1791, 영국의 목사, 감리교 창시자

오직 주님 때문에만

주님,
당신을 뒤따르면서도
나의 이기적인 욕망을 어떻게 충족시킬 수 있을까를
생각하고 있습니다.
내가 당신을 위해 내놓은 것보다
더 많고 큰 것을 탐하는 어리석음이
내게 있습니다.
이제는
주님 때문에만 당신을 따라가게 하소서.
당신은 나의 주님이시니이다.

_김지철 신학자, 목사

진정 원하는 것

전능하신 주님, 저희는 주님을 섬기고 싶다고 말합니다. 저희보다 불행한 사람들을 돕고 싶다고, 정의를 원한다고 말합니다. 그러나 진실로 저희가 원하는 것은 권력과 지위입니다. 그것들을 통해 사랑받고 싶어하는 몸부림이 저희의 참 모습입니다. 이 자기 도취로부터, 그리고 그것이 만들어 내는 분심(忿心)으로부터 저희를 구원하소서. 그래야만 저희가 하고 싶다고 말하는 일들 곧 주님께 사랑받고 비이기적 동기에서 봉사하려는 소원을 이룰 것입니다.

_스탠리 하우어워스(Stanley Hauerwas) 신학자

믿음 없는 나

하나님은 아버지, 사람은 아들.
아버지와 아들은
생명의 관계, 사랑의 관계, 영원한 관계입니다.
이 얼마나 밀접한 관계,
이 얼마나 복스러운 관계인지요!
아버지여,
나의 기도, 아들의 찬송을 받아 주십시오.

하늘도 아버지의 것,
세계도 아버지의 것입니다.
물에 노는 고기와 하늘에 나는 새도 당신의 것이요,
만산 만야의 오곡백과가 다 아버지의 것입니다.
그런데 나는 염려하고 걱정합니다.
당신의 손은 강한 나라를 폐하시고
억울한 자를 신원하십니다.
그런데 나는 무서워하고 두려워합니다.
하나님의 나라는 화려하고 즐겁고 영원합니다.
그런데 나는 죽음을 무서워하고 인생을 슬퍼합니다.

_김인서 1894-1964, 목사, 신학자

생일 기도

주님,
어린아이가 거친 빵 다섯 덩이와 조림 생선 두 마리를 드렸을 때
주님은 그것을 받아 축사하시고 떼어 주심으로
많은 사람이 배불리 먹고 적지 않은 사람들이 영생에 눈을
  떴습니다.

오늘, 다시 한 번 저의 이 초라한 인생을
떨리는 손으로 들어 바칩니다.
어느 구석도 특별할 것 없는 저의 인생입니다.
주님의 손으로 받아 주시고 축사하여 주소서.
내 것이라 하지 않고 주님의 것으로 내어 드리오니
친히 축사하시고 친히 제 인생을 찢으시어 나누어 주소서.
그리하여 배고픔에 시달리는 사람들을 먹이시고
영원한 생명에 눈 뜨게 하소서.
오직 그 일을 위해서만 저를 사용해 주소서.

저는 미천한 음식으로 여기 있사오니 저를 받아 주소서.
주님 뜻대로 사용해 주소서.

_김영봉 목사

✤ 사귐의 기도를 위한 기도선집

자신에게 죽고 주님께 살도록

오 주님, 주님의 나라는 지상에 속하지 않았지만 주님의 진리는 심판대에 있습니다. 그 앞에서 저희 모습은 낱낱이 밝혀지고 주님은 자신을 저희에게 계시함으로 모든 오해를 제거해 주십니다. 주님이 저희의 참된 심판자임을 기억하게 하소서. 그래야만 세상이 저희를 칭찬할 때 안심하지 않고 세상이 저희를 비판할 때 실망하지 않을 것입니다. 주님의 심판은 세상의 심판보다 더 무겁고 주님의 자비는 세상의 자비보다 더 큽니다. 저희가 당신의 뜻에 복종하도록 하시어 저희 자신의 욕구에 죽음으로써 새로운 생명으로 일어나게 하소서.

_라인홀드 니버(Reinhold Niebuhr) 1892-1971, 미국의 신학자

다른 사람을 위해 일하도록

전능하신 하나님, 다른 사람을 형제처럼 친절하게 대하고 그 사람의 유익을 위해 일하게 하시려고 당신은 우리를 택하셨습니다. 오 하나님, 당신께서 우리를 부르신 것이 헛되지 않았음을 우리 생애 전체로 증명하게 하소서. 우리가 다른 사람들과 조화롭게 살아감으로 신실함과 순수함이 승하게 하소서. 우리가 다른 사람의 유익을 위해 노력함으로 당신의 이름을 높이게 하소서. 마침내 달려갈 길을 다 달렸을 때 당신이 저희를 위해 정하신 목표에 이르게 하소서. 이생의 모든 악을 다 거치고 난 후 마침내 우리 주님 그리스도께서 우리를 위해 하늘에 마련해 두신 복된 안식에 이르게 하소서.

_**장 칼뱅**(Jean Calvin) 1509-1564, 프랑스의 신학자, 종교개혁자

맡기는 기도

아버지, 제 자신을 당신 손에 드립니다. 주님께 저를 양도합니다. 주님 원대로 제게 행하소서. 어떻게 하시든 저는 감사할 따름입니다. 무슨 일에든 감사함으로 응하겠습니다. 무슨 일이든 감사함으로 받아들이겠습니다. 제 안에 그리고 당신의 모든 피조물 안에, 당신의 모든 자녀들 안에, 당신이 사랑하시는 모든 사람들 안에 주님 뜻이 이루어진다면 저는 아무 상관 없습니다. 하나님, 제 영혼을 당신 손에 맡깁니다. 제 마음의 모든 사랑과 함께. 주님, 제가 당신을 사랑하기에, 제 사랑이 그렇게 하도록 강권하기에 제 자신을 드립니다. 아무것도 남김 없이, 한없는 믿음으로 저를 당신 손에 맡깁니다. 당신은 제 아버지이시기 때문입니다.

_샤를 드 푸코(Charles de Foucauld) 1858-1916, 프랑스의 수도사

내 주여, 손 들어

내 주여,
손 들어 나를 이끄소서.
다만 주 예수의 길만 걸으리이다.
아무리 어둡고 험하다 해도
주님 뜻이라면 난 싫다 하지 않겠습니다.

내 힘만 믿고서, 내 지혜 의지해 맘대로 앞길을 택하지
　않으렵니다.
내 가는 앞길은, 오직 주님 뜻대로 당신께 맡기고
바른 길만 가겠습니다.

내 주여,
나 받을 고락의 잔은 당신이 택하여 내게 주시옵소서.
기쁜 일을 당하나 슬픈 일을 당하나
당신께서 주시는 그대로 저는 받겠습니다.

이 세상을 주님께 온전히 바쳐서 하나님 나라로 만들기 위해서는
핍박과 수욕과 가난과 사망도 올 대로 오너라!
주님께 맡긴 몸이니!

_김교신 1901-1945, 「성서조선」 발행인

주님의 마음을

오 주님,
당신의 크신 자비로써
저의 죄를 모두 제거하시고
제 안에 성령의 불을 붙이소서.

돌 같은 마음을 가져가시고
살과 피로 된 마음을,
주님을 사랑하고 찬양할 수 있는 마음을,
주님 안에서 즐거워하고
사랑하며
주님을 기쁘게 할 수 있는 마음을
저희에게 주소서.
오직 그리스도를 위하여!

_암브로시우스(Ambrosius) 339-397, 초대교회 교부

인생과 만남

주님! 지금까지 살면서 많은 사람을 만났습니다.

먼저 부모를 만났습니다. 이는 참으로 모든 만남의 중심이며 고향이었습니다. 배우자를 만났고, 자녀들을 만났습니다. 때로는 기뻐했고, 때로는 슬퍼했습니다.

많은 신앙의 동지들을 만났습니다. 그들을 통해 삶의 의미와 목표를 함께 만들어 갔습니다. 인생은 만남이었습니다.

주여! 하지만 지금 돌이켜 보면 가장 중요한 '당신'과의 만남 그리고 '나' 자신과의 만남이 전인격적으로 이루어지지 못했음을 고백합니다.

주여, 바라옵기는 남은 생애 동안 진정 당신과의 만남에 더 맹렬히 집중할 수 있게 하시고 당신과의 만남을 통해 나 자신을 만날 수 있는 은혜를 베풀어 주시옵소서.

_김치영 1925-2000, 목사, 신학자

당신의 뜻을

오 선하신 하나님,
저희로 하여금
당신의 뜻을
간절히 열망하게 하시고
지혜롭게 찾게 하시고
분명하게 알게 하시고
온전하게 행하게 하소서.
오직 하나님의 영광을 위해!

_토마스 아퀴나스(Thomas Aquinas) 1225-1274, 이탈리아의 신학자

풍차가 바람에 의지하듯

주님, 당신의 뜻이라면
저희가 하는 모든 순수한 노력에 복을 내리소서.

평탄한 길이 주님 뜻이 아니라면
미래에 다가올 모든 일을 대면할 용기를 주소서.

그리하여
위험 속에서는 용감하고, 환난 중에 견고하며
환경의 변화에도 침착성을 잃지 않고
죽음의 문에 이를 때까지 신실하게 하시고
사랑으로 임하게 하소서.

진흙이 도기 장인에게 의지하듯
풍차가 바람에 의지하듯
어린아이가 부모에게 의지하듯
주님의 도움을 의지하고 구합니다.

_로버트 루이스 스티븐슨(Robert Louis Stevenson)
  1850-1894, 스코틀랜드의 문학가

좋은 기회를 만났을 때

주님,
이것이 기회입니까, 위기입니까?
꿰뚫어 보는 눈을 주소서.
기회라면
감사하는 마음으로 받게 하시고,
위기라면
감추인 위험을 알아보고
단호히 거부하게 하소서.
사람들은 모두들 기회라고,
왔을 때 잡으라고 말합니다.
그러나 주님의 말씀을 듣고 싶습니다.
주님,
알게 하소서.

_김영봉 목사

기도의 날이 되도록

나의 하나님이여, 나로 하여금 죄 중에서도 하나님을 부르게 하소서. 일하는 중에도 하나님을 부르게 하시며 해가 뜰 때부터 질 때까지 하나님과의 영적 교제가 계속되게 하소서.

하나님과 항상 함께 있어 하나님의 음성을 듣고 하나님의 거룩하신 얼굴을 쳐다볼 때 나의 마음은 꿀과 젖이 흐르는 땅에 거하는 것 이상으로 만족합니다.

나의 하나님이여, 나는 지금 이 새 날을 거룩하신 당신께 바칩니다. 이 날로 하여금 기도의 날이 되게 하소서. 주시여, 이 날은 엄동설한, 추운 날입니다. 일어나서 기도하는 이 시간, 추위를 잊어버리고 다만 기도의 기쁨만을 누리게 하시고 더욱 깊은 기도만을 하게 하소서.

만약 오늘, 환난과 신고(辛苦)가 나를 기다리고 있다면 기도로써 준비하게 하셔서 이를 인내하여 승리하게 하소서. 만약 이와 반대로 오늘에 행복과 환희가 나를 기다리고 있다면 나에게 감사와 찬미의 마음을 예비하여 주셔서 스스로 즐거워하다가 나의 하나님을 잊어버리는 일이 없게 하소서.

오, 나의 주 하나님이여, 내가 만일 살아서 오늘 낮을 보내고 밤을 맞게 되면 찬미와 감사와 기도의 하루를 회고하고 만족할 수 있는 축복을 주소서.

내가 만일 오늘을 못 채우고 세상을 떠난다면 주의 천사의 인도로 기뻐 하늘에 올라가 나의 찬미와 감사의 노래를 먼저 간 사람들의 노래와 합창할 수 있게 하소서. 그리하여 영원한 그 하늘에서 주를 모시게 하소서.

나의 하나님이여, 오늘의 시간 시간을 기도로 맞이하여 기도로 보내게 하소서. 나의 혀로써 기도하고 나의 손으로써 기도하며 나의 발로 기도하게 하소서. 먹을 때, 마실 때, 또 잘 때까지라도 언제나 기도할 수 있게 하소서. 하나님을 생각하는 일은 한없이 즐거운 일이었나이다.

_박재봉 1904-?, 목사, 부흥사

듣게 하소서

은혜로우신 하나님, 저같이 미천하고 죄 많은 피조물을 돕기 위해
당신의 성령께서 얼마나 낮아지셨습니까!
하오니 성령을 근심하게 하거나 화나게 하여
저를 떠나시게 하지 않도록 매사에 정성을 다하게 하소서.
"나의 신이 영원히 사람과 함께하지 아니하리니"라고 당신은
　말씀하셨습니다.

은혜로 제가 서 있습니다.
이 은혜를 무시하거나 소홀히 여기지 않게 하소서.
최대한 주의를 다하여서 주께서 원치 않는 모든 것으로부터
　마음을 정화하도록 그리고 가능한 한 세상으로부터 마음을
　떼도록 저를 도와주소서.
당신의 미세한 음성은
소용돌이치는 열정의 천둥과 소음 중에서는 들리지 않습니다.
제 마음을 침착하게 유지하여 그 소리를 듣게 하소서.
하루를 살면서 자주, 밖의 것을 마음 속으로 끌어들여
그 뜻을 새기게 하소서.

_수산나 웨슬리(Susanna Wesley) 1669-1742, 존 웨슬리의 모친

저의 모든 것이 되소서

주님,
제 눈에 빛이 되소서.
제 귀에 음악이 되소서.
제 혀에 맛이 되소서.
제 마음에 만족이 되소서.
낮의 해가 되소서.
제 식탁의 음식이 되소서.
밤의 안식이 되소서.
제 몸의 옷이 되소서.
모든 어려운 때 도움이 되소서.

_존 쿠생(John Cosin) 1594-1672, 영국의 목사

주님만 계셔 주옵소서

주는 변함없이 미쁘시고 신실하시도다.
그를 바라고 의지하는 자, 사랑과 은혜를 잃지 아니하리로다.
우리가 눈물로 불러 아뢸 때 귀를 기울이시고
머리를 들어 찾을 때 사랑의 손을 주시는 이로다.
주 외에 나를 알 자가 어디 있으며
주 외에 나를 긍휼히 여길 자가 어디 있으리이까.
오직 주만이 나의 위로요 나의 힘이요 또 기쁨이로다.
주가 있어 나의 존재가 의미 있고
주가 있어 나의 먹고잠도 뜻이 있었도다.
주께서 나의 중심에 계심에
혹은 눈물로 혹은 노래로 나의 생활을
향기롭게 하고 또 윤택하게 하는도다.

주 계시매 먹어 좋았고, 또 굶주려 슬픔도 없었도다.
옷을 잘 입었다고 하여, 그것이 나의 자랑도 아니요
남루를 걸쳤다고 하여, 그것이 또한 나를 부끄럽게 못하는도다.
남이 나를 칭찬한다 하여, 흥이 날 것도 없고
남이 나를 욕한다 하여, 그것이 나를 분하게도 못하는도다.
다—만 주님 계시어, 만사가 은혜요 기쁨이요.

✛ 사귐의 기도를 위한 기도선집

주님 안 계시어, 백사가 저주요 슬픔일 것이니
나의 생활의 맛이, 오직 주님에게만 있었도다.

오-나의 생의 맛이 되시는 예수 그리스도여!
가난하든지 부하든지 주님만 계셔 주옵소서.
병들든지 성하든지 주님만 계셔 주옵소서.
욕을 받거나 칭찬을 듣거나 주님만 계셔 주옵소서.
고생스럽거나 편안하거나 주님만 계셔 주옵소서.
살거나 죽거나 주님만 계셔 주옵소서.
그러면 모든 것은 의미 있고 생명이 있겠나이다.
세상으로 더불어 웃는 생활보다 주님으로 더불어 우는 생활이,
그 눈물이 오히려 맛이 있나이다.
세상으로 더불어 잘 먹는 것보다 주님과 함께 있어 굶고 주림이
오히려 저에게 복이 되옵고,
세상과 친하여 비단옷에 싸여 사는 것보다
주님과 같이 베옷과 헌옷을 입어 오히려 이것이 영광이로소이다.

오! 주여, 당신만이 나의 구주시오니
주 외에 달리 무엇을 구하오리까?
주님 한 분을 얻어서 나는 모든 것을 얻었사오니
주님은 곧 나의 총 재산이며 모든 것의 모든 것이로소이다.

_이용도 1901-1933, 부흥사

오직 당신의 뜻으로

오 주님, 이제부터는 건강이나 목숨에 대해
당신을 위해, 당신과 함께, 당신 안에서
그것을 사용하는 것 외에는
다른 아무것도 구하지 않게 하소서.

저에게 좋은 것이 무엇인지 아는 분은 당신뿐입니다.
그러므로 당신께서 보시기에 가장 좋은 일을 제게 행하소서.

제게 주기도 하시고 가져가기도 하소서.
제 뜻을 당신 뜻에 맞춰 주소서.

겸손하고 완전한 순종과 거룩한 확신 안에서
당신의 영원한 섭리를
따르게 하소서.
우리 주 예수 그리스도를 통하여
당신께서 허락하시는 모든 일들을
감사하게 하소서.

_블레즈 파스칼(Blaise Pascal) 1623-1662, 프랑스의 철학자, 종교인

주님 주시는 근심

주 우리 하나님, 주님은 저희 슬픔을 저희보다 더 잘 아십니다. 두려움 많은 저희 영혼이 아무 때나 생기는 염려, 자기 스스로 만들어 낸 염려에 얼마나 쉽게 휩싸이는지 주님은 아십니다. 그래서 기도합니다. 그 염려들이 얼마나 부적절한 것인지 분별하게 하시고 이 분주한, 스스로 만들어 낸 염려들을 당당하게 비웃게 하소서. 그러나 주님이 맡기시는 염려들을 대할 때 겸손히 받게 하시고 그것들을 짊어질 수 있는 힘을 허락하소서.

_쇠렌 키에르케고르(Søren Kierkegaard)
1813-1855, 덴마크의 철학자, 신학자

주님의 은혜

주 우리 하나님,
저희를 높이기 위해 주님은 낮아지셨습니다.
저희를 부하게 하기 위해 주님은 가난해지셨습니다.
저희가 주님께 가게 하기 위해 주님은 저희에게 오셨습니다.
저희로 영원한 생명에 이르게 하기 위해 주님은 사람과 같이
   되셨습니다.

이렇게 주님은 값없이 은혜를 주셨습니다.
그것이 모두 우리 주요 구주이신 예수 그리스도 안에 있습니다.
저희는 이 놀라운 은혜로 인하여 주님을 찬양하며 전파합니다.
그러나 주님이 저희 마음과 생각을 당신께로 끌어올리지
   않으시면 저희는 무력합니다.
하오니 저희에게 성령으로 당신께 나가는 길을 보여 주시고 그
   빛을 비추소서.

_칼 바르트(Karl Barth) 1886-1968, 신학자

침착하고 절도 있게

전능하신 하나님, 저희는 그리스도 밖에서 잠시 잠깐의 행복도, 영원한 행복도 찾을 수 없습니다. 하나님은 모든 복의 참되고 유일한 원천으로서 그리스도를 저희에게 주셨습니다. 오 하나님, 그리스도를 통해 저희에게 주신 은혜에 만족하여 세상의 모든 것으로부터 마음을 끊게 하시고 모든 불신앙과 싸워 이기게 하소서. 당신이 친절하고 은혜로운 아버지이시며 우리에게 필요한 것을 넉넉히 공급하시는 분임을 의심하지 말게 하소서.

동시에 침착하고 절도 있게 살아 세상적인 것에 눌리지 않게 하시고, 마음을 높이 들어올려 당신께서 초청하시는 하늘의 복을 추구하게 하소서. 당신은 지상의 모든 것들을 사용해 그 복으로 저희를 인도하십니다. 그리고 마침내 머리 되신 주님과 완전히 연합하여 그분의 보혈로써 마련된 그 영광에 이르게 하소서.

_장 칼뱅(Jean Calvin) 1509-1564, 프랑스의 신학자, 종교개혁자

작은 소망

우리 아버지, 이미 끝난 일에 대한 쓸데없는 미련과 집착에서 저희를 구원하소서. 마음의 평정이 더욱 커지게 하시고 시야가 부단히 확대되게 하소서.

확신시킬 수 없을 때 설득이라도 하게 하소서. 거대한 일을 계획만 하는 것보다 작은 일이라도 실천하는 것이 더 낫습니다.

저희가 모든 일을 할 수 없음을 압니다. 하오니 저희를 도우셔서 어떤 일이라도 하게 하소서.

_피터 마샬(Peter Marshall) 1902-1949, 미국의 목사

주님의 뜻에 저를 맞추어 주십시오

오 주여, 저의 품은 뜻이 주의 뜻같이 되게 하여 주시옵소서. 당신의 품은 뜻과 저의 품은 뜻이 매우 다른 것을 저는 발견하였습니다.

주여, 당신은 밀알 하나 속에도 진리가 감추인 것을 보시건마는 저는 밀알 하나를 볼 때에 먹고자 하여 충복(充腹)에만 생각이 미치게 되었나이다.

주는 꽃 하나를 보시고 노래하셨으나 저는 다만 꺾어 보려는 호기심만 날 따름이외다. 주께서는 죄인을 보시고 그 영을 불쌍히 여겨 구하려 하시나 저는 그를 싫어하여 피하게 되오며, 당신은 창기를 보시어 그 영까지 불쌍히 여기시나 저는 창기를 볼 때 무섭고 미운 생각만 나오니, 제게도 주의 자비가 있게 하소서.

주께서는 만물의 진리를 요구하시나 저는 만물의 물질에 이끌리고 있사오며, 주께서는 인간에게 진리로 찾아오시나 저는 인간에게 육정으로 대하는 자 같나이다.

주여, 제 눈을 역사 당신이 보신 바 만물의 진리를 저도 보게 하여 주시옵고, 주여, 당신이 사시는 진리 세계에 저도 살게 하여 주시옵소서.

주여, 저는 아침부터 저녁까지 도모하는 것이 무엇이며 하는 일이 무엇입니까? 오 주여, 저를 구원하여 주시옵소서.

_손양원 1902-1950, 목사, 순교자

주님의 시각

주 예수님, 주님의 시각으로 사물을 볼 때, 모든 것이 그대로 있지만 모든 것이 달라 보입니다. 좋게 보이려는 집착과 두려움에서 벗어나 주님의 자비에 감사로 응답하며 살아갑니다. 이제는 쉴 수 있겠습니다. 찬양할 수 있겠습니다. 이제는 주님의 영광을 위해 살 수 있겠습니다.

_유진 피터슨(Eugene Peterson) 미국의 신학자

말씀으로 새롭게

하나님이시여,
도덕은 무력해지고
종교는 부패하였으며
생명은 죽은 껍질이 되었고
진리는 그 소리를 잠잠히 하였습니다.
광명은 어디 있는지,
온 땅이 빽빽한 암흑입니다.
아, 무서운 세대를 당하였습니다.
생명을 구원하는 당신의 말씀의 능력 있는 운동이
온 땅을 덮어 행하시옵소서.

_최태용 1897-1950, 신학자, 복음교회 창설자, 순교자

참된 지식의 하나님

세상 모든 지식이, 심지어 인간의 언어로 표현된 당신의 계시마저도 제 마음의 열망을 만족시키지 못할 때, 오 주님, 저의 위로가 되어 주소서. 오 하나님, 당신에 대해 사람들이 써 낸 온갖 이론에 제 영혼은 너무 쉽게 지쳐 버립니다. 그럴 때 제게 힘을 주소서. 그 말들은 당신을 알게 하는 데 무력합니다. 조용한 묵상 시간에 받는 섬광 같은 계시조차도 일상 생활의 짙은 회색빛 하늘로 신속하게 사라져 버립니다. 지식은 제게 왔다가 흔적도 없이 망각의 늪으로 사라지지만 주님의 말씀만은 제 안에 살아 있습니다. "주의 말씀은 영원히 사라지지 않으리라"는 약속처럼 말입니다.

주님은 저의 참 지식입니다. 그 지식이 빛이요 생명입니다. 당신만이 저의 지식이요, 경험이요, 사랑입니다. 주님만이 영원하며 유일한 지식의 하나님, 무궁한 행복의 원천인 지식의 하나님이십니다.

_칼 라너(Karl Rahner) 1904-1984, 독일의 예수회 신부, 신학자

당신의 자비로 덮어 주소서

주님! 인간이 일할 수 있도록 낮을 창조하신 것처럼 주님은 인간이 쉴 수 있는 밤을 만드셨습니다. 그러므로 제 몸이 안식할 수 있는 평안한 밤을 주시어 제 영혼이 당신께 향하고 제 마음이 항상 당신의 사랑으로 채워질 수 있게 허락해 주소서. 오 주님! 제 영혼도 영적인 안식을 얻도록 모든 염려를 당신께 맡기며 끊임없이 당신의 자비를 기억하는 법을 가르쳐 주소서. 잠이 지나치지 않게 하시고 힘이 새롭게 되어 당신께 헌신할 수 있을 정도만큼만 잠을 자게 해주소서. 제 몸과 영혼을 순결하게 지켜 주시고 모든 유혹과 위험으로부터 지키심으로 저의 잠이 당신의 이름의 영광을 드높이게 하소서. 오늘 하루 동안 여러 면에서 주님의 뜻을 거역하였으므로 저는 죄인으로서 이 기도를 드립니다. 오 주님! 당신이 지금 어둠의 그림자 속에 모든 것을 숨겨 놓은 것과 같이 제 구주 예수 그리스도를 통해 저의 모든 죄를 당신의 자비로 덮어 주소서.

_장 칼뱅(Jean Calvin) 1509-1564, 프랑스의 신학자, 종교개혁자

나이를 느끼면서

몸에 하나둘 나이 먹은 흔적이 생길 때 —그리고 이 흔적들이 내 마음을 흔들어 놓을 때, 나를 조금씩 움츠러들게 하고 쇠약하게 하는 질병이 몸 안팎에서 생겨날 때, 나도 병들고 늙어 간다는 사실을 문득 깨달으며 두려움 속에 빠져들 때, 그리고 무엇보다도 나를 만들어 왔던, 알지 못하는 위대한 힘들의 손길 안에서 자신을 잃어 가고 있으며 속수무책으로 당할 수밖에 없다는 것을 마침내 느낄 때! 이 모든 암울한 순간에, 오 하나님, 저로 하여금 알게 하소서. 그 모든 것은 바로 하나님께서 제 존재의 중심으로 들어와 저를 하나님께로 데려가기 위해 저를 조금씩 분해시키는 과정임을! 그 과정에서 하나님께서도 저만큼이나 아파하고 계시다는 것을!

_테이야르 드 샤르댕(Teilhard de Chardin)
1881-1955, 프랑스의 과학자, 예수회 신부

지나치지 않게

아버지, 충분히 배웠다는 착각에 빠지지 않게 하소서.
고개 숙여 가르침을 따를 만한 스승을
언제나 만나게 하소서.
끊임없이 배워 진리로 가까이 가게 하소서.

저를 유명하게 하지 마소서.
제 이름을 지키려고 제 입장을 옹호하다가
진리로부터 멀어질까 두렵습니다.
제 허물을 깨닫거든
언제라도 시인하고 수정할 수 있도록,
아버지, 저를 유명하게 하지 마소서.
아니, 유명세의 노예가 되지 않게 하소서.

제가 부끄러워할 것은 오직 진리에서 멀어지는 것,
제가 자랑할 것은 오직 진리에 가까이 있는 것,
그것 외에는 무엇도 바라지 않도록
저를 이끄소서.

_김영봉 목사

예수의 기도 4

바람이 없으면
깃발은 축 늘어지지요.
바람이 불어야
깃발은 살맛이 나는 거죠.
솔솔 봄바람이라도 불면
어깨춤이 저절로 나지요.
태풍이라도 불어오면
이거야 무당처럼 신나는 일이지요.
펄럭이다 펄럭이다 마구 찢어진다고
움츠러들 것 같습니까.
천만에요.
갈기갈기 찢어진 자락
그것이 바로 깃발의 자랑인 걸요.
깃대가 부러지면
더 굵은 걸로 갈면 그만인 거구요.
북풍한설 눈보라라도 휘몰아치면
가슴 화끈 달아 오르지요.
바람이 바로 당신의 입김인 걸요.

_**문익환** 1918-1994, 목사, 신학자, 통일 운동가

지독한 역설

오 나의 하나님,
주님은 이 초라하고 낡은 세상에서 그토록 위대하신데
아무도 알아보는 사람이 없다니요!
주님은 그토록 큰 소리로 부르시는데
아무도 듣지 못하다니요!
주님은 그토록 우리 가까이 계신데
아무도 깨닫지 못하다니요!
주님은 모두에게 자신을 내어주셨는데
아무도 주님의 이름을 알지 못하다니요!
어떻게 이럴 수 있나요?

사람들은 주님을 떠나가면서
당신을 발견할 수 없다고 말합니다.
주님께 등을 돌리고 있으면서
당신을 볼 수 없다고 말합니다.
자기 귀를 막고 있으면서
당신의 목소리를 들을 수 없다고 말합니다.

_한스 뎅크(Hans Denck) 16세기의 종교인

항해 중에

사랑의 하나님,
제게 은혜를 베푸소서.
바다는 너무 넓고
저의 배는 너무 작습니다.

_한 어부

비추소서

주님, 저와 함께하소서. 그러면 당신께서 빛을 발하시듯 저도 빛을 발할 것입니다. 다른 사람을 비추는 빛이 될 것입니다. 오 예수여, 그 빛은 모두 주님에게서 나옵니다. 한 줄기도 제게서 나오는 것이 아닙니다. 제게는 아무 공(功)이 없습니다. 저를 통해 다른 사람들에게 빛을 비추시는 이는 바로 주님이십니다.

오! 하오니 제 곁에 있는 사람들에게 빛을 비춤으로 주님을 찬양하게 하소서. 주님은 그렇게 받으시는 찬양을 가장 기뻐하십니다. 저를 비추시듯 그들도 비추소서. 저를 통해, 저와 함께 그들을 비추소서. 주님의 높으심과 진리와 뜻을 드러내도록 저를 가르치소서.

설교하지 않고 설교할 수 있게 하소서. 말이 아니라 제가 하는 일을 통해, 그 일의 강력한 매력을 통해, 그 일의 영향력을 통해 말하게 하소서. 성인(聖人)들을 닮은 제 모습을 통해, 주님을 향한 충만한 사랑을 통해 말하게 하소서.

_존 헨리 뉴먼(John Henry Newman) 1801-1890, 추기경

새로움을 비는 기도

주여,
바른 마음을 먹고 선한 생각을 품게 하시며
의로운 삶을 사는 감격이 있게 하소서.
지혜가 날로 깊어져 역사의 비밀을 알게 하시며
무엇보다도 우리의 영혼에
사랑의 능력이 풍성하게 하소서.

거친 풍파에 좌절을 겪지 않게 하시며
사막을 홀로 걸어도 막막하지 않을
소망을 주시고
길이 멀다고 마음까지 먼 자 되지 않게 하소서.

진심으로 사는 법을 배우게 하시고
감사로 사람을 대하는 기쁨을 나누게 하시며
생명으로 세상을 구하는 은사를 허락하여 주소서.
한결같은 성실로 믿음의 품성을 길러
이 혼탁한 인간세(人間世)에서
새로운 희망을 뿜어내게 하소서.

_한종호 목사, 저술가

꾸준히 걷도록

전능하신 하나님, 믿음의 길을 가는 데 필요한 모든 것을 당신은 제공해 주셨습니다. 그러나 저희는 너무도 나태하여 당신의 도움을 받고도 한 걸음도 제대로 나아가지 못합니다. 오 하나님, 하나님께서 주신 것들을 잘 사용하여 앞으로 전진하도록 도우소서. 율법과 선지자들과 세례 요한 그리고 특히 당신의 독생자의 가르침으로 저희를 더욱 깨우시어, 믿음의 길에서 발걸음을 재촉하여 꾸준히 걷게 하시고 인내하게 하소서. 그리하여 마침내 저희의 소명을 이루고 하나님께 영광을 받게 하소서. 하나님의 영광은 위대한 구원자의 오심을 기다리는 모든 자들을 위해 하늘에 마련해 주신 영원한 유산으로서 당신께서 약속하신 것입니다.

_장 칼뱅(Jean Calvin) 1509-1564, 프랑스의 신학자, 종교개혁자

늘 그런 것은 아닙니다

저희는 언제나 주님의 임재를 열망합니다.
저희 마음이 주님 안에서 쉴 때까지는 참된 쉼을 찾을 수 없습니다.
저희는 가뭄 속에서 샘물을 찾는 사슴과 같습니다.
"수고하고 무거운 짐 진 모든 자들"을 향한 초청을 듣습니다.
그 초청에 바로 응답하는 것이 쉽게 느껴집니다.
진실을 말하자면, 저희는 쉬지 못하고 무엇인가를 갈망합니다.
항상 주님을 찾아 그런다면 얼마나 좋겠습니까?
하지만 어떤 때는 안전을 찾아, 혹은 섹스와 맥주와 운동을 찾아,
혹은 권력과 성공을, 아름다움과 인정을 찾아 헤맵니다.
주님이 아닌….
진실을 말하자면, 주님은 결코 쉬운 표적이 아닙니다.
주님께 들어가는 조건이 쉽지 않습니다.
흠이 없어야 하고, 진실을 말하며, 뇌물을 주지 않고,
이웃에게 언제나 친절해야 합니다.
저희는 언제나 주님을 갈망합니다.
주님을 너무 쉽게 만들기도 하고, 너무 어렵게 상상하기도 하면서.
당신이 늘 그렇게 해 오신 것처럼, 지금도 그러시는 것처럼
주님이 자신을 구체적으로 드러내 보여 주시기까지
당혹스럽고 불안정한 상태로 있으면서 말입니다….

_월터 브루그만(Walter Brueggemann) 미국의 신학자

참된 참회

은혜로운 하나님, 죄를 고백하겠다는 주제넘은 마음을 용서하소서. 오직 주님의 은혜만이 죄를 알게 하고 인정하게 합니다. 그 은혜는 아프게 하는 동시에 치유합니다. 그로 인해 감사드립니다. 죄에 대한 유혹을 벗어나 주님과 이웃과의 경이로운 우정에 이르게 하소서.

_스탠리 하우어워스(Stanley Hauerwas) 신학자

용서하소서

아버지, 제가 첫째가 되려는 경쟁심을 가지고 있는 한, 아버지의 현존과 말씀에 신속하고 적극적으로 응답하는 것은 불가능합니다. 부자가 되고 싶어했던 것, 그리고 가난한 사람들을 피하려 했던 것을 뉘우칩니다. 용서하소서.

_유진 피터슨(Eugene Peterson) 미국의 신학자

주님을 보게 하소서

주님, 주님은 저를 소유하시고 저는 주님을 소유합니다.
주님은 제게 믿음과 소망을 두셨고
저는 주님께 믿음과 소망을 두었습니다.
제 생명, 영예, 행복, 평화가 모두 주님께 있습니다.
주님은 매 순간 저를 보십니다. 저도 그렇게 주님을 보게 하소서.
생애 한 순간만이라도
얼굴과 얼굴을 맞대어 주님을 뵙고 싶습니다.
그리 되면 제 모든 마음과 사랑을 드릴 수 있겠습니다.
제가 죽기까지 기다리지 마시고
이 땅에서 주님을 보도록 허락하소서.
미지근하고 냉담한 마음을 가진 제가
이런 호의를 입을 자격이 없음을 압니다.
주님, 이 호의를 입기에 합당하도록 저를 만들어 주소서.
제 마음이 주님을 받기에 합당하도록,
제 영혼이 주님을 뵙기에 적합하도록 저를 만드소서.

_교사 시므온(Simeon the Theodidact)
949-1022, 콘스탄티노플에서 활동했던 교회 지도자

기도의 사람

주님,
하나님의 아들인 당신이 늘 무릎 꿇는 시간을 가지셨다면,
우리들은 더욱더 당신 앞에 무릎 꿇어야 하지 않겠나이까?
세상의 인기보다 하나님의 인정이 더 중요해서,
세상의 위험보다 하나님의 뜻을 순종함이 더 우선하는 것이라서
기도하신 당신처럼 우리도 기도하는 사람이 되게 하소서.

나의 욕심과 생각보다
당신의 뜻과 계획이
늘 첫 번째의 관심이 되게 하소서.
세상의 욕망과 환상을 향해
"아니오" 할 수 있도록,
그래서
"그러나 나의 원대로 마옵시고 아버지의 원대로 하옵소서"라고
말할 용기와 능력을 갖게 하소서.

_김지철 신학자, 목사

주님이 주시는 것이라면

주님이 주시는 것이라면 무엇이든 받겠습니다. 명예와 영광이라 해도 주님이 주시는 것이라면 받겠습니다. 모욕과 욕설이라도 주님이 주시는 것이면 달게 받겠습니다. 오, 저희를 도우시어 어느 것이라도 동일한 기쁨과 감사로 받게 하소서. 두 가지 사이에는 별 차이가 없습니다. 가장 중요한 한 가지 사실만 기억한다면 두 가지는 실상 다를 게 없습니다. '주님이 주신 것'이라는 한 가지 사실만 기억한다면!

_쇠렌 키에르케고르(Søren Kierkegaard)
1813-1855, 덴마크의 철학자, 신학자

숨어 계시는 하나님

숨어 계시는 하나님,
저희에게 하나님을 찾을 수 있는 마음과 눈길을 주소서.
그리하여 어느 때 어느 곳에 있든지
곁에 숨어 계시는 하나님을 보게 하소서.

숨어 계시는 하나님,
드러내고 싶어 안달하는 저희의 마음을 고쳐 주소서.
묵묵히 숨어 살게 하소서.

숨어 일하시는 하나님,
저희가 하나님처럼 쉬지 않고 일하되
저희를 드러내고 싶어하는 마음을 버리게 하소서.
아무리 큰 일을 이루었어도
그것을 공으로 주장하지 말고
깨끗이 잊어버리게 하소서.
모든 좋은 일은 숨어서 일하시는 하나님의 공이므로
저희는 다만 물러서서 또 다른 일을 위해서 힘쓰게 하소서.

_김영봉 목사

결심

나에게 하는 것이든 다른 사람에게 하는 것이든 생각과 말과 행동에서 나는 세상적인 지위와 인기와 존경에 대해 결코 괘념치 않으리라. 가난한 사람들을 부한 사람들과 동등하게 대하리라. 가장 비천해 보이는 노동자를 대하는 것과 왕자를 대하는 것이 달라서는 안 된다. 하나님이 비천한 노동자로 오시지 않았던가! 나 자신을 위해서는 항상 가장 낮은 자리를 찾고 주님처럼 낮아지도록 힘쓰리라. 그리하여 그분과 함께 거하고, 신실한 종과 제자가 그렇게 하듯, 신실한 형제 혹은 신실한 배우자가 그렇게 하듯, 그분의 발자국을 따라가리라. (주님이 무한하고 불가해한 선으로써 이렇게 말하게 하신다.) 그러므로 나는 모든 사람 가운데 가장 낮고 가장 무시당하는 사람이 되도록, 사람들로부터 버림받은 자요 이 땅의 증오거리요 사람이 아니라 벌레로 취급받은 나의 주님, 나의 형제, 나의 배우자, 나의 하나님이신 그분과 함께 살도록 내 삶을 바꾸리라.

나의 소망은 가난과 비천과 고난과 고독과 소외 가운데 삶으로, 평생 그렇게 사는 본을 남겨 주신 내 주님이요 내 형제요 내 배우자요 내 하나님이신 그분과 일생 동안 함께 살아가는 것이다.

_샤를 드 푸코(Charles de Foucauld) 1858-1916, 프랑스의 수도사

임종을 준비하며

오 예수님, 철저하게 버려지고 고난에 찢겨진 채 당신은 마지막에 이르셨습니다. 모든 것을 내놓아야 하는 그 순간, 자신의 영혼과 '예' 혹은 '아니오'라고 말할 자유까지 포기해야 하는 그 순간, 자기 자신 전체를 내놓아야 하는 그 마지막 순간에 당도하셨습니다. 죽음이란 그런 것입니다. 누가 혹은 무엇이 그것을 가져갑니까? 무(無)입니까? 눈먼 운명입니까? 무자비한 자연입니까? 아닙니다. 아버지 하나님이십니다. 참된 지혜이며 사랑이신 하나님이십니다. 바로 그렇기에 당신은 순순히 빼앗김을 당하셨습니다. 믿음 가운데 그 부드러운, 보이지 않는 손에 모든 것을 내어 주셨습니다. 그런데 저희는, 믿음이 약하고 두려움이 많은 저희는 그분의 손을 갑작스럽게 덮쳐 무자비하게 숨통을 막는 눈 먼 운명의 손처럼 혹은 죽음의 손처럼 느낍니다. 그러나 주님은 그 손이 아버지의 것임을 아십니다. 죽어 가던 당신의 희미해진 눈은 여전히 아버지를 보십니다. 아버지의 크고 평화로운 사랑의 눈을 보시고는 "아버지, 제 영혼을 당신 손에 맡깁니다"라고 말씀하십니다.…

영원한 사랑의 주님, 제가 당신의 십자가를 품습니다. 제게 자비를 베푸소서. 저를 당신 사랑 안에 받아 주소서. 그리하여 제가 순례길의 마지막에 이를 때, 죽음의 그늘이 저를 둘러 덮을 때, 저로 하여금 당신께서 하신 마지막 말씀을 하게 하소서. "아버지, 제 영혼을 아버지 손에 맡깁니다"라고! 오, 좋으신 예수님.

_칼 라너(Karl Rahner) 1904-1984, 독일의 예수회 신부, 신학자

저의 냉담함을

주님,
가난한 사람들에 대한 저의 냉담함과 무심함을
떨쳐 버리소서.
배고픈 주님
목마른 주님
혹은 나그네 된 주님을 만났을 때
어떻게 음식을 공급하고
음료를 제공하며
거처를 마련해 드릴지 알게 하소서.
동시에 제 마음에 모시는 일도 잊지 말게 하소서.
가장 보잘것없어 보이는 형제를 통해 주님 섬기는 법을
제게 보이소서.

_콜카타의 테레사(Teresa of Calcutta) 1910-1997, 수녀

주님 없이 저는 아무것도 아닙니다

오 하나님, 제가 주님께 부르짖습니다. 저를 지으신 주님, 제가 당신을 잊을 때조차 저를 잊지 않으시는 주님! 저를 진실하게 아는 분은 주님뿐이니 제게 주님을 알게 하소서. 주님은 제 영혼을 살게 하실 참된 능력이시니 제 영혼에 들어오소서. 주님께 속하기에 합당하도록 저를 만드소서. 그것만이 제 희망입니다. 제 마음에 들어오소서. 제가 주님의 신부가 될 수 있도록 제게 사모하는 마음을 허락하소서. 제가 멀리 떠나 있을 때 당신의 음성을 듣고 돌아오도록 주님은 저를 설득하셨습니다. 제가 도움을 구했을 때 주님은 항상 저를 당신께 부르셨습니다. 주님은 제게 합당한 벌을 주시지 않고 제 모든 죄를 깨끗이 씻어 주셨습니다. 저는 아무것도 아니었습니다. 저는 주님께 아무 소용없는 존재였습니다. 지금 제가 하는 일도 주인의 땅을 경작하는 노예 한 사람의 노동 만한 가치도 없습니다. 제가 아무 일을 하지 않아도 주님은 결국 하실 일을 이루실 것입니다. 저는 다만 주님이 주신 것으로 당신을 섬기고 예배할 따름입니다. 제가 힘을 얻는 것은 오직 주님뿐이며 주님 없는 저는 아무것도 아닙니다.

_아우구스티누스(Augustinus) 354-430, 철학자, 사상가

보여 주소서

사랑하는 주님, 저는 더 이상 사자들을 통해 주님에 대해 듣는 것에 만족할 수 없습니다. 주님에 대한 교리를 듣는 것에도 별 흥미가 없고 주님에 대한 설교를 듣고 감격하는 일에도 지쳤습니다. 이제는 주님을 직접 뵙고 싶습니다. 말씀의 사자들은 저를 좌절시키고 슬프게 할 뿐입니다. 그들은 주님에게서 제가 멀리 있는 것처럼 가르칩니다. 그들은 제 마음의 상처를 다시 아프게 하고 주님이 제게 오시는 일을 지연시킬 뿐입니다. 오늘 이후로는 제게 더 이상 사자들을 보내지 마소서. 교리도 가르치지 마소서. 그것들로는 주님께 대한 저의 이 벅찬 열망을 해결할 수 없습니다. 이제 제 모든 것을 온전히 주님께 바칩니다. 주님도 모든 것을 온전히 제게 드러내 주소서. 희미한 모습으로 드러내신 그 사랑을 이제 완전하게 보여 주소서. 사자들을 통해 가르치셨던 그 사랑을 이제 직접 경험하게 하소서. 종종 저는 주님이 숨박꼭질하듯 저를 놀리시는 것 같은 느낌을 받습니다. 주님, 값으로 계산할 수 없는 그 고귀한 사랑으로 제게 오소서.

_십자가의 요한(John of the Cross) 1542-1591, 카르멜 수도사, 시인

예수의 기도 3

이 추운 신새벽
당신은 또다시 길 떠날 채비를 서두르시는군요.
이 서러운 나라
방방곡곡을 찾아다니시며 만나는 사람마다
손목 잡고 눈물 글썽이며 용서를 빌려고.

하느님
저도 당신 뒤를 따라나서지요.
당신이 잡았다가 놓으시는 손목 하나하나 잡고
저도 용서를 빌며 떠돌다가
어느 길가에 쓰러져 죽는 걸
용납해 주지 않으시겠습니까?

_문익환 1918-1994, 목사, 신학자, 통일 운동가

참된 공동체

자유케 하시는 하나님!
성령의 힘을 얻어 스스로에게 묻게 하소서.
우리 공동체가 과연 남의 자유를 존중해 주기에
나의 자유를 스스로 비우는 비움의 공동체인지 묻게 하소서.

노심초사하시는 주님!
우리 공동체가 자유의 남용으로 시련에 빠져 몸부림치다가
스스로 뉘우치는 사람을 위해
노심초사하는 공동체인지 스스로 묻게 하소서.

달려가시는 주님!
귀환하는 자매 형제를 먼 거리에서 대번에 알아보는 영적
 투시력을,
과연 우리 공동체가 갖고 있는지,
보자마자 버선발로 바로 달려가는
어머니의 사랑을 정말 지니고 있는지
스스로 묻게 하소서.

함께 아파하고 기뻐하시는 주님!

✜ 사귐의 기도를 위한 기도선집

우리 공동체가 죄인을 주인으로 모시고 잔치를 베풀어
그의 아픔을 함께 나눔으로 그 아픔을 없애고,
그의 기쁨을 함께 나누어 그 기쁨을 확장시키는
잔치 공동체인지 스스로 묻게 하소서.

사랑의 주님!
죄인의 주인이 되고
꼴찌가 첫째가 되며
변두리가 중심부가 되는
놀라운 변화를 뜨겁게 체험하는
당신의 공동체가 되게 하소서.

_한완상 전 한성대 총장

직분 맡은 이를 위하여

저희를 충성되이 여기시어 직분을 맡기시는 아버지,
주의 몸된 교회 안에서 직분 맡은 이들을 위해 기도합니다.
주께서 주시는 직분이 명예가 아니라 멍에라는 사실,
높아지는 것이 아니라 낮아지는 것이라는 사실,
커지는 것이 아니라 작아지는 것이라는 사실,
다스리라는 명령이 아니라 섬기라는 위탁이라는 사실을
마음 깊이 새기게 하소서.
묵묵히 지고 가는 멍에가
하나님 앞에서 참된 명예라는 사실,
낮아지고 작아지는 것이
하나님께는 진정으로 높아지며 커지는 것이라는 사실,
섬기는 것이 참으로 다스리는 것이라는 사실을
주님의 삶을 통해 배우게 하시고 그렇게 살게 하소서.
그리하여 직분을 맡은 주의 종들이
진실로 사랑받고 진실로 존경받게 하소서.
낮아지고 작아져 섬김으로 저희를 구원하시고
만유의 주님으로 사랑받고 존경받으시는
예수 그리스도의 이름으로 기도합니다.

_김영봉 목사

대림절

지금 오십니다

주님이 다시 오실 거라고들 말합니다. 그 말은 진실입니다. 하지만 '다시'라는 말에는 문제가 있습니다. '또 한 번'이라는 말로 오해할 사람들이 있기 때문입니다. 주님은 떠나신 적이 없습니다. 당신이 영원한 거처로 정하신 인간의 실존을 주님은 결코 떠나신 적이 없습니다.

그러나 다시 오실 거라는 말은 여전히 진실입니다. 주님이 이미 저희에게 오셨다는 사실이 더욱더 분명하게, 끊임없이 드러나야 하겠기 때문입니다. 모든 존재의 본질이 당신의 존재에 맞닿음으로 이미 이루어진 변화가 더욱더 세상에 알려지게 될 것입니다.

주님은 계속해서 더욱더 오셔야 합니다. 모든 존재의 근저에서 이미 일어난 일이 더욱더 분명하게 드러나야 합니다. 이 세상의 거짓 모습이 더욱더 철저하게 뿌리뽑히고 파괴되어야 합니다. 영원하신 당신께서 유한한 생명을 취하심으로 우리의 유한한 존재가 당신의 영원을 입었다는 사실이 더욱더 분명하게 드러나야 합니다.

보십시오, 주님이 오십니다. 주님의 오심은 과거도 미래도 아닙

니다. 지금 오십니다. 바로 지금, 주님의 오심은 충만히 이루어집니다. 지금은 하나의 강림절, 이 계절에 주님이 진실로 오셨음을 저희가 알게 될 것입니다.

오실 하나님, 저에게 은혜를 주시어 지금, 강림의 한 때를 살게 하소서. 그리하여 제가 영원히 당신 안에, 그 복된 영원한 때를 살게 하소서.

_칼 라너(Karl Rahner) 1904-1984, 독일의 예수회 신부, 신학자

성탄절

마음에도 오소서

마구간에 오신 주님이시여,
짐승만이 들락거리는 우리 마음에도 오시옵소서.
과거에 오셨사오매
지금도 오실 줄 믿사옵니다.
아버지,
이 못된 것들 마음에 찾아와 주셔서
저희들의 생명을 다시 살려 주시옵소서.
기쁜 소식을 들을 줄 아는 마음,
목자의 마음을 가질 수 있게 하여 주시옵소서.
주님 오신 날을 경축하려는 저희 마음에
주님 맞지 않으면 무슨 소용이 있습니까?
주님을 맞을 수 있는 축복을 주시옵소서.
"내가 왔다!" 하는 음성을, 그 기쁜 소리를
듣게 하여 주시옵소서.

_이호빈 1898-1989, 목사, 강남대학교 설립자

아기 예수님

이천 년 한 해가 저물어 가는데
가슴에는 찬 바람 불고 얼굴에는 빈 바람만 스쳐 갑니다.
왜 그렇게 다들 바쁘고 마음이 급해지는지요.
크고 화려한 것, 빠르고 강한 것에 홀린 사람들의 마음은
갈수록 얕아지고 거칠어집니다.
남보다 앞서고, 남보다 많이 갖고,
남보다 강해지려고 버둥거리며 살아 왔습니다.
그래서 꾀는 늘고 고집은 드세어지고 괜히 오만합니다.

어둡고 초라한 외양간,
사람들의 눈길이 닿지 않는 곳에 생명의 님은 오셨지요.
하루하루 먹고 일하고 자고 싸는
순박한 짐승들 사이에 누우셨지요.
사람들에게 학대받고 사람들의 밥이 되는
짐승들의 밥통에 누우셔서
짐승들의 벗이 되고 짐승들의 밥이 되셨지요.

말 없는 아기 예수님, 영원한 생명의 말씀이시여,
죄와 죽음을 넘어 영원히 더불어 사는 지혜를 깨우쳐 주셔요.

✤ 사귐의 기도를 위한 기도선집

성탄절

힘없는 아기 예수님, 하늘 나라의 영원한 왕이시여,
사랑과 평화의 길을 보여 주셔요.
벌거벗은 아기 예수님, 하나님의 참된 형상이시여,
우리 속에 아름답고 착한 마음을 지어 주셔요.

_박재순 신학자

내게 중요한 것

주님,
당신이 12월에 나셨는지 3월에 나셨는지
저에게는 중요하지 않습니다.
당신이 제게 오셨다는 사실,
오직 그것이 중요합니다.

주님,
당신이 베들레헴에 나셨는지 나사렛에 나셨는지
저에게는 중요하지 않습니다.
당신이 낮은 자들을 찾아 비천한 곳으로 오셨다는 사실,
오직 그것이 중요할 뿐입니다.

주님,
당신이 처녀의 몸에서 나셨는지 그렇지 않은지
저에게는 중요하지 않습니다.
당신이 인간으로 오셨다는 사실,
오직 그것이 중요합니다.

우리가 불원천리 찾아가

성탄절

주님을 뵙는 것도 황공한데
당신이 우리에게 오시다니요!
화려한 궁전과 장엄한 성전을 외면하고
초라한 저희 집에 오셨다니요!
영원한 당신이 먼지로 돌아갈 육신을 입으셨다니요!
이 모든 일이 바로 저를 위한 일이었다니요!

감사하다는 말이 왜 이렇게 어색하게 느껴지나요?
이럴 때 뭐라고 말해야 하나요?
아…!

_김영봉 목사

새해

제야(除夜)의 기도

지나간 365일을 돌이켜 생각하오니 죄송한 일, 후회되는 일도 적지 않습니다. 그러나 생각의 물결 중에 가장 크게 세차게 밀려드는 것은 역시 감사의 생각이며 찬송의 고동소리입니다. 시종여일하게 불민(不敏)하고 게으르고 진실치 못한 이 죄인에게 대해서도 주 예수여, 당신은 시종일관 은혜로써 입히셨고 충성으로써 대접해 주셨습니다.

주 여호와여, 당신이 거룩하다 하시오나 왜 거룩하시며 어떻게 거룩하신지를 알지 못하였는데, 이제 겨우 깨달았습니다. 당신의 '거룩'을! 지금부터 이 죄인도 신발을 벗고 서겠습니다. 계시되 안 계신 것 같고, 보시되 안 보시는 것 같고, 아시되 모르시는 듯 보이는 주 여호와여, 이 죄인에게 만 개의 입이 있으면 그 입을 다 가지고 찬송하오리다.

주 예수여, 당신이 이 사특하고 용렬한 죄인의 기도에 응답해 주셨으니 지금 이 자리에서 성취된 소원 하나하나를 생각할수록 '아, 분에 넘쳤도다'라는 결론밖에 없습니다. 과연 '나의 잔이 넘쳤나이다.' 지난 1년을 돌아볼수록, '어쩌면 주 예수께서는 그렇게도 귀가 어두신지, 그다지도 눈이 어두신지'라면서 당신을 업신여길 지경입니다. 아아, 내가 무엇이기에 이처럼 후하게 관대하게 대접하셨던고! 분에 넘친다! 분에 넘친다!

그러나 주 예수여, 내가 드려야 할 금년도의 최대의 감사는 이미 성취된 소원을 위해서라기보다 성취되지 못한 소원, 응답되지 못한 기원을 위해서라는 사실을 당신은 잘 살피실 줄 믿습니다. 성취된 소원을 위한 감사도 아시아 대륙보다 적지 않습니다만, 성취되지 못한 소원을 위한 감사는 태평양보다 더 큽니다. 이 죄인은 과연 어떤 것을 기구(祈求)할 것인지도 분별치 못하는 몽매한 인간이었습니다. 당신은 주시는 것을 아낌없이 주셨거니와, 주어서는 안 될 것은 단호하게 거절하셨습니다. 그리하여 이 죄인으로 하여금 감겼던 눈을 다시 뜨게 하시어 당신의 실재를 손수 만지듯이 체험하게 하시고 당신의 사랑이 세상에서 경험할 수 있는 사랑과 같지 않다는 것을 깨닫게 하심으로 감사하게 하셨습니다.

오는 1년 동안에도 기도에 대한 응답과 무응답에 대하여 생각하지 말게 하옵소서. 응답되지 않은 것처럼 보이는 기도가 가장 좋은 응답임을 깨달았기 때문입니다. 그러나 인간이 무엇이기에 이렇게까지 관심하십니까? 너무 큰 사랑….

_김교신 1901-1945, 「성서조선」 발행인

새롭게 하소서

푸른 하늘의 태양을 우러르듯
향기로운 풀밭의 적은 풀꽃을 굽어보듯
그렇게 당신을 대하고
모두를 대할 수 있는 맑은 마음을 주소서.

모랫벌이 불타듯 마음이 팍팍할 때
새 풀을 싹틔우는 봄 숲의 비처럼
그렇게 신생(新生)하는 사상(思想)의 비를 내리소서.

사랑하는 사람들을 사랑으로 사랑하고,
죽이고 싶도록 미워지는 사람들도 사랑으로 사랑하고,
노함에는 너그러움,
슬픔에는 슬픔, 즐거움엔 즐거움으로 위로를 줄 수 있는,
당신의 피와 같은 뜨거운 피흘림이
솟아나 용솟음쳐 불타게 하소서.

그리고 또 우리에게
공포에는 안심을, 속박에는 자유를,
굶주림엔 배부름을, 추위에는 따스함을,

새해

이별에는 만남을, 외로움엔 위로를, 전쟁에는 평화를 주시되,
아기들 잘 자라고, 젊은이들 씩씩하고, 늙은이는 평강하고,
이웃들은 서로 믿고 다정하게 하소서.

무엇보다도 우리들은
그 불멸하고 숭고한 사랑과 진리와 아름다움에 대한 신념에
확고하고 불타올라
그것을 거역하는 일체의 악에 대한 항거에
용감하게 하소서.
열렬하게 하소서.

무엇보다도 올해에는
모든 일이 우리에게 정상(定常)하게 하소서.
마땅히 있을 것이 있고, 일어날 것이 일어나고,
될 것만이 되고, 이룰 것만이 이루어지게 하소서.

슬프고 괴롭고 처절하고 아픈 일
끔찍하고 통분한 일이 안 일어나게 하소서.
우리들로는 어쩌지 못할 일이
일어나지 않게 하소서.

_박두진 1916-1998, 시인

시간의 주님

저희의 모든 시작의 끝이요 시간의 주님이신 하나님, 아버지만이 시간을 선물로 만드시고 저희가 시작점을 가진 피조물임을 알게 하십니다. 저희는 자신이 시한부 피조물이라는 것을 너무 쉽게 잊습니다. 죽음이 불러오는 망각을 두려워합니다. 그래서 미친 듯이 일에 몰두합니다. 그렇게 하면 시간 안에 자신을 각인시켜 잊혀지지 않을 줄로 착각합니다. 저희가 아버지께 얼마나 어리석게 보일까요? 마치 아무 목적 없이 집을 짓는 개미처럼! 아버지의 시간, 그 거룩한 은혜의 시간, 예수님의 부활을 통해 구속된 그 시간 안에서 저희로 하여금 기뻐하고 안식하게 하소서. 그러면 죽을 때에도 편히 쉴 수 있을 것입니다. 이 세상에서 저희에게 시간을 허락하신 분은 아버지이십니다. 저희로 하여금 그 시간 안에서 즐거워하게 하소서.

_스탠리 하우어워스(Stanley Hauerwas) 신학자

사랑의 기적을 주소서

나의 사랑의 주시여,
나에게 주의 그 자비를 주소서.
그리하여 세상에 머물러 있을 때
이 자비심이 스스로 움직여 기적이 되게 하셔서
각색 육체의 병자들까지라도 고쳐서
저들로 하여금 주의 은혜를 보답하며
널리 사람들에게 봉사하기에 구속이 없이
자유롭게 활동하게 해주소서.

나의 사랑의 주시여,
나로 하여금
기적을 위하여 기적을 구하거나 행하지 않게 하소서.
더욱 나를 나타내기 위하여 행하는 일이 없게 하소서.
또한 기적을 이용하여 사람들의 눈길을 끌려거나
교반(攪拌)하려고 생각하는 일이나
기적을 가지고 신앙을 전하려는 일도 없게 하소서.
그렇지만 나에게 주의 절대의 자비심을 풍성하게 주셔서
하늘에서 오는 하나님의 능력이 자비심과 결합하여
이것이 기적이 되어 나타나는 일이

나의 일생을 통하여 결코 적지 않게 하소서.

나의 사랑의 주시여,
나로 하여금 기적 애호가나
기적 상습범이 되지 않도록 해주소서.
기적으로써 내가 주의 제자, 하나님의 아들 됨을 증명하여
이로써 내 자신과 민중을 구하고자 하지도 말게 하소서.
이것은 일찍이 주에게 있어서 시험이었던 것과 같이
나에게도 시험입니다.
이 시험은 광야에서 이미 승리하신 바이니,
오늘날 또한 나의 승리가 되게 해주소서.

나의 사랑의 주시여,
'사랑'이라는 그것의 전능만을 믿게 하소서.
그리하여 나는 이 사랑이 전능 이외의
별다른 기적이나 증거나 방편을 빌려서
전도할 필요를 느끼지 않도록 하소서.

그러므로 세상이 기적을 요구할 때에는
기적을 행하지 말게 하소서.
그렇지만 동시에 나의 깊은 속으로부터

필연적으로 또한 자연적으로 기적이 흘러나오는
이러한 때만은 적지 않게 해주소서.
이리하여 나의 기적은 모두가 사랑의 기적,
그것이 되게 해주소서.

나의 사랑의 주시여,
사랑은 전능이므로
사랑은 기적을 행할 수 있음을 믿습니다.
부모가 자녀를 대할 때에나
사랑하는 자가 사랑하는 자를 대할 때에
의외의 기적이 일어나는 것과 같습니다.
내가 행하는 것이
주님이 행하신 기적과 같은 종류가 되게 해주소서.
그리하여 나의 눈으로 볼 때에는
평생 동안 기적을 행한 것이 하나도 없게 해주소서.

다만 나의 안에 받은 바
충실한 하나님의 생명력과
나의 속에 차고 넘치는 하나님의 더운 사랑이
죄에 고민하는 세상과
병에 신음하는 자에 대하여 힘을 합하여

그 맹렬한 힘이 스스로 기적이 되게 하소서.
이것이 다른 사람들이 볼 때에는 기적이요
전연 딴 능력이며 또 확증일 것입니다.

사랑의 주시여,
나로 하여금
기적을 위하여 기적을 행하는 일이 없게 하시고
다만 사람을 사랑하기 때문에
기적이 제 스스로 흘러나오는 것이 되게 해주소서.

나의 사랑의 주시여,
주는 기적을 행하셨습니다.
그렇지만 하늘의 기적을 요구하는 자에게는
이를 거절하셨습니다.

나도 기적을 행하게 해 주십시오.
기적은 행하여도 좋은 줄 압니다.
그러나 기적은 오직 사랑에서 흘러나야 하는 줄 압니다.
진정한 하늘로부터의 기적은
사랑의 맹렬한 발로, 그것만이었습니다.
없어서는 안 될 이 사랑의 기적은

나의 일상 생활 중에 반드시 있어야 할 것이었으니,
나에게 주소서.
맹렬한 불꽃 사랑을 주소서.

나의 사랑의 주시여,
나에게 이 기적이 없을 때는 사랑이 없는 때옵고,
사랑이 없을 때는 나의 생명도 없을 때이므로,
그 때는 나의 육체도 그 활동의 의미를 잃어버립니다.

오, 바리새인들은 이것을 전혀 이해하지 못했으니,
이러한 무지함은 고금(古今)이 마찬가지입니다.

나의 사랑의 주시여,
그러므로 내게 사랑을 주소서.
이것 이외에 다른 것이 나에게 필요하지 않습니다.
주는 아버지의 사랑의 화신이셨습니다.
나는 주의 사랑의 화신이 되게 해주소서.
이는 나에게 임하는 하늘의 기적일 것이므로
사랑의 전능함이 드러나게 될 것입니다.

_박재봉 1904-?, 목사, 부흥사

인용 도서

국내 저자

구상 「그분이 홀로서 가듯」(홍성사, 1981). 승인하에 사용.
길선주 「영계 길선주 목사 설교집」(기독교서회, 1968). 승인하에 사용.
김교신 「김교신 전집」(부키, 2002). 승인하에 사용.
김성렬 「출항」, 「회항」(아현중앙교회 발행). 제호 불명, 승인하에 사용.
김성영 「가시나무새」(종로서적, 1988). 승인하에 사용.
김용기 「가나안으로 가는 길」(규장, 1998). 승인하에 사용.
김인서 「김인서저작전집」(신망애사, 1973).
김재준 「장공 김재준저작전집」(장공전집출판위원회, 1971). 승인하에 사용.
김정준 「김정준전집」(한국신학연구소, 1990). 승인하에 사용.
김정훈 「산, 바람, 하느님 그리고 나」(바오로딸, 1978). 승인하에 사용.
김지철 「내가 너를 기뻐하노라: 김지철 교수의 마가복음 신학적 명상」(두란노, 1995). 승인하에 사용.
김치영 유고 설교(김동건 교수 정리). 승인하에 사용.
도건일 서강교회 회지 "서강지", 제호 불명. 승인하에 사용.
류영모, 김흥호 「제소리: 다석 류영모 강의록」(솔, 2001). 승인하에 사용.
문익환 「꿈을 비는 마음」(화다, 1978; 나의 첫 기도); 「난 뒤로 물러설 자리가 없어요」(실천문학사, 1984: 예수의 기도, 난 뒤로 물러설 자리가 없어요); 「옥중일기」(삼민사, 1991: 죽음을 눈 앞에 두고). 승인하에 사용.
박두진 「박두진 전집」(범조사, 1982-1984). 승인하에 사용.
박목월 「박목월 시전집」(민음사, 2003). 승인하에 사용.
박윤선 「박윤선의 생애와 사상」(합동신학대학 출판부, 1995).
박재봉 「박재봉설교집」(발행처 불명).
박재순 열린교회 홈페이지 www.netschurch.org 승인하에 사용.
박정오 「기도서」(청파감리교회). 승인하에 사용.

손양원, 손동희「나의 아버지 손양원 목사」(아가페, 1994). 승인하에 사용.
안이숙「죽으면 죽으리라」(기독교문사, 1976: 감사, 오직 감사, 이 길밖에);「죽으면 살리라」(기독교문사, 1976: 참된 복을 주소서). 승인하에 사용.
유자효「성 수요일의 저녁」(평민사, 1982). 승인하에 사용.
이용도「이용도 목사 전집」(장안문화, 2004).
이재철「참으로 신실하게」(홍성사, 2002: 농부 하나님, 말씀으로 사는 삶, 영원을 누리는 자, 젊은이를 위한 기도),「회복의 신앙」(홍성사, 1999: 참된 자유인, 사랑하도록, 참 사람으로, 한계를 깨닫도록). 승인하에 사용.
이호빈「나를 위하여 울지 말고: 우원 이호빈 목사의 설교 및 아가서 강해」(강남대학교 출판부, 2000). 승인하에 사용.
임영수「이 때를 위함이 아닌지: 임영수 목사 묵상집」(홍성사, 1991). 승인하에 사용.
주기철, 민경배「순교자 주기철 목사」(대한기독교서회, 1985). 승인하에 사용.
최태용「최태용의 생애와 신학」(발행처 불명).
최효섭「최효섭 명상록」(쿰란출판사). 승인하에 사용.
한경직「그리스도의 얼굴」(한경직 기념 사업회). 승인하에 사용.
한완상「저 낮은 곳을 향하여」(뉴스앤조이, 2003). 승인하에 사용.
한종호 "기독교 사상"(2003). 승인하에 사용.
한희철 프랑크푸르트한인교회 홈페이지 www.majungmul.org 승인하에 사용.
함석헌「함석헌 전집6: 시집-수평선 너머」(한길사, 1983). 승인하에 사용.
홍현설 "기독교 세계"(제호 불명).

국외 저자

Appleton, George(조지 애플턴) *Oxford Book of Prayers* (Oxford University Press, c 1985).「명기도문집」(시공사, 1997). Used by permission.
Augustinus(아우구스티누스) *Confession*,「성어거스틴의 고백록」(기독교서회, 2003).
Baillie, John(존 베일리) *A Diary of Private Prayer* (Oxford University Press, 1936). Used by permission.

Bonhoeffer, Dietrich(디트리히 본회퍼) 고범서 역, 「옥중서간」(기독교서회, 1967). 번역본 승인하에 사용.

Brueggemann, Walter(월터 브루그만) *Awed to Heaven, Rooted in Earth, ed. by Edwin Searcy* (Augsburg Fortress, 2003). Used by permission.

Calvin, Jean(장 칼뱅) *Calvin's Works.*

Chapman, Rex(렉스 채프만) *A Kind of Praying* (SCM Press, 1970). Used by permission.

Charles de Foucauld(샤를 드 푸코) *Charles de Foucauld*, ed. by Robert Ellsberg (Obris Books, 1999). Used by permission(결심-Retreat at Nazareth, November 1897, MH 44-45; 용서하소서-Meditations on the Gospel, MH 28-29; 말의 겸손, 행함의 겸손-Retreat at Nazareth, November 1897, MH 73-76; 주님을 닮도록-Retreat at Nazareth, November 1897, SA 65-67; 맡기는 기도-Retreat at Nazareth, November 1897, SA 95-96).

Clemens of Rome(로마의 클레멘스) *The Letter of the Romans to the Corinthians.*

Foster, Richard(리처드 포스터) *Prayer: Finding the Hearts True Home* (HarperCollins, 1992). 「리차드 포스터의 기도」(두란노, 2003).

Hauerwas, Stanley(스탠리 하우어워스) *Prayers Plainly Spoken* (Society for Promoting Christian Knowledge, 1999). Used by permission.
John of the Cross(십자가의 요한) The Spiritual Canticles (Doubleday, 1975).

Kierkegaard, Søren(죄렌 키에르케고르) *The Prayers of Kierkegaard*, ed. by Perry D. LeFevre (University of Chicago Press, 1956).

Luther, Martin(마르틴 루터) *Luthers Works.*

Marshall, Peter(피터 마샬) *The Prayers of Peter Marshall*, ed. by Catherine Marshall (Baker Book, 1985). Used by permission.

Merton, Thomas(토마스 머튼) *Dialogues with Silence* (HarperCollins, 2001). Used by permission.

Niebuhr, Reinhold(라인홀드 니버) *Justice and Mercy*, ed. by Ursula M.

Niebuhr (John Knox Press/Westminster Press, 1974).

Nouwen, Henri(헨리 나우웬) *The Only Necessary Thing* (Crossroad Book, 1999). Used by permission.「기도의 삶」(복있는사람).

Pascal, Blaise(블레즈 파스칼) 김형길 역,「팡세」(서울대학교출판부, 1996). 번역본 승인하에 사용.

Peterson, Eugene(유진 피터슨) *Praying with Jesus*(HarperCollins,1993). Used by permission. 「복음서로 드리는 매일 기도」(홍성사).

Quoist, Michel(미셸 끄와) 「삶의 모든 것」최익철 역 (성바오로, 1974).

Rahner, Karl(칼 라너) *Karl Rahner, Prayers and Meditations*, ed. by John Griffiths (Crossroad/Seabury Press, 1980).

Rauschenbusch, Walter(월터 라우셴부쉬) *For God and the People: Prayers of the Social Awakening* (The Pilgrim Press, 1909).

Singh, Sundar(선다 싱) 강흥수,「선다싱 전집」(성광문화사, 1967). 승인하에 사용.

Tagore, Riabindranath(라빈드라나드 타고르) *The Heart of God: Prayers of Riabindranath Tagore*, ed. by Herbert F. Vetter (Charles E. Tuttle Co., 1997). Used by permission.

Teihard de Chardin(테이야르 드 샤르댕) *The Divine Milieu* (HarperCollins, 2001).

Teresa of Calcutta(콜카타의 테레사) *A Gift of God: Prayers and Meditations* (HarperCollins, 1996).

Thomas á Kempis(토마스 아 켐피스) *Imitation of Christ*「그리스도를 본받아」(왕성).

Thoreau, Henry David(헨리 데이비드 소로우) *Walden*,「월든」(이레).

Wesley, Charles(찰스 웨슬리) *Hearts of Aflame: Prayers of Susanna, John and Charles Wesley* ed. by Michael McMullen (Triangle, 1995). Used by permission.

Wesley, John(존 웨슬리) *Hearts of Aflame: Prayers of Susanna, John and Charles Wesley*. Used by permission.

Wesley, Susanna(수산나 웨슬리) *Hearts of Aflame: Prayers of Susanna, John and Charles Wesley*. Used by permission.

Wong, Richard(리처드 웡) *Prayers from An Island* (Richmond: John Knox Press, 1968).

우찌무라 간조 「內村鑑三 전집」(크리스챤 서적, 2001). 승인하에 사용.

인명 찾아보기

국내 저자

구상 36, 193, 206, 240

길선주 125

김교신 550, 605

김성렬 252, 314, 381, 488, 534

김성영 212

김영봉 30, 48, 56, 72, 86, 99, 118, 140, 164, 167, 169, 171, 172, 173, 174, 176, 177, 186, 211, 224, 233, 242, 256, 274, 296, 304, 308, 326, 353, 362, 369, 375, 378, 400, 414, 447, 470, 489, 517, 546, 555, 573, 586, 596, 603

김용기 234

김인서 146, 345, 418, 450, 511, 545

김재준 111, 197, 371, 389

김정준 188

김정훈 129

김지철 63, 103, 250, 285, 361, 411, 442, 503, 543, 584

김치영 76, 90, 142, 166, 230, 312, 409, 552

도건일 316, 467

류영모 131, 413

문익환 66, 162, 302, 367, 574, 593

박두진 221, 397, 606

박목월 28, 179

박윤선 148

박재봉 92, 183, 290, 522, 557, 609

박재순 50, 96, 192, 253, 264, 295, 352, 393, 448, 505, 601

박정오 436, 468

손양원 203, 280, 322, 386, 439, 567
안이숙 51, 78, 123
유자효 320
이용도 55, 106, 138, 229, 291, 332, 357, 402, 429, 486, 537, 539, 540, 561
이재철 60, 121, 150, 199, 268, 341, 425, 485
이호빈 159, 238, 364, 406, 458, 599
임영수 276, 422, 453, 526
주기철 40, 74, 216, 373
최태용 475, 529, 569
최효섭 209
한경직 214
한완상 134, 595
한종호 82, 143, 578
한희철 132, 335, 359, 412, 434, 480, 508
함석헌 245, 520
홍현설 152

국외 저자

Ambrosius(암브로시우스) 471, 551
Anselmus(안셀무스) 110, 303, 441, 515
Appleton, George(조지 애플턴) 205, 288, 337
Aquinas, Thomas(토마스 아퀴나스) 553
Augustinus(아우구스티누스) 16, 33, 130, 156, 257, 262, 328, 374, 395, 482, 506, 509, 591
Baillie, John(존 베일리) 80, 105, 108, 190, 325, 370, 435, 502
Barth, Karl(칼 바르트) 564
Basilius(바실리우스) 284
Beethoven, Ludwig van(루드비히 반 베토벤) 507
Benedictus(베네딕투스) 22, 541

Boehme, Jacob(야콥 뵈메) 504

Bonhoeffer, Dietrich(디트리히 본회퍼) 68, 136, 421

Brueggemann, Walter(월터 브루그만) 46, 100, 194, 300, 377, 430, 478, 527, 580

Calvin, Jean(장 칼뱅) 32, 65, 104, 127, 207, 237, 259, 273, 333, 360, 385, 451, 484, 523, 548, 565, 571, 579

Catherine of Genoa(제노아의 캐더린) 407

Chapman, Rex(렉스 채프만) 491, 492, 493, 494, 496, 498, 500

Charles de Foucauld(샤를 드 푸코) 265, 292, 398, 445, 549, 587

Clemens of Rome(로마의 클레멘스) 261

Cosin, John(존 쿠생) 403, 428, 559

Denck, Hans(한스 뎅크) 575

Foster, Richard(리처드 포스터) 73, 218, 239, 251, 281, 329, 401, 438, 524

Gibran, Khalil(칼릴 지브란) 392

Gregory of Nazianzus(나지안주스의 그레고리) 521

Hauerwas, Stanley(스탠리 하우어워스) 34, 79, 149, 217, 315, 317, 440, 477, 516, 544, 581, 608

Hildegard of Bingen(빙엔의 힐데가르트) 410

Ignatius of Loyola(로욜라의 이그나티우스) 226, 348

John of the Cross(십자가의 요한) 83, 426, 518, 592

Julian of Norwich(노리치의 줄리안) 286

Kierkegaard, Søren(쇠렌 키에르케고르) 49, 91, 223, 258, 324, 339, 387, 443, 481, 535, 563, 585

Knox, John(존 녹스) 305

Luther, Martin(마르틴 루터) 57, 85, 107, 122, 141, 231, 236, 247, 271, 275, 358, 376, 404, 457, 465

Marshall, Peter(피터 마샬) 44, 97, 145, 220, 249, 270, 287, 338, 460, 566

McDonald, George(조지 맥도날드) 309

Merton, Thomas(토마스 머튼) 67, 112, 117, 228, 277, 372, 455, 483, 514

Newman, John Henry(존 헨리 뉴먼) 577
Niebuhr, Reinhold(라인홀드 니버) 75, 204, 213, 227, 246, 347, 408, 452, 547
Nouwen, Henri(헨리 나우웬) 59, 98, 157, 181, 235, 266, 473
Origenes(오리게네스) 394
Pascal, Blaise(블레즈 파스칼) 562
Peterson, Eugene(유진 피터슨) 84, 116, 196, 243, 272, 323, 454, 501, 532, 568, 582
Pusey, E. B.(푸시) 399
Quoist, Michel(미셸 끄와) 38, 210, 244, 282, 331, 417, 433, 479, 533
Rahner, Karl(칼 라너) 52, 160, 248, 297, 570, 589, 598
Rauschenbusch, Walter(월터 라우셴부쉬) 88, 155
Rossetti, Christina(크리스티나 로세티) 113, 137
Schweitzer, Albert(알버트 슈바이처) 124
Simeon the Theodidact(교사 시므온) 368, 583
Singh, Sundar(선다 싱) 54, 120, 437
Stevenson, Robert Louis(로버트 루이스 스티븐슨) 554
Suso, Henry(헨리 수소) 47
Tagore, Riabindranath(라빈드라나드 타고르) 102, 189, 255
Taylor, Jeremy(제레미 테일러) 427
Teihard de Chardin(테이야르 드 샤르댕) 77, 298, 363, 572
Teresa of Avila(아빌라의 테레사) 191, 343, 391, 423, 490
Teresa of Calcutta(콜카타의 테레사) 327, 513, 590
Thomas á Kempis(토마스 아 켐피스) 89, 139, 198, 380, 530
Thoreau, Henry David(헨리 데이비드 소로우) 306
Wesley, Charles(찰스 웨슬리) 531
Wesley, John(존 웨슬리) 5, 70, 109, 202, 208, 215, 254, 351, 542
Wesley, Susanna(수산나 웨슬리) 31, 58, 94, 187, 219, 232, 279, 336, 365
Wong, Richard(리처드 웡) 64, 260, 321, 342, 382, 525
우찌무라 간조 35, 71, 114, 126, 144, 222, 267, 278, 293, 299, 334, 355, 384, 456

주제 및 절기 기도 찾아보기

주제 기도

나라를 위한 기도 461, 312, 593, 317, 315

교회를 위한 기도 146, 314, 465, 594, 596

가정을 위한 기도 149, 459, 154

노동자의 기도 200

교사의 기도 152

사업가의 기도 155

젊은이를 위한 기도 150

생일 기도 546

식사 기도 156, 375

잠들기 전 드리는 기도 68, 571

아플 때 드리는 기도 572, 353

죽음을 앞두고 드리는 기도 588, 366, 76, 310

절기 기도

사순절 157

종려주일 159

고난주간 162, 164, 166, 160

십자가상의 일곱 말씀 167-177

부활절 179

성령강림절 181, 183

종교개혁주일 463, 465

감사절 466, 468

대림절 597

성탄절 599, 600, 602

새해 608, 604, 606

사귐의 기도를 위한 기도선집

초판 발행 2004년 12월 25일 | 초판 11쇄 2016년 9월 30일
개정판 발행 2017년 12월 20일 | 개정판 5쇄 2025년 3월 20일

엮은이 김영봉
펴낸이 정모세

편집 이종연 이성민 이혜영 심혜인 설요한 양지영 박예찬
디자인 한현아 서린나 | 마케팅 오인표 | 영업·제작 정성운 이은주 조수영
경영지원 이혜선 이은희 | 물류 박세율 김대훈 정용탁

펴낸곳 한국기독학생회출판부 | 등록번호 제2001-000198호(1978.6.1)
주소 04031 서울시 마포구 동교로 156-10
대표 전화 (02) 337-2257 | 팩스 (02) 337-2258
영업 전화 (02) 338-2282 | 팩스 080-915-1515
홈페이지 http://www.ivp.co.kr | 이메일 ivp@ivp.co.kr
ISBN 978-89-328-1606-7

ⓒ 김영봉 2017

책값은 뒤표지에 있습니다.
무단 전재와 복제를 금합니다.